2000년생이 온다

2000년생이 온다

초합리, 초개인, 초자율의
탈회사형 AI인간

임홍택 지음

온전한 삶을 물려주신 아버지 그리고 어머니께

추천사

『2000년생이 온다』에서 가장 인상 깊은 것은 시대뿐만 아니라 세대도 변화한다는 것이다. 시대와 세대는 서로 영향을 미치며 변화해간다. 전작 『90년생이 온다』에서 보여줬던 작가의 명쾌하고 담대한 해석은 이번 책에서 더욱 빛을 발한다.

민희경_CJ제일제당 사회공헌추진단장

성공한 리더에게 가장 중요한 역량은 경청이라 믿는다. 진정한 경청은 상대에 대한 이해에서 시작되고 2000년대생이 사회에 진출하는 요즘 어느 조직이건 이들에 대한 진정한 이해가 필요하다. 2000년대생의 근본적 차이를 이해하고 새로운 합의를 이끌어가고자 하는 리더에게 큰 혜안을 줄 책이라 강력 추천한다.

윤여선_KAIST 경영대학장

우리나라는 압축 성장을 통해 경제적 선진국이 되었지만 세대, 지역간 장벽과 대립, 갈등은 더 커지기만 했다. 다른 세대를 이해하는 것은 역설적으로 '자기 세대의 제한된 시야를 벗어나는' 길로 내딛는 첫걸음이 된다. 따라서 『2000년생이 온다』는 세대의 경계를 넘는 사람이 오기를 열망하는 책이기도 하다.

전정환_『커뮤니티 자본론』, 『밀레니얼의 반격』 저자

우리는 늙어간다. 단 한 명에게도 예외가 없는 준엄한 법칙이다. 그래서 우리 모두는 더 젊은 세대와 공존해야 한다. 그러려면 먼저 그들을 알아야 한다. 시대의 멘토인 최재천 교수의 '알면 사랑한다'는 신조처럼 말이다. 굳이 이해할 필요 없다. 분석할 필요도 없다. 그저 알면 된다. 그것만으로 충분하다. 이 책은 다음 시대의 주인공들을 알게 해주는 가장 친절하면서도 유쾌한 안내서다. 임홍택 작가 덕분에 심리학자인 나 역시도 점점 더 많아지는 다음 세대를 알게 된다. 고맙기 그지없는 책이다.

김경일_인지심리학자

소중한 후배이자 파트너인 임홍택 작가의 신작을 먼저 읽을 수 있는 영광을 얻었다. 일상의 소소한 주제에 대한 남다른 관찰력과 새로운 시각은 무릎을 치게 만든다. 시대적 담론도 깊이에 재미를 더해 어렵지 않게 인사이트를 찾아낼 수 있다. 다양한 사례와 공감 가는 이야기, 쉽고 유려한 서술로 책을 한번 펼치면 어느덧 마지막 페이지에 도달하는 마법을 경험할 것이다.

양병채_해양수산인재개발원장

작가의 밀처림 세대와 시대는 서로 영향을 주고받는다. 새로운 세대는 당시의 시대상을 반영하는 동시에 새로운 시대를 형성하고, 기존 세대와 공존을 꾀하는 과정에서 다시 변화한다. 우리 사회에 등장한 다양한 현상을 꼼꼼하게 관찰한 이 책은 이제

막 사회로 입성한 2000년대생이 어떤 경로로 어떤 생각과 사고방식을 가지게 되었는지 알게 해준다. 세대 간 공존, 공감, 소통 방식이 어떠해야 하는지 성찰하는 소중한 기회를 제공한다.

조상욱_법무법인 율촌 변호사, 『선을 넘는 사람들』 저자

근속이 아닌 퇴사를 목표로 삼은 최초의 세대, 2000년대생은 대한민국의 사회경제적 특징과 문제를 고스란히 의인화한 세대다. 『90년생이 온다』를 통해 분절된 세대를 뛰어넘는(그리하여 꼰대를 탈피하는) 인사이트를 제공했던 저자는 2000년대생을 이해해야만 얻을 수 있는 솔루션과 기회 역시 꼼꼼하게 언급한다. 끼워맞추기식이 아닌 80년대 이후 사회경제적 지표에 기반한 정밀한 세대론이다. 무엇보다 재밌다. 2000년생과 일해야 하는 모든 이들에게 추천한다.

박지혜_멀리깊이 대표, 『중쇄 찍는 법』 저자

※ 일러두기
참조한 신문 기사, 논문, 단행본은 책 말미에 표기했습니다.
본문에 실명으로 등장하는 인물들은 사전 동의를 얻었습니다.

프롤로그

일이 1이 되는 순간

> 제가 가장 좋아하는 일은 '아무 일도 안 하는 것'입니다.

지역 청년 콘서트 행사장에서 "내가 가장 좋아하는 일'을 자신 있게 말할 수 있는 분?"이라는 나의 질문에, 한 2000년생 대학생이 아무런 고민 없이 대담하게 위와 같이 대답했다. 예상치 못했던 대답 앞에 마주한 나는 짐짓 당황했지만 그런 대답조차 일종의 시대와 세대의 변화라는 생각을 했다.

최근 대학교에서 강의를 하거나 지역 행사장에서 20대 초반 2000년대생을 만나면서 가장 크게 든 생각은 일에 대한 생각에 변화가 일어나고 있다는 것이다. 적어도 이들에게는 우리가 흔히 생각하는 주 5일, 9시부터 6시까지 일하는 전통적인 직업은 더 이상 기본적인 선택지가 아닐 수 있다.

이것은 물론 우리 사회만의 변화는 아니다. 딜로이트의 2022

년 보고서에 따르면, 싱가포르의 Z세대 46%가 전통적인 직업을 고르지 않겠다고 답했고, 호주의 지식 인력 60%는 올해 그들의 조직을 떠날 생각을 가지고 있다고 말했으며, 중국에서는 2016년 3천만 명이었던 긱 워커 또는 프리랜서들이 2022년 2억 명으로 늘어, 전체 인력의 25% 수준이 되었다.

영민한 한국인들은 어느 나라 사람들보다 재빠르게 시대의 변화에 대응하는 중이다. '극강의 효율러'인 한국인들은 재빠르게 각자의 생존 방식을 만들어내고 있다. 하지만 무언가에 뛰어나다는 것은 무언가에 지나치다는 의미이기도 하다. 동전의 양면처럼 말이다. 우리 사회의 구성원들의 합리적인 선택은 사회적으로 뜻밖의 부작용을 초래하기도 한다. 또한 초합리, 초개인, 초자율이 만들어낸 세대적인 특성은 인간관계에서 부정적인 효과를 만들어 내기도 한다.

디지털과 아날로그, 그 중간 어딘가

디지털은 빠르고 정확하다. 이는 극도의 효율을 추구하는 한국인의 특성과 제대로 맞아떨어진다. 0과 1로 확실하게 나뉘는 특성 또한 복잡한 세상을 편하게 살 수 있는 단서를 제공하기도 한다.

하지만 단순하고 빠르고 정확한 것이 마냥 좋지만은 않다. 비즈니스 통화에서의 기본 원칙이 '용건만 간단히'이기는 하지만, 안부 인사도 없이 내가 원하는 사항만 바로 말하고 끊으면 무례한 일이 된다. 논리만 맞으면 어떤 말이든 허용된다는 생각도 위험하다. 아무리 논리와 원칙에 맞더라도, 말은 그 말을 전달하는 방식까지 함께 전달하기 때문이다.

우리 사회에서는 언젠가부터 단순하고 단정적으로 말하는 것이 하나의 미덕처럼 여겨지고 있다. 예를 들어, "이 세 가지만 알면 인생의 승자가 될 수 있습니다", "확실하게 경제적 자유를 얻기 위한 다섯 가지 필승 전략"과 같은 것 말이다. 하지만 아쉽게도 자로 잰 듯이 나눌 수 없는 일이 우리 인생에는 훨씬 많다. 복잡한 세상을 간단히 보는 관점도 필요하지만, 복잡한 세상을 그대로 받아들이는 현실적 관점 또한 필요하다.

16가지 유형으로 명쾌하게 성격을 분류하는 MBTI 테스트 역시 인간관계를 설정하는 데 현명하게 쓰일 수 있다. 하지만 인간은 16가지 유형으로만 나누기에는 훨씬 복잡하고 미묘한 존재다. 게다가 한 사람에게서 여러 성격이 발견될 수도 있다. 이 글을 쓰는 나조차도 INFP와 ENFP를 하루에도 몇 번씩 넘나드는 중이니 말이다.

디지털 사회로의 전환은 우리를 '즉각적인 보상'을 갈구하는 인생으로 이끌고 있다. 우리가 계속 근시안적으로 세상을 바라보게 되는 것은 우리의 의지가 아니라 지금의 사회가 우리를 그렇게 이끌고 있기 때문이기도 하다.

우리에게 최적의 해답은 디지털과 아날로그 양 끝단이 아니라 중간쯤에 존재할 것이다. 원칙을 지키려는 디지털 사고도 필요하지만, 상황에 맞게 유연성을 발휘하는 아날로그 사고를 해야 할 때가 여전히 있기 때문이다.

일에 담긴 진심

콘텐츠 구독 서비스 폴인fol:in의 다큐멘터리 〈일이 길이 된 사람들〉은 일을 통해 새로운 길을 만든 사람들의 이야기를 담았다. 출연자들은 공통적으로 '일에 대한 진심'을 이야기한다. 나는 진정성 같은 말은 모호하다고 생각하기에 즐겨 쓰지도 좋아하지도 않는다. 하지만 누군가의 진정성이 느껴지는 순간은 하루에도 여러 번 마주한다.

무언가를 성취하는 이들은 적당히 타협하는 법을 모른다. 숫자로 말해보자면, 이들은 일을 1까지 마친 사람들이다. 많은 사람들이 0.9에서 일을 다 했다고 느끼지만, 0.9는 1이 아니다. 오로지 1만이 완성된 상태라고 했을 때, 성취하는 이들은 1에 이르기 위해 계속해서 자신을 단련한다.

우리는 일을 '회사에서 노동력을 제공하고 그 대가로 돈을 받는 행위' 정도로만 생각하는 경향이 있다. 받은 만큼만 일하겠다는 생각에 최소한의 노력으로 최대한의 효과를 내고 싶어 한다.

하지만 더 넓은 의미에서 일이란 우리의 직업 외에 온갖 종류의 '의도적인 활동'을 뜻한다. 누군가를 사귀거나 신체를 단련하거나 여가를 즐기는 일상 또한 일이 될 수 있다. 일에서 1에 이르려 하지 않는다면, 일상에서도 1에 다다르기는 어려울 것이다.

일이란 궁극적으로 세상과 나를 연결한다. 어쩌면 인생이 일의 연속이다. 우리는 이 인생에서 많은 실수를 하게 마련이고 거기에는 고통도 수반된다. 작가 이동수의 책 제목처럼 '언젠간 잘리고, 회사는 망하고, 우리는 죽는다.' 하지만 회사에서의 시련은 나를 지켜주는 든든한 벽이 되기도 한다. 사실 이것은 나의 개인적인 이야기이기도 하다. 그동안 많은 시련과 기쁨을 함께했던 모든 동료들에게 다시금 감사의 인사를 전한다.

이제 여러분이 일하는 곳에 2000년대생들이 등장할 것이다. 그들과 얼마나 함께할지는 모르겠지만, 적어도 회사가 가장 효율적으로 실수할 수 있는 곳이라는 사실을 알려주면 좋겠다. 회사는 돈을 벌기 위해서 다니기도 하지만, 혼자 일할 수 없기 때문에 다닌다는 것을 느끼게 해주면 좋겠다. 회사가 누군가를 착취하기 위해 만들어진 곳이 아니라는 믿음을 주면 좋겠다. 그러면 그들은 뛰어난 동료가 되어줄 것이다.

2023년 11월 임홍택

목차

추천사 7

프롤로그 일이 1이 되는 순간 11

1부 2000년대생의 등장

1장 2000년대생이 사회와 조직으로 들어올 때   23

주민등록번호가 00으로 시작되는 사람들 | 90년생 팀장이 2000년생 신입을 맞이하다 | '정해진 미래' 그리고 '뜻밖의 미래' | 저는 회사에 다닐 생각이 없습니다만 | 우리는 그저 월정액 직장인일 뿐 | 위기는 아래에서부터 시작된다 | 2000년대생에게 기대할 수 없는 한 가지 | 영혼 없는 세상

2장 2000년대생을 제대로 바라보는 법   64

태풍의 진로를 예측하듯이 | 변하는 것은 시대뿐만이 아니더라 | 역 안나 카레니나의 법칙 | 밀레니얼과 Z세대가 한국에서 만났을 때 | 오늘도 자행되는 MZ공격 | 문제는 범위가 아니라 관심 | XYZ 다음은 알파인가

2부 무엇이 우리를 변하게 만들었는가

3장 관계에서도 효율을 추구하는 사람들   87

극도의 효율러인 한국사람 | 효율을 추구하는 방식의 변화 | 그때 회식은 관계의 지름길이었다 | MBTI가 어떻게 되세요?

4장 '융통성의 세상'에서 '원칙의 세상'으로   96

비상 점멸등의 한국적 용도 | 온갖 게 논쟁이 되는 사회 | 융통성과 원칙 사이의 갈등

5장 사람이 인공지능처럼 생각할 때   103

생각과 행동이 기계 같은 사람들 | 한국어 영상에도 자막을 켜는 사람들 | 아날로그 인간과 디지털 AI 인간의 차이 | 실패를 최소화하려는 경향 | 지나친 AI 인간의 탄생 | 전화공포증과 클럽하우스의 몰락 | 하이 컨텍스트 문화에서 로우 컨텍스트 문화로 | 어휘력보다 더 문제가 되는 것

6장 조급해진 사람들   139

무제한 콘텐츠와 유한한 시간 | 세상 모두와 나를 비교하게 됐을 때 | 셀럽과 나의 경계가 허물어질 때 | 모두가 가지고 있는 프로필

3부 2000년대생의 세대적 특징 3가지

7장 첫 번째 특징: 초합리 163

뛰어나거나 혹은 지나치거나 | 세상을 철저히 구분해서 보는 사람들 | 욕쟁이 할머니 음식점이 드물어진 이유 | 세상을 수치화하여 나누는 사람들 | 비선형적 소비의 탄생 | 구성의 오류와 무너지는 도넛

8장 두 번째 특징: 초개인 185

2000년대생은 개인주의자인가 | 개인 보호주의의 탄생 | 관계주의적 집단주의자와 관계주의적 개인주의자 | 초개인주의가 초이기주의로 변할 때

9장 세 번째 특징: 초자율 205

주체성에서 자율성으로 | 주식 열풍과 통제 가능성 | 초자율적 세대가 선호하는 근무제도 | 모두가 다른 자율성을 가진 세상의 비극

10장 세대적 특징으로 보는 저출산 문제 222

칵테일 효과와 저출산 문제 | 출산은 합리적이지 않다 | 개인 보호주의와 출산 사이에서

4부 세대 갈등을 어떻게 조율할 것인가

11장 이해하지 않아도 된다 231

고역을 피하는 가장 확실한 방법 | 갈등이 없을 뿐, 문제는 그대로 | 인공지능이 이야기하는 세대 갈등의 해법 | 리더십으로 해결되지 않는 영역

12장 겉과 속을 같게 하라 250

제도는 복지가 아니라 업무 효율을 위한 것 | 규칙을 만드는 기준으로서 하이라키 | 권리는 따지고 의무는 하지 않으려 한다면 | "받은 만큼만 하겠습니다"에 어떻게 대응할까 | 정당한 요구와 부당한 요구를 구분하라

13장 이 시대에 가장 필요한 능력 272

여전히, 혼자 살아갈 수는 없다 | 디지털 숫자 뒤에는 사람이 있다 | 실패할 수 있도록 도와주기

에필로그 지금의 세대를 보면 지금의 시대가 보인다 288

주 292
참고한 책 297

1장

2000년대생이 사회와 조직으로 들어올 때

주민등록번호가 00으로 시작되는 사람들

IT 스타트업의 대표로 있는 85년생 강성훈 씨는 정부 채용 보조금을 신청하기 위해 인턴사원들에게 주민등록번호를 엑셀에 기재하여 보내달라고 요청했다. 그 뒤 강성훈 씨는 인턴사원들이 보낸 주민등록번호가 00으로 시작되는 것을 처음 보고, 엑셀에 오류가 났거나 정보를 잘못 기입해서 보낸 줄 알았다. 그는 10년 넘게 대기업과 스타트업에서 여러 사람과 일을 했지만, 2000년대에 태어난 누군가와 함께 일을 해본 것은 처음이었다.

지방교육지원청 김동욱 장학사도 학교 선생님들의 정보를 취합하다가 생년월일이 '405'로 되어 있는 것을 보고, 엑셀에 오류가 났다고 생각한 적이 있다고 했다. 엑셀에서 '00년 4월 5일'을 '000405'로 입력했을 때, 앞의 0자를 인식하지 못하고 '405'로 표기하기 때문에 일어난 일이다.

하지만 주민등록번호 앞자리가 0으로 시작하는 2000년대생이 어엿한 성인이 되어 사회에 진출하기 시작한 것은 이미 2019년부터였다. 2019년 교육부의 「교육통계연보」에 따르면 졸업자의 6.5%가 취업 전선에 나섰다. 2022년 8월 한국교육개발원의 「교육통계분석자료집」에 따르면 2019년 고등학교 졸업자의 상급학교 진학률은 70.4%로 상당수가 대학교에 진학했으며, 이들은 2023년부터 본격적으로 회사에 문을 두드리기 시작했다. 본격적으로 기업 사회에도 2000년대생의 진출이 시작된 것이다.

90년생 팀장이 2000년생 신입을 맞이하다

서울 소재 글로벌기업 H사에서 마케팅리서치 팀장으로 일하고 있는 김영미 씨는 90년생이다. 그녀는 흔히 말하는 MZ세대에 속하는 나이지만, 소위 '할 말 다 한다'는 MZ세대의 특징과는 거리가 먼 생활을 이어갔다. 물론 그도 속으로는 원치 않는 회식을 거부하고 싶었고, 눈치 보지 않고 칼퇴하고 싶었으며, 부당함에 당당하게 목소리를 내고 싶었다. 하지만 실제로는 상사의 눈치를 보며 야근을 이어가고, 할 말도 없게 만드는 긴 회의를 참아내고, 선배들이 알려준 사회생활 방법을 최대한 지키려 노력해왔다.

그렇다고 그녀가 자신의 권리를 당당히 요구하는 지금 세대의 말과 행동을 이해하지 못한 건 아니었다. 비록 자신은 그렇게 하고 있지 않지만, 원칙적으로 그들의 행동이 잘못이라고 생각하지 않았다. 정해진 근로시간 외의 야근을 하면서 정당한 대가를 받지 못하는 것은 부당하다고 생각했다. 일이 끝났음에도 불구하고 부장님의 눈치를 보고 남아 있거나, 보고를 위한 보고를 진행하는 모습들은 구시대의 악습 같았다.

그랬던 김영미 씨가 최근 회사에서 황당한 일을 겪었다고 했다.

> 이사님의 긴급 지시로 주간 리서치 상황을 보고해야 했어요. 다음 날까지 PPT 4페이지를 작성해야 했죠. 그래서 주간 리서치를 담당하는 신입사원에게 다음 날 오전까지 추가 업무를 지시했습니다. 정기적인 업무는 아니었습니다만, 그 친구 일이라고 생각했죠. 그러자 이렇게 대답하더군요. "팀장님, 4페이지니까 2페이지는 팀장님이 하시고, 1페이지씩을 저랑 제 옆 동기가 진행을 하면 좋겠습니다. 긴급 업무인 만큼 월급에 비례해서 일을 나눠 진행하면 빨리 처리가 가능할 것 같아요."

수도권 소재 IT스타트업에서 인사부문 팀장으로 일하는 92년생 김영현 씨는 처음 팀장을 맡게 되었을 때 '젊은 꼰대'가 되지 않겠다고 다짐했다. 그래서 팀원들에게 말을 전할 때도 자기 경험을 일방적으로 이야기하지 않으려 피하려고 노력해왔으며, 팀 운영에 있어서도 항상 상대방의 입장을 최대한 고려하려 했다. 2022년 말, 2000년생 신입사원이 입사를 했을 때도 그의 마음은 변함이 없었다. 한 가지 사건을 경험하기 전까지 말이다.

인사팀에 새롭게 배속된 2000년생 신입사원 A씨는 퇴근 후 항상 자기계발을 했다. 그러다 보니 팀에서 진행하는 회식에 참여하지 않았다. 그렇다고 해서 A씨에게 눈치를 준 적은 없었다. 당연히 퇴근 후는 업무 외 시간이라고 생각했기 때문에 참석하지 않는다고 지적하는 것은 꼰대 같은 일이라고 생각했다.

문제는 오히려 반대편에서 발생했다. 회식이 끝난 다음 날 아침, A씨는 조용히 자리로 와서 다음과 같이 말했다.

> 회식에 참여하지 못했으니 제 몫만큼 회의비를 나눠주셨으면 좋겠습니다. 인원에 비례해서 팀에 회의비가 배정되는 것으로 알고 있는데, 제가 일정상 참여하지 못했다고 해서 제 몫으로 배정된 금액까지 팀원들이 쓰는 건 부당하다고 생각합니다. 요즘에는 결혼식에서도 사정이 있어서 식사를 못 하고 가는 이에게 답례품을 줍니다. 축의금을 내면 식권이나 답례품을 받아 갈 권리가 있듯이, 저에게도 제 몫으로 배정된 금액을 받을 권리가 있습니다.

2010년대에 사회에 진출한 90년대생들은 어느덧 회사에서 중간 관리자 자리에 올랐다. 어느 정도 회사와 사회생활을 경험한 이들은 2020년대의 신입사원들이 자신들과는 또 다른 차원의 세대라고 입을 맞춰 말한다. 이들 사이의 갈등 양상은 〈MZ오피스〉와 비슷하다.

〈MZ오피스〉는 쿠팡플레이의 예능 콘텐츠 〈SNL 코리아 시즌 3〉에서 처음 선보인 코너로, 광고회사 안에서 벌어지는 세대 간의 현실적인 갈등을 다룬다. 그 흐름은 크게 두 가지로 요약된다. 첫 번째는 젊은 세대 팀원과 기성세대 리더 사이의 갈등을 다루는 부분이다. 이것은 우리가 지금까지 숱하게 들어왔던 전통적인 갈등의 양상이라고 볼 수 있다. 하지만 다른 한쪽은 그렇지 않다. 극 중에서 MZ세대로 묶여 있는 젊은 팀원들 사이의 갈등이다.

가령, 젊은 세대와 기성세대의 갈등은 회식 자리에서 막내 사원이 고기를 굽지 않고 먹기에만 집중하는 장면으로 표출된다. 이렇게 젊은 세대를 '위아래도 모르는 예의 없는 신세대'로 묘사하는 건 어제오늘의 일은 아니다. 물론 근무 시간에 브이로그를 마음껏 촬영하는 신입사원이라는 존재의 등장은 새로울 수 있겠다.

하지만 어제의 신입은 오늘의 선임이 되고, 새로운 신입이 들어오면 새로운 갈등이 시작된다. 비록 2년 차이지만 선임이 된 주현영에게는 새롭게 들어온 1년 차 '맑은 눈의 광인' 김아영이 눈엣가시다. 사무실에서 무선 이어폰을 착용하고 일하는 김아영에게 주현영이 주의를 주려고 하자, 김아영은 눈을 동그랗게 뜨고 "저는 이어폰을 꽂아야 업무 능률이 오르는 편입니다"라고 말한다.

하지만 김아영도 곧 동일한 어려움에 처한다. 바로 〈SNL 코리아 시즌 4)부터 새롭게 등장한 윤가이 때문이다. 이 새로운 신입은 헤드폰 형태의 에어팟 맥스를 항상 목에 걸고 다닌다. 에어팟을 착용했다는 이유로 선임들에게서 여러 번 지적을 받은 김아영은 역설적으로 에어팟 맥스를 낀 후배의 행동을 지적한다. 하지만 윤가이는 김아영에게 "노래를 듣는 게 아니라, 단지 패션 능률 때문인데 안 되나요?"라고 되묻는다. 극 중에서 '너 같은 후배를 만나보라'는 말이 실현되는 순간이다.

하지만 이러한 갈등이 단순하게 반복되며 거울치료가 이뤄지고 있다고 생각하면 안 된다. 그보다는 갈등의 양상과 상황이 달라지고 있다는 점에 주목해야 한다. 가령, 〈MZ오피스〉에서 주현영은 김아영에게 PPT를 빨리 달라고 재촉하고, 김아영은 다시 윤가이에게 PPT를 요청한다. 여기서 윤가이는 "아~ 그거 지금 안 돼요. 어제 오후에 시키신 일이라 상식적으로 지금은 완성하기가 힘듭니다. 원하시면 드릴 수는 있는데 완성도가 좀 떨어지고, 제 자료 퀄리티가 없어 보여서 그건 좀 어려울 것 같습니다. 애초에 선배님께서 저한테 마감 기한을 말씀해 주지 않으셨습니다만"이라며 바른말로 되받아친다. 결국 그의 행동에 김아영은 "내일 드리겠습니다"라고 체념한다.

앞서 소개한 사례들을 보고 '되바라진 후배'라며 욕하거나 웃어 넘길 수도 있겠다. 하지만 그러기에는 뭔가 허전하다. 문제를 일으키는 발언과 행동의 중심에 일정한 패턴과 나름의 논리가 존재하기 때문이다. 고로 현재 우리 눈앞에 있는 이슈를 해결하기 위해 가장 먼저 필요한 일은 그들이 그런 말과 행동을 하는 배경과 이유를 확인하는 것이다.

'정해진 미래' 그리고 '뜻밖의 미래'

대한민국 완전히 망했네요! 와!

EBS 〈다큐멘터리 K - 인구대기획 초저출생〉에 출연한 캘리포니아대학교 법대 명예교수 조앤 윌리엄스가 대한민국의 2022년 합계출산율이 0.78이라는 수치를 듣고 놀라서 외친 말이다. 아직 대한민국이 완전히 망했는지는 잘 모르겠지만, 대한민국의 합계출산율이 전 세계적으로 유례를 찾아볼 수 없는 수치를 기록한 것은 사실이기 때문에 그녀의 놀란 마음은 이해할 수 있다. 게다가 앞으로 출산율이 더 낮아진다면 국가가 소멸한다는 견해에 힘이 더 실릴 것이다.

저출산 고령화가 심화되면서 2020년 대한민국 정부 수립 이후 최초로 사망자 수가 출생자 수를 앞지르는 '인구 데드크로스' 현상이 현실이 되었다. 당초 통계청은 대한민국 총인구 감소 시점을 2029년으로 예상했지만, 실제로 약 10년이나 당겨진 것이다.

인구절벽과 관련한 뉴스는 보통 현재의 영유아 쪽에 집중된다. 초저출산으로 인해 전국의 소아과와 산부인과가 문을 닫고,

전국에 소재한 보육시설 자리에 애견호텔이 등장한다. 우유나 기저귀 생산 등 영유아 관련 산업이 침체를 겪고, 이 여파는 공교육까지 이어져 2023년에는 서울 중심부에 있는 초등학교가 사라지는 일까지 벌어지고 있다는 것이다.*

이러한 뉴스들을 보면 초저출산 문제가 최근에 일어난 일처럼 보인다. 하지만 우리나라가 합계출산율 1.3명 이하의 초저출산 국가에 들어선 시점은 약 20년 전인 2002년이었다. 이 말은 초저출산이 단순히 현재의 영유아 관련 산업뿐만 아니라 성인 관련 산업에도 영향을 미치고 있다는 의미다.

또 하나 눈여겨볼 점은 출산율이 급격히 하락한 구간과 완만하게 하락한 구간이 있었다는 것이다.

대한민국에서 공식적으로 연간 출생아 수와 합계출산율을 조사하기 시작한 1970년부터 10년 단위로 출생아 수를 나누면

10년 단위 대한민국 총 출생아 수 및 증감 현황

세대	70년대생	80년대생	90년대생	2000년대생
총 출생아 수(명)	8,987,639	7,210,366	6,870,604	4,966,957
전기 대비 출생아 수(명)		-1,771,273	-339,762	-1,903,647
증감률(%)		-19.7	-4.7	-27.7

* 한국교육개발원의 '2023~2029 초·중·고등학교 학생 수 추계 결과'에 따르면 2023년 초등학교 1학년 수는 37만 9373명으로 40만 명대가 붕괴됐다. 서울 지역의 초등학교 신입생은 6만 6324명으로, 사상 첫 6만 명대로 내려앉았다.

위와 같은 표로 정리할 수 있다. 10년 단위 기준으로 봤을 때, 1970~2000년대까지 대한민국은 두 번의 인구 격변기를 거친다.

최초의 격변기는 1980년대 출생아 수가 전년 대비 약 19.7%가 줄어들었던 때다. 이는 1960년대부터 30년간 국가 정책 차원에서 꾸준히 진행한 출산율 저감 캠페인의 영향이었다. 1960년대에는 '3살 터울로 3명만, 35살 이전에 낳자'는 '3·3·35 캠페인'이 있었다. 1970년대에는 '딸·아들 구별 말고, 둘만 낳아 잘 기르자'는 캠페인으로 발전했다. 1980년대에는 '하나 낳아 젊게 살고, 좁은 땅 넓게 살자'는 캠페인으로 이어졌다. 이런 캠페인은 1996년 공식 종료될 때까지 30년 넘게 진행되었다. 그리고 우리나라는 정부의 목표대로 1983년에 저출산 사회(합계출산율 2.1 미만)로 진입했다.*

두 번째 격변기는 1990년대에서 2000년대로 넘어서는 시점에서 일어났다. 2000년대생은 1970년대에서 1980년대로 넘어올 때 줄어든 177만 명의 감소분을 가뿐히 뛰어넘는 190만 명을 기록했다. 1990년대와 비교하면 무려 27.7%가 감소한 수치로, 이는 거의 30%에 가까운 수치다.

두 번째 격변기는 첫 번째 격변기와 달리 국가의 정책이 아닌,

---

* 박정희 대통령 시절인 1961년 시작된 '가족계획사업'은 산아 제한 정책으로 이어졌다. 국가적으로 예비군 훈련 기간 중 정관 수술을 받도록 유도하고, 훈련 중 정관 수술을 한 사람에게 훈련 잔여 시간을 면제해주기도 했다. 정관 수술을 받은 사람에게 주공아파트 및 주택부금 아파트 분양 우선권을 부여한다고 발표하기도 하였으며, 주부클럽연합회라는 단체에서 '74년은 임신 안 하는 해'라는 캠페인을 벌이기도 했다.

철저하게 부모 개인들의 선택에 의한 것이었다. 2005년부터 정부는 오히려 '하나는 외롭다'는 식의 캐치프레이즈를 내걸고 출산 장려 정책을 펼쳤다.

인구 통계로 따져봤을 때, 1990년대생들과 1980년대생들의 수는 크게 차이가 없다. 물론 이 두 세대 모두 1960년대생들과 1970년대생들에 비교하면 그 수가 한참 적다. 10년 단위로 태어난 출생아 수의 비율로 따지면 1990년대생은 1980년대생에 비하여 겨우 4.7% 정도가 줄어들었을 뿐이다. 그러니까 낮은 출산율은 1980년대생과 1990년대생을 나누는 차이점이 아니라 공통점에 해당한다.

경향보다 중요한 건 실질적인 숫자다. 지금까지 약 20여 년간 대한민국 사회에는 매년 60만 명 이상의 성인 인력이 지속적으로 유입되어 왔다. 1984년 이후 최대값이 73만 명(1992년생)이고, 최솟값은 63만 명(1999년생)이다. 대부분 60만 명대 중반에서 70만 명대 초반을 기록했다. 하지만 2002년생이 성인으로 노동시장에 유입되는 시점부터 이 숫자는 50만 명 아래로 떨어진다.

당장 발등에 불이 떨어진 건 대학이다. '벚꽃이 피는 순서로 대학이 망한다'는 말도 이제는 의미가 없다. 서울 일부 대학을 제외한 모든 대학이 존폐 위기에 처했다. 2023학년도 정시 모집에서는 14개 대학 26개 학과에 지원자가 0명이었다. 입시 업계는 업계에서는 이건 전초전에 불과하다고 말한다. 올해 수험생 수를 고려하면 2024년부터 일부 대학은 새내기의 모습을 볼 수 없다는 이야기도 나온다.

전국의 도심에서 흔히 볼 수 있었던 결혼식장의 경우, 이미 적지 않은 수가 요양시설로 업종을 바꿨다. 혼인율이 떨어졌기 때문이다. 그나마 남아 있던 결혼식장도 전망이 썩 좋다고 볼 수는 없다. 혼인율과 상관없이 결혼을 할 수 있는 모수가 줄어들기 때문이다.

상황이 이러니 기업 입장에서는 '일할 사람이 없다'는 이야기가 나온다. 2025년 이후 본격적인 40만 명 시대가 도래한다면, 대한민국 기업들은 한국인을 채용하는 것도 어려워질 수 있다. 이런 변화는 갑작스러운 변화라기보다 수십 년 전부터 예상되었던 '정해진 미래'였다. 하지만 현시대의 진짜 문제는 정해진 미래뿐만이 아니라, 모두가 예상하지 못했던 '뜻밖의 미래'도 함께 나타나고 있다는 점이다.

대한민국 군대 병력 문제를 살펴보자. 2018년 60만 명이던 우리 군의 병력은 2022년 50만 명대로 줄었다. 2018년부터 2022년까지 5년간 전방인 강원도와 경기도 북부 등의 1개 군단과 6개 사단이 해체되거나 다른 부대와 합쳐 재편성되었다. 2022년 육군 제27보병사단은 창설 69년 만에 역사 속으로 사라졌다. 2002년도부터 초저출산 기조가 뚜렷해진 탓에 국방부는 2021년 2월부터 징병 신체검사에서 현역 판정 비율을 높이고자 보충역 판정 기준을 강화했지만 부족한 병력을 채우는 데는 역부족이다.

이렇게 군대 병력이 줄어드는 것도 어느 정도 정해진 미래였다. 입대 기준인 만 20세 남성 인구 추이는 이들이 출생했을 20년 전에 이미 결정되었던 사항이기 때문이다. 다만 정해진 미래에 충분히 대처하지 못했을 뿐이다. 문제는 다수의 병사와 초급 간부들로 구성되는 군대에서 초급 간부 지원율마저 급락하고 있다는 데에 있다. 이것이 바로 우리가 이전에 예상하지 못했던 뜻밖의 미래에 해당한다.

2022년 육·해·공군은 부사관 1만 1,107명을 채용할 계획이었으나, 실제 충원 인원은 9,211명에 불과한 것으로 집계됐다. 초급 간부 충원의 큰 비중을 차지하는 ROTC도 지원율이 급감하는 추세다. ROTC는 우리나라 초급 간부의 70% 이상을 공급하는데 2022년 육·해·공군 ROTC 지원율은 2.39배(정원 3,511명, 지원자 8,405명)로 2016년 3.95배에 비해 절반 가까이 감소했다. 정원을 채우지 못하는 대학이 속출하는 상황에서, 대부분의 교육대학교에서는 이미 ROTC 제도를 폐지했다.

부사관과 ROTC 같은 초급 간부의 충원율이 떨어지는 것은 군대가 매력 없는 직장이 되었기 때문이라고 볼 수 있다. 극심한 취업난을 생각하면 장기복무가 가능한 군 공무원은 인기가 높아져야 한다. 하지만 2022년 기준 하사의 월급은 200만 원이 되지 않고, 병사와의 차이도 줄어들고 있다. 장기복무 여부도 불확실하며, 군대 문화는 여전히 경직되어 있다. 전망을 밝게 볼 수 없는 이유들이다. 이것은 출산율과는 무관한 뜻밖의 미래다. 군 당국은 「2023~2027 국방중기계획」에서 2027년까지는 병력 50만

명 수준을 유지할 것이며, 그 대책 중 하나로 하사 임용의 나이 제한을 27세에서 29세로 올리겠다는 계획을 내놓았다. 하지만 이는 현실을 전혀 반영하지 못하고 있으며, 애초에 이뤄지지 못할 무의미한 계획이라는 시각이 많다.

통계청의 장래인구 추산에 따르면, 2020년 33만여 명이었던 만 20세 남성 인구는 2025년 23만 명대로 줄어들고, 2045년 12만 명대로 급감하게 된다. 병력 자원이 급격하게 줄어들 것으로 예상되기 때문에 국가에서는 모병제로의 전환을 꾀할지도 모른다. 하지만 지금의 흐름처럼 아무도 직업 군인을 택하지 않으려 한다면 어떻게 될까? 이것이 바로 우리가 인구통계학적으로 정해진 미래뿐만이 아니라, 뜻밖의 미래도 함께 대비해야 하는 이유다.

저는 회사에 다닐 생각이 없습니다만

> 취업이요? 글쎄요. 제가 물론 경영학과이긴 하지만 일반 회사에 들어가봤자 제 인생만 경영 당하다가 끝날 것 같아요. 그렇게 살기 싫어서 작년부터 시작한 주식이 떡상하기만을 바라고 있어요!

서울 소재의 한 대학교에서 경영학과 2학년에 재학 중인 2003

년생 김석훈 씨는 취업 계획을 묻는 나의 질문에 위와 같이 대답했다. 그는 회사 생활을 하면 그저 남이 시키는 일을 하면서 노예처럼 살 것 같다며 '결코 경험하고 싶지 않다'고 했다.

> 저는 빨리 로또나 당첨돼서 집에서 평생 놀았으면 좋겠어요. 물론 그게 안 되면 애니메이션 회사 같은 곳에 취직해야겠죠? 하지만 몇 년 정도만 일을 배우고 빨리 나와서 제 사업을 시작할 겁니다.

2023년 부산 소재의 대학교 애니메이션학과에 입학한 2004년생 박샬롬 씨는 대담 내내 부자가 되고 싶다는 이야기를 반복적으로 했다. 아직 주식이나 코인 투자를 하고 있지는 않지만 매주 빠지지 않고 로또를 구입한다고 말했다. 그는 자신이 좋아하는 특기를 살려 그림을 계속 그리고 싶지만, 적어도 회사에서 받는 월급으로 부자가 되겠다는 생각은 안 하고 있다고 말했다.

1997년 선진국의 문턱까지 올라온 대한민국은 외환위기를 겪으며 극적인 변화를 겪었다. 안정적인 직장은 신화로 남게 되었고, 20대에 접어든 80년대생들은 평생직장이 보장되지 않는 환경에서 좋은 직장을 갖기 위해 끊임없이 자기계발을 했다.

2000년대에 20대를 보낸 나도 이 경쟁의 대열에 있었다. 물론 정년을 보장받지는 못하겠다고 생각했지만, 적어도 회사에 들어가면 10년은 무사히 다닐 수 있을 거라는 최소한의 믿음이 있었다. 하지만 2008년에 전 세계를 휩쓴 글로벌 금융위기는 1997년 IMF 구제금융과는 다른 변화의 이정표를 만들었다. 중장기 근속 계획마저도 어려워진 것이다. 지독했던 IMF 관리체제에서도 기업이 신입사원을 구조조정 대상으로 삼지는 않았지만, 2000년대 후반의 새로운 기조는 신입사원에게도 가혹한 칼날을 휘두르는 일을 개의치 않았다. 그중에서는 '사람이 미래다'라는 그룹 슬로건을 내세운 기업도 포함되어 있었다.

이러한 시대적 상황이 2010년대에 정점을 찍었던 공무원 열풍의 주요 원인이다. 2010년대 후반까지도 공무원이나 공기업의 인기는 뜨거웠다. 2017년도에 20대 친구들에게 들었던 소문이 이를 방증한다.

> 매일 아침 노량진에 가면 두 개의 줄을 볼 수 있다. 하나는 공무원 시험 수업을 듣기 위한 줄, 또 하나는 공무원 시험 학원을 등록하기 위한 줄이다.

80년대생과 90년대생, 2000년대생에게는 각각 성장기와 청년기에 영향을 준 사건이 다르다. 그에 따라서 세대의 특징 또한 나눠진다. 하지만 앞의 두 세대의 생존 전략에서는 공통분모를 찾아볼 수 있다. 그것은 바로 공기업이든 사기업이든 회사에 다녀야 한다는 생각이다. 개인들은 각자의 생존 전략을 마련하려 애썼지만 대다수 결론은 회사라는 이름의 기업 혹은 정부 기관으로 수렴했다. 이것이 바로 그들이 세상의 빠른 변화를 겪었지만, 그럼에도 불구하고 비슷한 생애주기를 겪는 이유다. 때문에 그 안에서 갈등이 생겨나고 차이가 있을지언정 해결책을 모색할 수 있었다.

하지만 2000년대생들이 20대 성인으로 진입한 2020년대는 일하는 세상으로의 자동 진입이라는 틀이 깨진 상태다. 2020년대에 직장은 2000년대생들에게 기본적인 선택지가 아니다. 그들의 목표는 직장을 다니는 것이 아니라 '직장을 그만두는 것'이다.

각 세대별 핵심적 특징

세대	80년대생	90년대생	2000년대생
성장기에 영향을 준 최대 사건	1997년 IMF 외환위기	2008년 글로벌 금융위기	2010년대 후반 자산 폭등
사회 초년기	2000년대	2010년대	2020년대
회사에 대한 생각	기껏해야 45세 정년	언제 잘릴지 모르니 안 잘리는 곳으로	넷플릭스처럼 서로를 월 단위로 구독하는 관계
핵심적 특징	경쟁력을 위한 자기계발 열중	공무원과 공기업 등 안정적인 일터로 이동	퇴사라는 꿈을 이루기 위해 회사에 입사

여기까지만 말하면 "직장에 다니고 싶어서 다니는 사람이 어디 있냐", "가슴속에 누구나 사표를 달고 산다", "남의 주머니에서

돈 꺼내기가 어디 쉽냐"라고 반문할지도 모른다. 모두 맞는 말이다. 하지만 지금의 청년들에게 직장 생활이라는 선택지는 이전과는 다르다. 이유는 간단하다. 지금의 시대에 '직장 생활을 지속해서는 내가 원하는 목표를 이룰 수 없기 때문'이다. 회사 월급을 통해서 부자가 되기는커녕, 집 한 채 제대로 장만할 수가 없다.

앓는 소리가 아니다. 주택 구입의 난이도를 볼 때 사용하는 소득대비 주택가격지수 비율 Price to Income Ratio, 이하 PIR을 보면 실감이 날 것이다. PIR 지수는 주택가격을 가구소득으로 나눈 값이다. 쉽게 말해 PIR 지수가 5라면 주택가격은 연소득의 5배가 된다. 국토교통부의 「주거실태조사」에 따른 2006년 전국 PIR 지수는 4.2였지만, 이 수치는 2021년에 들어 6.7로 상승한다. 특히 수도권의 경우 2006년 5.7이었던 수치는 2021년 10.1로 치솟았다.

통상적으로 PIR 지수 3 혹은 그 이하를 지불 가능한 주택으로 보고, 5.1 이상을 지불이 불가능한 수준으로 본다. 그러니 한국에서는 전국적으로 봤을 때 이미 2006년부터 주택 구입이 어려운 수준이었고, 2020년대에 들어서는 거의 불가능한 수준까지 도달했음을 확인할 수 있다. KB부동산 데이터허브에 따르면 서울의 경우 2022년 PIR 지수가 14.2까지 치솟았다.*

이런 주택 가격의 변화는 2010년대 후반 급격하게 이뤄졌다. 그러나 자산 가격의 폭등은 부동산에서만 일어난 일이 아니었

---

* KB 아파트 담보대출 PIR은 실제 KB국민은행의 대출거래 정보로 작성된 지수로, 국가에서 발표하는 PIR과는 차이가 있을 수 있다.

다. 비트코인을 비롯한 가상 자산은 2017년과 2021년 두 차례에 걸쳐 광풍을 일으켰고, 주식 시장 또한 2020년 3월 초 코로나로 인한 일시적 급락 이후 2021년 코스피 3,000포인트를 돌파하는 등 유례없는 호황기를 경험했다. 2000년대생에게 이렇게 성장기에 자산 폭등을 경험한 것은 근로소득의 가치를 근본적으로 다시 생각하게 만드는 계기가 됐다.

이 말이 지금의 세대에게 근로소득이 중요하지 않게 되었다는 뜻은 아니다. 이들에게는 직업을 구하는데 있어서 '높은 임금'을 받을 수 있는지가 중요한 요소다. 산업연구원의 「MZ세대 수도권 이동자의 직업 가치관 변화와 특징」 보고서에 따르면, 2008년 당시 밀레니얼세대의 직업 가치 선호도 1위가 '개인 발전 가능성'이었다면, 1997년생 이후 Z세대가 주축이 된 2019년에는 '근로소득'이 1위로 올라섰다.

하지만 직업을 구하는 데 있어서 근로소득이 중요한 요소가 되었다는 말이 직장 생활을 지속하고 싶다는 뜻은 아니다. 설문에서 '개인 발전 가능성'은 커리어 관리를 의미한다. 따라서 2008년에 비해 개인 발전 가능성의 선호도가 떨어졌다는 것은 직장 안에서 커리어를 이어가려는 욕망이 낮아졌다는 의미다.

2022년 이후 주식, 코인, 부동산 등의 자산 가격이 조정기를 맞은 상황에서 월급은 '원화 채굴'로 불린다고 한다. 하지만 이러한 현상은 다분히 상대적이고 일시적인 현상이다. 구조적으로 회사에서 받는 월급은 지속성에서 한계를 가질 수밖에 없기 때문이다.

이러한 직장 생활에 대한 인식의 변화가 일어난 데에는 보다 근원적인 이유가 있다. 그것은 바로 현대 직장인의 전체 생애주기가 100세 장수 시대라는 트렌드와 전혀 맞지 않는 형태가 되었다는 점이다.

정년이란 것이 실질적으로 존재했던 20세기 대한민국 직장인들은 60세 정년에 은퇴를 한 이후 삶의 마지막까지 공백이 지금처럼 길지 않았다. 하지만 IMF 이후 21세기에는 직장 생활의 기간이 점차 짧아지고 있고, 100세 장수 시대를 맞이하여 공백기는 더 길어지고만 있다.

이러한 생애주기 변화에 맞춰 국가와 기업은 정년을 더 연장할 수도 있을 것이다. 하지만 그것이 새로운 세대의 희망과 연결되기는 힘들어 보인다. 이 추측은 과거의 학습 데이터에 의거한 것이다. 대한민국은 2016년과 2017년에 걸쳐 단계적으로 만 55세 정년을 만 60세로 상향 의무화했다. 하지만 주요 일자리에서의 평균 은퇴 시기는 더 빨라졌다. 2011년 통계청의「경제활동인구조사 고령층 부가조사」에서 주된 직장에서의 평균 근속기간이 19년 9개월이었던 것에 반해, 10년 후 2021년 조사에서는 15년 2개월로 짧아졌다.*

게다가 정규직 직장 생활을 시작하면 반드시 납부해야 하는

---

* 단 2011년 통계청 조사는 55~79세 취업 유경험자 대상 조사이고, 2021년 조사는 55~64세 취업 유경험자 기준이다.

국민연금의 경우도 '든든한 노후보장'에서 '돌려받지도 못할 강제 징수액'이란 인식으로 변화한 지 오래다. 실제 한국경제연구원 및 국회예산정책처에 따르면, 2020년 기준 약 740조 원 규모(2023년 현재 약 900조 원)인 국민연금 기금은 2050년 416.4조 원으로 내려앉은 뒤 2055년에 소진될 전망이다. 이 분석대로라면 2055년에 국민연금 수령 자격(2033년부터 만 65세 수급 개시)이 생기는 1990년생부터 국민연금을 받지 못하게 된다.

내 집 하나 구하려 뼈 빠지게 일하고 있는데 집값은 그보다 더 빠르게 올라버린다. 100세 시대에 맞춰 오래 일할 수도 없다. 게다가 내 의지와 상관없이 매달 꼬박꼬박 내는 연금은 정작 내가 퇴직할 때가 되면 구경조차 할 수 없을 판이다.

이것이 지금 2000년대생 앞에 놓여진 직장 생활의 냉정한 현실이다. 이 상황에서 과거처럼 한 직장 안에서 꿈을 펼치는 것이 과연 합리적인 선택일까? 물론 최적의 대안이 아니더라도 수많은 이들은 생계를 위하여 오늘도 내일도 회사의 문을 두드릴 것이다. 하지만 한 가지 분명한 점은 과거의 생존 방식과 지금의 생존 방식에는 근본적인 차이가 있다는 것이다.

우리는 그저 월정액 직장인일 뿐

한동안 인터넷 커뮤니티에 '대한민국 3대 헛소리'라는 게시물이 떠돌았다. 첫 번째는 연인에게 하는 "사랑하니까 헤어지는 거야"라는 말이다. 두 번째는 "행복은 돈으로 살 수 없어"라는 말이다. 마지막은? 출근하는 상사가 건네는 "좋은 아침!"이다. '굿모닝' 정도로 번역될 의례적인 인사가 왜 헛소리 취급을 받게 됐을까? 그건 '회사로 출근하는 아침은 좋은 아침이 될 수 없기 때문'이다.

2010년대 초반 내가 회사를 다닐 때, 매일 아침 "좋은 아침!"을 외치며 활기차게 출근하는 임원 한 분이 계셨다. 그분은 진심으로 출근을 하는 아침을 좋은 아침으로 생각하는 듯했다. 나를 포함하여 그 인사를 듣는 직원들 대다수는 동의할 수 없었다. 물론 반감을 느끼지도 않았다. 하지만 2020년대에는 더 이상 "좋은 아침"을 힘차게 내뱉을 수 있는 직장을 찾아보기 힘들다.

지금까지 우리 사회에서 직장은 단순히 일터라는 공간의 개념을 넘어서는 그 무언가였다. 직장은 누군가에게는 자부심의 원천이었고, 자아실현의 장이기도 했다. 일터에서 만나는 누군가는 동료를 넘어 가족이라 일컬어졌다. 직장은 내 삶과 쉽게 떼어놓을 수 없는 존재였다. 하지만 적어도 2020년대에 직장 생활을 시작하는 많은 이들에게 직장은 그렇게 복잡한 곳이 아니다. 많은 2000년대생들은 직장에서 정체성을 확립하거나 자아를 실현하거나 회사 사람들과 가족처럼 지내려 하지 않는다. 그들에게 직장은 딱 사전에 정의된 그대로다. 그러니까 '일정한 시간 동안 근로를 하고 그에 대한 보수를 받는 곳'이다. 직장은 그 이상 혹은 그 이하의 존재도 아닌 것이다.

이러한 직장의 정의 안에서는 좋은 직장의 의미도 꽤나 단순해진다. 직장은 일정 시간 근로를 하고 돈을 받는 곳이므로 좋은 직장은 돈을 많이 주는 곳이 된다. 이 돈은 근로시간과 연결이 되기 때문에 두 가지 도식이 가능하다. 좋은 직장이란 '같은 시간을 일해도 돈을 더 많이 주는 곳', 혹은 '같은 돈을 받아도 더 적게 일하는 곳'이다.

그렇기 때문에 2000년대생들에게 "적게 일하고 많이 버세요" 같은 말은 자연스러운 덕담이다. 그런데 이 말은 간혹 일부 기성세대의 발작 버튼을 누른다. 한 정치인은 TV프로그램에서 이 말에 대해 어떻게 생각하느냐는 질문에 "도둑놈 심보"라는 강렬한 답변을 남겼다. 하지만 지금의 세대가 이 말에 동의하는 것은 꽤나 단순한 도식에 따른 것이다.

말하자면 돈벌이의 효율성이 높은 직장은 여전히 선호의 대상이 된다. 거기에 정년까지 보장된 직장이라면 금상첨화다. 하지만 그렇다고 할지라도 이런 좋은 직장들은 과거와 같이 무조건적인 선망의 대상이 아니다. 왜냐하면 좋은 직장이래 봤자 사실은 모두 공평한 '노비'에 불과하기 때문이다.

2013년 MBC의 인기 예능프로그램 〈무한도전 -관상특집〉에서 조선시대 광대 역할을 맡은 노홍철 씨가 길거리에서 시민을 만나 길을 물어보는 장면이 나온다. 해당 장면에서 현대인을 처음 만나게 된 광대는 그에게 "실례지만, 직업이 뭐요?"라고 물었고, 그는 "회사원이요"라고 대답한다. 그러자 회사원이란 단어를 처음 들은 광대는 "회사원이 뭐요? 계급으로 따지면, 천민이냐 양반이냐…"라고 묻는다. 그랬더니 그는 짤막하고 간단하게 답을 한다. "노비요."

과거에는 노비가 될 바에는 대감집(대기업) 노비가 되겠다거나 관노비(공무원)가 되겠다는 말이 통했다. 하지만 지금은 모두 똑같은 노비일 뿐이라는 인식이 더 강하다. 왜냐하면 좋은 직장도 100세 인생의 관점에서는 잠시 거쳐 가는 곳에 불과하기 때문이다. 정규직조차 조금 긴 임시직인 셈이다.

꿈을 실현하는 일터는 더 이상 없다. 강하게 소속감을 느끼는 일터도 없다. 앞으로 2000년대생들에게는 일터가 그저 거래가 일어나는 곳에 불과할 수 있다. 노동력을 잠시 빌려주고, 그에 대한 대가를 받는 곳이다. 평생직장이 아니기에 언제든 거래가 종료되면 다른 거래를 찾아 떠나는 것이다.

> 저는 사실 월정액 직장인이에요. 사장님은 저를 잠시 구독하고 계신 거죠.

F&B 회사에서 플로어 매니저로 일하는 2001년생 김영수 씨

의 말은 앞으로 기업과 개인의 관계를 직관적으로 이해할 수 있게 해준다. 기업은 인재를 구입하여 반영구적으로 사용하는 구매자가 아니라, 일시적 필요로 인해 한 사람의 능력을 월 단위로 구독해서 사용하고 있을 뿐이다. 마치 넷플릭스 같은 OTT 서비스처럼 말이다.

위기는 아래에서부터 시작된다

2003년 박카스 광고에는 이런 장면이 나온다. 한 청년이 지나가는 동네 사람들에게 "저 오늘 첫 출근합니다"라고 호기롭게 외친다. 동네 슈퍼 아저씨는 "오, 그래? 어떤 회사야?"라고 묻는다. 이 말에 청년은 머리를 긁적이며 말한다. "그냥 조그마한 회사예요." 이에 아저씨는 "크기가 뭔 상관이야! 가서 크게 키워!"라고 외친다. 젊은이는 거수경례를 하며 희망찬 첫 출근을 맞이한다.

하지만 20여 년의 시간이 흐른 지금, 한 청년이 호기롭게 "저 그냥 조그마한 회사 다니려고요"라고 말한다면, 누군가는 이런 대답을 할 것이다. "이봐, 좆소는 거르게."

여기서 말하는 '좆소'는 원래 중소기업을 비하하는 말이다. 이 말의 어원은 비속어 '좆'과 '중소기업'의 합성어인데, 비속어를 순화하는 과정에서 좋소로 변형되어 활용되고 있다. 물론 기업의 규모가 비하의 이유가 될 수는 없고 실제로 그렇게 쓰이지도

기업 재직자의 불만 분류

분류	중소기업	좋소기업
처우에 대한 불만	대기업이나 공기업과 비교하며 분노	근로기준법과 비교하며 분노
'체계가 없다'는 말의 의미	문서화되어 있지 않고 구두로 전달된다	어디에도 물어볼 수 없다
'복지가 없다'는 말의 의미	업무에 필요한 자원만 제공된다	업무에 내 자원을 동원한다
프로젝트를 시작할 때	업무 히스토리를 찾는다	새 역사를 써내려 간다
귀찮은 업무가 발생했을 때	유관 부서끼리 폭탄을 돌린다	폭탄을 돌릴 곳이 없다

않는다. 온라인에서 좋소는 '부당함을 당연하게 강요하는 기업'으로 통한다.

2000년대생들이 중소기업을 꺼리는 여러가지 이유에는 대부분 선배 세대의 경험이 녹아 있다. 좋소에 대한 인식이 과장이라고 하기에는 사실에 근거한 경험들이 인터넷에 넘쳐난다. 그리고 새로운 경험들은 계속 업데이트된다.

대표적인 게 웹드라마 〈좋좋소〉다. 〈좋좋소〉는 직원 5명의 소규모 무역회사(정승네트워크)에 29세 백수 조충범이 입사하면서 벌어지는 이야기를 다루고 있다. 이 드라마는 소소하고 가족적인 감동 스토리를 담는 것이 아니라 중소기업에서 일하면서 당할 수 있는 부당한 일에 초점을 둔다. 댓글창에는 "드라마를 보다가 PTSD가 올 것 같다"거나 "드라마가 아니라 하이퍼리얼리즘 다큐다"라는 반응이 이어진다.

더 이상 회사를 다니고 싶지 않아 하는 세대가 등장한다고 말했을 때, 이를 믿지 않거나 상상조차 못 하겠다고 반응한다면 그는 소위 말하는 좋은 직장에 다니고 있을 확률이 높다. 사실 단단한 전문 직종, 대기업, 공기업, 중견기업 등은 지금도 그렇지만 앞으로도 인력난에 시달릴 가능성이 높지 않다. 인기는 그대로인데 좋은 직장의 수는 계속 줄어들고 있으니 말이다.

많은 사람이 평소에 인식하지 못하지만 우리나라는 예나 지금이나 여전히 중소기업 위주로 유지되고 있다. 우리나라의 기업 현황을 이야기할 때, '9983'이라는 표현이 자주 사용된다. 이 표현은 우리나라 전체 기업 중에서 99%가 중소기업이고, 전체 기업 종사자 중 중소기업체에 다니는 사람의 비율이 83%라는 뜻이다.

사업체의 규모가 작아질수록, 그리고 비수도권으로 갈수록 인력난은 심화된다. 한국산업기술진흥원KIAT에서 2022년 발표한 「2022년 산업기술인력 수급실태조사」에 따르면, 대규모 사업체의 인력부족률이 0.4%에 불과한 반면, 10~29명으로 구성된 중소규모 사업체의 인력부족률은 3.9%로 거의 10배 이상의 차이가 났다. IBK기업은행이 2023년 제조업을 영위하는 중소기업을 대상으로 인력난 실태조사를 한 결과, 65%가 인력난을 겪고 있다고 응답했으며, 비수도권의 경우 70%가 인력난을 겪고 있다고 답했다.

익명을 요구한 한 비수도권 소재 중소기업 CEO는 "수년 전부터 중소기업에 들어오려고 하는 청년들을 구할 수가 없어서 어쩔 수 없이 퇴직한 직원에게 재취업을 요청하고 있다"라고 말했다. 그는 특히 생산직의 경우 국내 인력을 구하기가 하늘의 별따기라 현재 90% 이상이 외국인이라고 했다.

20대가 대한민국 회사의 대부분을 차지하는 중소기업에 입사하기를 원하지 않는다면, 이들은 대체 어디서 일한다는 것일까? 그냥 집에서 쉬기라도 하겠다는 걸까?

놀랍게도 그렇다. 적지 않은 수의 20대가 그냥 집에서 쉬고 있다. 통계청 국가통계포털에 따르면 2023년 6월 기준으로 일이나 구직 활동 없이 그냥 '쉬었음'이라고 답한 20대는 전년보다 3만 6,000명이 증가한 35만 7,000명을 기록했다. 게다가 '쉬었음' 인구가 증가한 것은 20대가 유일했다.[1] 취업 의사가 있었던 20대 비경제활동 인구를 대상으로 최근 구직을 하지 않았던 이유를 물었을 때, 가장 많이 나온 답변은 '원하는 임금수준이나 근로조건이 맞는 일거리가 없을 것 같아서'(17만 3,000명)였다.[2] 결국 이는 좋은 직장이 아니라면 눈을 낮춰서 중소기업의 문을 두드리는 것이 아니라, 아예 일을 할 생각을 미뤄버린 것으로 해석할 수 있다.

소위 말하는 좋은 직장이 사라진 것은 냉정하게 말하면 기업들이 먼저 자기 나름의 각자도생을 한 결과다. 2023년 채용시장의 가장 큰 변화는 경력직 선호 현상의 심화다. 한국경영자총협회가 실시한 「2023년 신규채용 실태조사」에 따르면 전국 100인 이상 기업 500개 사 중에서 67.4%는 수시채용만 실시한다고 답했다. 매년 대규모 대졸 공채로 졸업생들을 받았던 10대 대기업 중 절반 이상이 공채를 폐지했다.[3]

지금까지 일본과 한국은 매년 대규모 그룹 공채를 통해서 사회로 쏟아져나오는 인력들을 기업으로 끌어들이는 선순환 구조를 가지고 있었다. 이는 매년 정기적으로 좋은 대졸 인재를 선점하기 위한 이유도 있었지만, 질이 좋은 일자리를 사회에 공급한다는 의미도 있었다. 고용의 효율로만 따진다면 필요한 인력이 생길 때마다 공고를 올려서 부족한 부분만 채우는 수시채용이 기업의 입장에서는 유리했던 것이 사실이다.

하지만 2019년 대기업의 선두 주자 그룹에 속해 있는 현대자동차그룹이 최초로 수시채용을 하겠다고 선언했다. 이후 LG그룹과 KT그룹이 이에 발을 맞추고, 재계 서열 2위인 SK그룹마저 2022년에 수시채용 방침을 밝혔다. 그렇게 '대졸 공채'라는 암묵적인 사회적 합의에 균열이 일기 시작했다.

게다가 문재인 정부 시절 청년실업의 해소 방안으로 공공기관 일자리 창출 전략을 지속적으로 행한 이후, 윤석열 정부에 들어와서는 공공기관 채용 다이어트 정책을 시행 중이다. 이는 민간과 공공 부문에서 좋은 일자리가 동시에 사라지는 결과로 나타났다. 2010년대에 90년대생의 유일한 희망이었던 9급 공무원 역시 상대적인 임금 저하 등으로 좋은 직장으로서의 매력이 사라졌다.

하지만 이와 같은 20대의 경제활동 상태가 과거의 니트족NEET과 같다고 말하기는 힘들다. 니트족은 의무교육을 마친 뒤 진학이나 취업은 물론 직업훈련도 하지 않는다. 하지만 지금 쉬고 있는 20대는 취업 의사를 완전히 철회했다고 보기보다는 일시적으로 쉬는 기간을 기약 없이 연장하고 있다고 보는 편이 더 적합할 것이다.

일각에서는 이렇게 집에서 쉬고 있는 20대 10명 중 7명(75.4%)이 독립하지 않고 부모와 함께 사는 신新캥거루족이라며 박하게 평가한다. 하지만 이들이 단순히 부모 품에 안겨서 숨어있거나 일본의 히키코모리와 같이 외부와의 관계를 모두 단절하고 집에만 박혀 있는 것은 아니다. 이들도 나름 집안일을 돕고, 단기적인 경제활동을 이어가고 있다. 그래서 요즘은 집에서 쉬는 이들을 순화된 표현으로 '자택 경비원'이라고 부르기도 한다.

이와 비슷한 표현으로 중국의 전업자녀全職兒女라는 단어가 있다. 이 전업자녀는 일하는 부모 대신 요리와 청소 등 집안일을 도맡아서 한다. 집안일을 돕고 용돈을 받는 개념이 아니라 부모로부터 월급을 받고 일하는 것이다.

중국인으로 한국과 중국에서 모두 일해본 카버코리아(유니레버 계열) 조심열 팀장은 90년생으로, 위와 같은 경우는 중국에서도 일부 도심에서만 가능한 형태라고 단언한다. 그는 중국에서 연금까지 탄탄한 중산층 이상의 가정은 가정부를 고용하는 경우가 많다고 했다. 이런 경우 자녀가 높은 실업률과 낮은 임금에 시달린다면 얼마든지 가정부로 고용할 수 있을 것이다. 중국의 젊은이들은 이것이 나름의 합리적인 선택이라고 말한다.

하지만 한국에서는 이런 형태가 쉽지 않다. 오히려 고령층의 취업자 수가 지속적으로 늘어나는 트렌드로 봐서는 일시적으로 청년층은 집에서 쉬고, 부모들이 취업 활동을 지속하는 형태를 취하게 된다.

그렇다면 현 20대 청년들의 '쉬었음'의 형태는 지속될 것인가? 그렇지 않다. 이들도 나름의 대안을 가지고 있다. 우리 주변에서 흔하게 볼 수 있는 방식은 시간제 근로를 선택하는 것이다.

이기호의 소설 『눈감지 마라』에 등장하는 현수는 한 식품 중소기업에 영업직으로 입사했다가 한 달 만에 그만두고 전에 일하던 편의점 아르바이트 일을 다시 시작한다. 실적 압박, 불규칙한 지방 일정, 상사의 비위 맞추기까지 견뎌야 했지만, 월급은 별 차이가 없었기 때문이다.

97년생 김성진 씨도 비슷한 경우다. 그는 중소기업에서 첫 직장 생활을 시작했다가 두 달 만에 퇴사했다. 그 뒤로 낮에는 카페에서 일하고 주말 저녁에는 편의점에서 일하고 있다.

> 월급이라고 해봤자 겨우 200만 원에 불과한데 주 52시간은 지키지 않고, 매일 남아서 상사 눈치를 보는 생활에 질렸습

니다. 이러다가는 개인 시간도 남아 있을 것 같지 않아서 한 달 만에 때려치웠어요. 지금 하는 일이 벌이는 좀 적어도 동료 스트레스는 적어서 편해요. 지금도 물론 가끔 진상인 고객을 상대해야 하지만요.

이렇게 중소기업의 정규직을 선택하는 것이 아니라 시간제 근로를 선택하는 이유는 과거에 비해 임금의 차이가 상당히 줄어들었기 때문이다. 2023년 최저임금은 2022년 대비 5%가 인상된 9,620원이고 이를 주 40시간제 근로자의 월급으로 환산한 금액은 201만 580원(주휴수당 포함)이며, 연봉으로는 2,412만 6,960원이다.

중소기업은 어떨까? 커리어테크 플랫폼 사람인이 중소기업 898개 사를 대상으로 '2022년 신입사원 연봉 현황'을 조사했다. 그 결과 조사 대상 기업의 4년제 대졸 신입사원의 연봉은 평균 2,881만 원(세전 기본급 기준)으로 집계됐다. 2~3년제 전문대졸 연봉은 평균 2,749만 원이었으며, 고졸 신입사원은 평균 2,634만 원이었다. 고졸의 경우로 비교하자면, 중소기업 신입사원과 시간제 근로자의 임금 차이는 월 10만 원 수준인 것이다.

시간제 근로가 꼭 과거 20대가 주로 맡았던 편의점, 카페, 식당 서빙과 같은 전통적인 아르바이트에만 국한되는 것은 아니다. 야쿠르트 배달이나 정수기 점검과 같은 일에 뛰어드는 20대도 늘어나고 있는 추세다. 관련 보도에 따르면 한국야쿠르트에는 20대의 비율이 2018년에는 2.5%에 불과했지만, 2022년에는 그 비율이 6%까지 증가했다. 야쿠르트 아주머니가 아니라 야쿠르트 언니들이 생겨나고 있는 것이다. 이들이 이런 시간제 근로를 선택하는 가장 큰 이유는 내가 원하는 시간에 일할 수 있다는 점이다.

2000년대생에게 기대할 수 없는 한 가지

바야흐로 2010년대의 대한민국은 열정페이의 시대였다. 열정페이란 말 그대로 열정으로 급여를 대신한다는 뜻이다. 제대로 된 노동의 대가를 열정이라는 미명하에 노동자에게 지불하지 않으려는 사회 현상에 관한 용어는 일본에도 있다. 바로 '보람착취'라는 표현이다.

음악인이자 작가인 김간지는 인디 음악 전문잡지인 《칼방귀》 2012년 여름호에 '열정페이 계산법'을 기고했다. 해당 계산법에 따르면 '열정이 있다', '재능이 있다', '재주가 있다'는 곧 '돈을 적게 줘도 된다'는 공식이 된다. 이 공식에 따른 예시는 "너는 원래 그림을 잘 그리니까 공짜로 초상화를 그려 줘라", "너는 어차피 공연을 하고 싶어 안달 났으니까 공짜로 공연해라", "너는 경력도 없으니까 내 밑에서 공짜로 엔지니어를 하면서 경험 쌓아라" 등이 있다.

2010년대 중반까지만 하더라도 열정페이는 사회 곳곳에 깔려 있었고, 그 사례도 다양했다. 일례로 국민의 인권 신장을 위한 국가인권위원회에서는 2014년까지 영어에 능통한 엘리트 인턴을 무급으로 채용했다. 국민에게는 인권 감수성을 강조하면서, 인턴에게는 예외로 둔 셈이다.

90년대생들이 본격적으로 사회생활을 시작한 2010년대의 가장 큰 흐름은 '열정페이와의 투쟁'으로 요약할 수 있다. 열정페이에 대한 반발은 2010년대에 발간된 저작물들을 통해 확인할 수 있다. 국내에도 번역되어 눈길을 끈 히노 에이타로의 『아, 보람 따위 됐으니 야근수당이나 주세요』나 한윤형, 김정근, 최태섭의 공저 『열정은 어떻게 노동이 되는가』는 '우리가 회사를 위해 일하는 대가로 약속된 것은 월급뿐'이라는 점을 분명히 한다. 일을 성립하게 하는 두 가지는 회사에 제공하는 노동과 그 대가로 받는 월급이며, 보람은 어디까지나 두 요소가 충족되었을 경우 사람에 따라 얻을 수도 있는 덤이라는 것이다.[4]

냉정하게 말해서 적법한 노동에 적합한 대가를 제공하지 않는 열정페이는 고용주의 도덕적인 문제가 아니라, 대한민국 헌법 제32조와 근로기준법 제77조를 위반하는 불법적 행위다. 따라서 열정페이와의 투쟁은 젊은 세대의 등장으로 인한 조직문화의 전환이기보다는 위법을 바로잡는 것이었다.

2010년대에 열정페이와의 투쟁은 나름의 성과를 보였다. 사회적 인식도 변화했고 관련 콘텐츠도 많이 나왔다. 그러나 이 문제를 가장 획기적으로 변화시킨 것은 노동법의 변화였다. 그것은 바로 2018년부터 점진적으로 시행된 '주 52시간 근로제'다.

본래 주 52시간 근로제는 전 세계에서 가장 긴 노동시간과 그로 인한 부작용을 가지고 있던 대한민국 노동시간을 줄이겠다는 목표로 진행된 것이다. 국회예산정책처의 2023년 4월 「경제동향보고서」에 따르면 2018년 이후 대한민국 노동시간은 연평균 2.2%가 감소했지만, OECD 4위로 여전히 평균보다 높다.[5] 하지만 노동자들에게 기존에 몰랐던 새로운 인식을 주는 것에는 성공했다. 그것은 바로 '야근은 원래 당연히 해야 하는 것이 아니라, 추가 노동으로 대가를 받을 수 있다'는 사실이었다. 고용노동부에 따르면 2018년 1조 6,472억 원에 달하던 임금 체불 규모는 2022년 1조 3,472억 원으로 18.2% 줄어들고, 피해 근로자는 2018년 35만 1,531명에서 2022년 23만 7,501명으로 32.4%가 줄어들었다.[6]

이렇게 2010년대에 열정페이에 대한 저항이 있었다면, 2020년대는 기존에 없었던 새로운 형태의 저항이 생겨났다. 그것은 바로 '사명감페이'에 대한 저항이다.

사명감使命感은 사전적으로 '주어진 임무를 잘 수행하려는 마음가짐'이란 뜻이다. 책임감과 비슷하다고 볼 수 있지만, 실제로는 더 큰 의미로 쓰인다. 사명감은 단순히 전문적으로 일을 한다거나 열정적으로 한다는 개념을 넘어선다.

사명감은 무엇보다도 나에게 주어진 일을 정확히 아는 것에서 시작한다. 단순히 돈을 받고 수행하는 업무를 넘어, 내가 특정 직군이나 직무에서 역할을 한다는 것에 더 방점이 찍힌다. 보통 사명감과 직결되는 직업들은 경찰, 소방공무원, 군인, 교사, 의사와 같이 공공의 이익과 관련 있는 경우가 많다. 사명감은 숭고함과 연결된다.

열정페이가 '열정을 가지고 돈을 적게 받고 일하라'로 요약할 수 있다면, 사명감페이는 '사명감을 가지고 더 적극적으로 일해라'로 요약할 수 있다. 전자가 실정법을 위반할 수 있는 부당한 요구였다고 한다면, 후자는 그 자체로 법을 위반하는 요구라고 볼 수는 없다.

공적인 성격의 일을 하는 이들에게 사명감을 요구할 수도 있을 것이다. 하지만 2000년대생들에게 이러한 사명감페이는 결코 합리적이지 않다. 적절한 처우가 이루어지는 상황에서 개인이 자발적으로 사명감을 가진다면 아무 문제가 없겠지만, 보통 사명감이 강조되는 상황에서는 불합리한 대우가 있게 마련이다.

물론 여전히 철저한 사명감을 가지고 자신이 맡은 업무를 시작하는 이들이 있을 것이다. 하지만 시대의 흐름은 이를 더 이상 합리적이지 않은 행위로 만들어냈다. '더 적극적인 업무 태도'를 요청하기가 어려워지는 것이다. 가장 먼저 변화가 일어난 곳은 의료계다.

'피안성 정재영'이라는 말이 있다. 예비 의사와 현직 의사 사이에서 유행한 이 신조어는 선호과인 피부과·안과·성형외과·정신과·재활의학과·영상의학과의 줄임말이다. 경쟁이나 사명감보다 소득, 워라밸을 중시하는 요즘 의료계의 추세가 반영된 말이다. 이와 반대로 의료계에서 가고 싶지 않아 하는 '기피과'로는 흉부외과·외과·산부인과 등이 있다. 환자의 생명과 직결되는 과가 대부분이기 때문에 사명감이 더욱 요구되는 과로 인식되어 있다.

사명감을 명분으로 이러한 추세를 막아 세울 수 있을까? 아마 불가능해 보인다. 초저출산 기조와 함께 진료소가 사라지고 있는 소아청소년과도 사명감페이가 더 이상 유지될 수 없음을 보여주는 사례다.

2023년 3월 대한소아청소년과의사회는 '소아청소년과 폐과와 대국민 사과'의 자리에서 진료비가 30년째 동결 중이고 의료소송이 남발되고 있는 현실에서는 더 이상 아이들의 건강을 책임져야 한다는 사명감만으로는 버틸 수 없기에, 소아청소년과라는 전문과 간판을 내릴 수밖에 없다고 말했다.[7]

이와 같은 사명감페이 거부 현상은 교육계에서도 똑같이 나타나고 있다.

사명감으로 교직이 유지되는 시대는 끝났다고 봅니다.

제주도에서 15년째 교직에서 일하고 있는 김준식 부장교사의 말이다. 그의 말에 따르면 최근 2~3년 사이에 급격하게 교직의 분위기가 바뀌었다고 한다. 그는 교실에서 면학 분위기를 저해하는 일부 학생에게 선생님들이 제대로 된 지도를 할 수 없는 상황이라고 말했다. 학생들에게 훈육을 하다가 아동학대라는 명목으로 조사당하고 실제로 고소로 이어지는 사례가 있어서, 어쩔 수 없이 문제가 있어도 아무런 제재를 할 수 없다는 것이다.

공무원도 마찬가지다. 국민의 목숨과 안전을 책임지는 중앙정부와 지자체의 재난 안전 부서는 그 무엇보다도 중요한 책임을 안고 있는 곳이다. 하지만 아이러니하게도 그러한 중요한 사명을 지닌 재난 안전 관련 부서는 신규 공무원들이 가장 가고 싶지 않은 '기피 1순위 부서'가 되었다.

재난 안전 부서를 기피하는 이유는 단순하다. 권한은 존재하지 않고 오로지 무한 책임만 있기 때문이다. 그렇기 때문에 운이 좋지 않게 재난 부서에 배치가 되는 순간부터 부서를 탈출하는 일에 온 신경을 곤두세운다. 탈출이 힘들다면 어쩔 수 없이 휴직을 신청하기도 한다. 그러면 그 자리는 어떻게 될까? 다시 신규 발령자로 채워진다. 악순환의 고리가 반복되는 것이다.[8]

영혼 없는 세상

2023년 여름 신림역에서 대낮에 칼부림을 일으킨 '묻지 마 흉기 난동' 사건이 일어났고, 곧이어 분당 서현역에서 차를 몰고 인도로 돌진해 보행자를 들이받고 행인들에게 흉기를 휘두른 사건이 발생했다. 그 이후 전국에서 살인 예고글이 이어지면서 국민들의 불안감이 극에 달했다.

이에 치안을 책임지는 윤희근 경찰청장은 무차별 흉기 난동 범죄를 테러행위로 규정하고 이에 대응하기 위한 특별치안활동을 선포했다. 흉기 소지 범죄에는 경고 없이 곧바로 실탄 사격을 허용하고, 적극적인 범인 검거 과정에서 발생하는 피해에 면책을 부여하기로 했다.[9]

이에 대한 일선 경찰들의 반응은 어떨까? 익명을 요구한 2000년생 임 모 순경은 이와 같은 경찰청장의 대응을 "신뢰할 수 없다"라고 말했다.

> 솔직히 말해서 흉악 범죄인에게 경고 없이 마음대로 실탄을 쏴서 남는 것은 소송당하는 일밖에 없다고 들었습니다. 선배들도 정상 참작을 해주는 원칙이나 법은 실제로 무용지물이니 믿지 말라고 하더군요. 이런 상황에서 어떻게 마음대로 실탄을 사격하나요?

이러한 생각을 하는 것은 임 모 순경뿐만이 아니다. 직장인 익명 커뮤니케이션 앱인 블라인드에는 한 경찰청 소속 A씨가 "칼부림 사건? 국민은 각자도생해라"라는 제목의 글을 올렸다. 그는 "앞으로 묻지마 범죄 등 엽기적인 범죄가 늘어날 것 같은데 경찰은 이대로는 방법이 없다"며 "국민은 알아서 각자도생해야 한다" 라고 주장했다.

그는 주장의 이유로 경찰이 과거에 과잉 진압을 이유로 소송에 휘말린 사건을 언급했다. A씨는 "낫 들고 덤비는 사람한테 총 쏴서 형사 사건은 무죄가 났는데도, 민사 소송에서 1억 원을 배상하라는 판결이 났다"라며 "또 칼로 피해자를 찌르고 도망간 사람에게 총을 쐈는데 (재판 결과에서) 형사는 무죄가 나왔지만, 민사로 7,800만 원을 배상한 사건도 있다. 정확하게 허벅지를 쐈어야 한다는 게 이유다"라고 설명했다.

그렇다면 앞으로 우리가 살아갈 미래는 어떻게 될까? 사실 여기에 뾰족한 답은 없지만, 아마 지금과 크게 달라질 것 같지는 않다. 사명감 없이 일하는 곳이 어떻게 제대로 돌아가겠냐고 묻는 사람도 있겠지만, 사명감 없다는 것이 자신의 직무를 충실하게 수행하지 않는다는 뜻은 아니다. 단지 그 이상의 서비스를 기대하기 어려울 뿐이다.

가령 미래에 사명감이 없는 소아과 의사가 등장한다고 할지라도, 눈앞에 있는 아이의 증상을 대충 보고 잘못된 처방을 내리지는 않을 것이다. 하지만 치료가 끝나고 아이의 주 증상과 관련 없는 아이의 성장과 관련한 질문, 이를테면 "또래에 비해서 우리 아이의 말이 늦는데 어떻게 하죠?"에 대답해주지는 않을 것이다.

사명감이 다소 부족한 교사가 있더라도, 그는 여전히 학생에게 교육 목표에 맞는 교육 서비스를 제공할 것이다. 하지만 제멋대로 구는 학생에게 올바른 길을 제시하기 위해 쓴소리를 하지는 않을 것이다. 정해진 질문 범위를 넘어서는 학부모의 질의 혹은 제안에 더 이상 응대하지도 않을 것이다.

사명감이 떨어지는 공무원이라고 해도, 공무원 헌장에 따라 투명하고 공정하게 맡은 업무에 대한 책임을 다하고 규범과 상식에 따라 국민에게 봉사한다는 의미의 공공서비스를 제공할 것이다. 하지만 그들이 민원인에게 매뉴얼을 넘는 서비스를 제공하기는 힘들 것이다.

물론 사명감이라는 짐을 벗는 일이 공적 영역에서는 어려울 수도 있을 것이다. 공무원 사회에서는 아직도 사명감을 중시하는 경향이 있다. 공무원은 단순히 국가를 고용주로 일하는 자가 아니라 공무원 헌장에 적시된 바와 같이 '헌법이 지향하는 가치를 실현하며 국가에 헌신하고 국민에게 봉사하는 자'이기 때문일 것이다. 실제로 여전히 고위층은 '사명감의 굴레'에서 벗어나지 못하고 있다. 하지만 '사명감 있는 공무원이 되자'고 강조한다고 해서 실제로 바뀌는 것은 없다.

그렇다면 이러한 간극은 어떻게 줄여나갈 수 있을까? 민간 영역과 공공 영역을 모두 경험한 양병채 해양수산인재개발원장의 인터뷰에 그 답이 있다. 그는 "공직에서 사명감을 강조하는 것이 문제가 되거나 지나친 것은 절대 아니다"라면서도 "공무원 사회에서는 사명감을 마치 일과 구분된 별도의 다짐이라고 생각하는 경향이 있다"라고 말했다. 그리고 작은 해결책으로 "이제는 사명감과 일을 구분하지 말고, 자신에게 주어진 일을 책임감 있게 하는 것 그 자체로 충분하다는 생각을 가져야 한다"고 전했다.

2장
2000년대생을 제대로 바라보는 법

태풍의 진로를 예측하듯이

　세대 간의 갈등과 오해가 어제오늘의 일은 아니다. 그러나 미디어에서 묘사되는 모습을 보고 있자면 한국 사회에서 가장 시급한 문제처럼 느껴진다.

　사실 미디어에서 묘사하는 세대 간의 갈등 이야기는 우리가 이미 가지고 있던 고정관념을 강화시키는 촉매제 역할을 한다. 이를테면 "청년 세대는 노력은 하지 않고, 자신의 안위만을 생각하며, 책임감이라고는 찾아볼 수 없는" 세대다. 86세대로 대표되는 기성세대는 "경제 성장기에 쉽게 일자리를 차지하고, 그들이 가진 모든 것을 노력의 결과로 포장하는" 세대다. 요즘에는 X세대에 대한 풍자도 눈에 띄는데 이들은 사회적 이슈에는 완전히 무관심하고, 자기 생각과 개성이 가장 중요한 세대다.

"2000년대생의 특징을 한 문장으로 설명한다면?"이라는 질문은 간단하게 답하기 쉬운 문제가 아니지만, 누구나 흔히 던질 수 있는 질문이기도 하다. 보통 단순하게 말하기는 일반적으로 소통을 원활하게 하기 위한 원칙으로 통한다. 분명 지식이나 정보를 전달하거나 간단한 의사소통을 할 때에는 단순하게 말하기가 도움이 될 것이다. 하지만 세대를 설명하는 데 있어서는 그리 큰 도움이 되지 못한다. 왜냐하면 같은 시기에 출생한 동년배라 하더라도 개인적 경험, 소득 수준, 지역과 성별 차이 등에 의하여 복잡다단한 차이가 존재하기 때문이다. 어떤 세대를 몇 가지 개념으로 정리하고 유형화하려는 시도는 그 세대를 이해하려는 우리의 태도를 나태하게 만들기도 한다.

세대론을 '세대 팔이'라며 반대하는 입장에 따르면, 사회의 특정 구성원들을 세대 범주로 묶거나 특성을 일반화하여 설명하는 것은 일종의 폭력이다. 이런 입장에 따르면 세대론은 일반화 과정에서 개인이 가진 특수성을 놓칠 수 있고, 몇 가지 사례나 경험을 전체 속성으로 단정 짓고 판단하는 '성급한 일반화의 오류'를 범할 수 있다.

하지만 그렇다고 해서 범주화나 일반화가 모두 무용한 것은 아니다. '월급사실주의 동인'의 소설가 장강명은 일반화와 범주화를 '사고의 본질'이라고 말한다.[10] 그의 말에 따르면 일반화와 범주화 없이는 무언가에 대해 생각할 수도 없다. 가령 버스라는 범주화된 개념이 없다면 낯선 사람이 운전하는 커다란 차를 믿고 탈 수 없었을 것이다. 더 근본적으로는 '일반화가 개별성을 희생시킨다'는 명제 역시 일반화에 해당한다.

매년 여름 발생하는 태풍颱風을 한번 떠올려보자. 기상청 날씨누리 사이트에 따르면 태풍이라는 단어는 1904년부터 1954년까지의 기상관측 자료가 정리된 「기상연보 50년」에 처음으로 등장했다.[11] 어원을 거슬러 올라가면 영국에서 1588년에 타이푼typhoon이라는 단어를 사용한 예가 있으며, 그보다 앞서 1504년에는 프랑스에서 티퐁typhon이라는 용어를 사용한 기록이 있다. 그리고 지금 우리가 말하는 태풍이라는 단어는 '북태평양 열대 해상에서 발생하는 열대저기압 중에서 최대풍속이 17㎧ 이상인 것'에 붙여진 이름이다. 이 역시 일종의 범주화다.

굳이 특정 조건의 열대성 저기압에 태풍이라는 이름을 붙이는 이유는 때에 따라서 태풍이 인간의 삶에 큰 영향을 끼치기 때문이다. 보통 태풍은 나무가 뽑혀나갈 정도의 강풍과 함께 소나기를 능가하는 집중 호우를 동반하기에 기상청에서 기상특보를 내놓는다. 하지만 누구도 기상청의 예보를 '태풍 팔이'라고 비난하지는 않는다.

새로운 세대의 등장을 알리는 일도 마찬가지다. 매년 여름 지구의 에너지 불균형을 해소하기 위해 태풍이 등장하듯, 필연적으로 새로운 세대는 우리의 앞으로 다가온다. 이 책은 그저 내 나름의 방식으로 필연적으로 등장하는 새 시대가 어떤 행태를 보이고 있는지 파악하고, 그들의 행로를 예상할 것이다.

특정 세대의 이야기를 다뤘다고 해서 그 모든 논의가 세대론이 되는 것은 아니다. 가령 통상적으로 기업에서는 소비자 분석을 위해 소비자를 특정 연령대로 나눠보는 '고객 세분화 기법'을 쓴다. 이것을 세대론이라고 비판하는 것은 곤란하다. 이 책의 목표도 『90년생이 온다』와 같이 경제경영서로서 사회초년생이라는 생애주기에 접어든 세대를 소비자와 인적 관리 관점에서 알아보는 것이다. 새로운 세대에 대해 논하는 것은 그들이 회사에 신입사원으로 입사하고 새로운 소비층으로 떠오르기 때문이지, 그들이 특별하고 이상한 존재여서가 아니다.

그러한 의미에서 나는 2000년대생 그 자체에 대해서는 관심이 없다. 다만 2020년대에 조직과 사회로 진출할 사람들에게는 상당한 관심을 가지고 있다. 그들이 기업에 합류함으로써 조직은 변화를 맞이할 것이고, 새로운 소비 행태를 보임으로써 시장을 변화시킬 것이기 때문이다. 그리고 그 변화는 언제나 다른 모습으로 다가온다. 그것이 이 책을 쓴 이유다.

태풍이 올 때 기상예보에 귀를 기울이는 것은 모든 태풍이 전년의 궤적을 따르지 않고, 각기 다른 강도를 띠며 각기 다른 경로로 이동하기 때문이다. 새로운 세대의 등장 또한 마찬가지다. 새로운 세대는 언제나 등장하지만, 그들은 기존 세대가 걸어온 길을 그대로 따르지 않는다.

동서고금을 막론하고 기성세대는 '요즘 젊은 놈들은 버릇이 없다'고 한탄한다. 하지만 세상은 변화해 왔고, 변화의 시기일수록 미래를 준비하는 사람들은 우리가 어디에 있고 어디를 향해 가는지 알고자 했다. 다가올 미래에 우리가 무엇을 준비해야 할지 알기 위해서 세대의 변화를 확인하는 작업은 필수적이다.

변하는 것은 시대뿐만이 아니더라

전직 부장 판사였던 문유석 작가는 그의 책 『개인주의자 선언』에서 "바뀐 것은 세대가 아니라 시대다."라는 이야기를 한 적이 있다. 사실 세대가 아니라 시대가 바뀌었다는 말은 당시 우리 사회에 꽤 큰 의미를 담고 있었다. 왜냐하면 당시 많은 수의 기성세대가 '지금의 세대는 참 이상하고 별난 세대다'라는 것을 전제로 그들의 말과 행동을 해석하고 있었고, 모든 시대적 문제를 세대 문제로 치환하고 있었기 때문이다.

여전히 강연 현장에 나가보면, 젊은 세대를 마치 외계인처럼 생각하는 관점을 마주할 때가 적지 않다. 2019년 이후에는 MZ세대라는 단어가 이 현상을 가중시키는 데 활용되기도 했다. 그런데 지난 5년 동안 정부와 기업체 강연을 다니고, 청년 세대와 기성세대들을 계속 만나면서 의문이 생겼다. 변한 것이 시대라는 말은 맞지만, 과연 세대들은 바뀌지 않는 것일까? 세상에 변하지 않는 것은 없다. 그렇다면 세대와 시대의 관계를 어떻게 설정해야 할까?

세대와 시대에는 유기적인 관계가 있다. 먼저, 변화한 시대는 그 시대를 살아가는 세대를 변화시킨다. 그 시대와 가장 긴밀하게 연관되어 있는 것은 젊은 세대다. 그렇기 때문에 그 시대에 맞춰 가장 많은 변화를 일으키는 것도, 변화한 시대에 가장 빨리 적응하는 것도 젊은 세대일 수밖에 없다. 그 세대는 다시 시대에 영향을 미쳐 새로운 시대를 만들어간다. 이 둘은 지금도 계속해서 상호작용을 하고 있다. 우리가 사는 세상은 젊은 세대들이 영향을 미치고 만들어낸 세상이기도 하다.

지금의 시대를 제대로 이해하기 위해서는 지금의 시대를 보여주는 거울인 젊은 세대에 대해서 알아볼 필요가 있다. 동시에 지금 세대를 정확하게 이해하기 위해서는 지금의 시대를 정확하게 볼 필요가 있다.

역 안나 카레니나 법칙

러시아의 대문호 레프 톨스토이가 1878년에 발표한 소설 『안나 카레니나』는 다음과 같은 문장으로 시작한다.

> 행복한 가정은 모두 비슷한 이유로 행복하지만
> 불행한 가정은 저마다의 이유로 불행하다.

이 문장으로 소설 첫 문장을 시작하는 이유를 찾기 위해서는 작중에 등장하는 가정의 모습을 볼 필요가 있다. 『안나 카레니나』에 등장하는 모든 가정과 연인들 중에서 행복한 가정은 하나도 없다. 즉, 톨스토이는 이 문장을 통해서 행복한 가정은 각자의 이상으로만 존재하기에 모두 비슷할 수밖에 없다는 것을 암시한다. 또한 당시 러시아 사회에 대한 작가의 비판적인 시선을 그대로 보여주는 것이기도 하다.

재레드 다이아몬드는 자신의 역작 『총, 균, 쇠』에서 안나 카레니나 법칙The ANNA KARENINA Principle에 대해 이야기했다. 이 말은 불행한 가정에 저마다의 이유가 있는 것처럼, 인류가 수많은 대형 야생 포유류를 가축화하지 못한 이유에 여러 요인이 복잡하게 얽혀있다는 말이다. 즉, 안나 카레니나 법칙은 성공을 거두기 위해 한 가지 요소에 집중하는 것이 아니라 수많은 실패 원인을 피할 수 있어야 한다는 점, 그리고 그만큼 '동물의 가축화'가 힘들다는 것을 의미한다.[12]

그렇다면 이 문장을 한국의 2000년대생에게 대입해보자.

모두 비슷한 이유로 행복하지만
저마다의 이유로 불행하다.

이 말은 정답과 거리가 멀어 보인다. 젊은 세대는 모두 저마다 다른 취향을 가지고 있기 때문에 비슷한 이유로 행복하다고 보기 어렵다. 오히려 그 반대로 서술할 수 있다. 정리하면 다음과 같다.

> 모두 저마다의 이유로 행복하지만
> 비슷한 이유로 불행하다.

나는 이를 '역 안나 카레니나 법칙'이라고 부르고자 한다.

20여 년 전과 달리 지금은 각자의 선호가 철저하게 구별된다. 이를테면 같은 예능이라도 개인에 따라 선호하는 프로그램은 천차만별이다. 이제 모두가 토요일 저녁에 TV 앞에 앉아 〈무한도전〉을 시청하는 일은 없다.

하지만 이렇게 취향과 개성이 다르다고 할지라도 불행한 이유는 비슷하다. 상황만 다를 뿐 회사 생활에서 불쾌한 일들을 겪고, 원하는 것을 사기에 수입은 늘 모자라며, 인스타그램 속 사람들의 화려한 일상에 비해 자기 삶은 한없이 초라하다.

상황이 이런데도 주류 미디어는 이들의 불행에 그다지 관심이 없어 보인다. 오히려 새롭고 독특한 취향만을 찾아 나선다. 이를 도와주는 건 마법의 단어 'MZ'다. '딸기 뷔페, MZ세대 인기몰이', '위스키에 빠진 MZ', '아날로그 감성에 빠진 MZ'와 같은 헤드라인은 끊이지 않는다. 말을 만들어내기는 더없이 쉽지만, 이는 젊은 세대가 마주한 진실과는 아무 상관이 없다.

새로운 세대를 이해하고 지금 시대의 문제를 해결하기 위해서는, 그들이 불행하다고 느끼는 공통적인 이유를 찾아야 한다. 취향은 모두 다를 수 있지만, 인간으로서 기본적인 욕구는 모두에게 있다. 그 기본적인 욕구가 채워지지 않는다면 취향과 상관없이 불행해진다. 이것은 기성세대에게도 똑같이 해당된다. 젊은 세대들을 불행하게 하는 것은 기성세대도 불행하게 만들 수 있기 때문이다.

젊은 세대는 공통적으로 무엇 때문에 불행해할까? 그들의 욕구 충족을 막는 것은 무엇일까? 우리가 이 이유를 잘 찾아낼 수 있다면 특정한 세대의 일방적인 양보나 희생이 아닌, 보편적 해법의 실마리도 찾을 수 있을 것이다.

밀레니얼과 Z세대가 한국에서 만났을 때

"갓생 추구하는 MZ세대"
"'만 원 내고 밥까지 먹었어?'…MZ세대 딜레마"
"MZ세대가 정치파업 끝내…"

밀레니얼세대 Millennial Generation와 그 이후 세대인 Z세대 Generation Z를 합쳐 지금의 젊은 세대를 말하는 것으로 알려진 MZ세대라는 용어는 수많은 주류 언론과 미디어에서 쓰이고 있다. 공정성 이슈의 중심에 서기도 했고, 정치권의 캐스팅 보터로 떠오르기도 했으며, 예민하고 날카로운 소비층으로 주목받기도 했다. 하지만 전 세계에서 젊은 세대를 MZ세대라는 명칭으로 부르고 활용하는 국가는 대한민국뿐이다.

그렇다면 이 밀레니얼세대와 Z세대의 개별적인 설정 배경은 어떠한 것들이 있을까? 먼저 밀레니얼세대는 Y세대라고도 불리며, X세대와 Z세대 사이의 인구통계학적 집단을 의미한다. 아직도 많은 이들이 밀레니엄Millennium과 밀레니얼을 혼동하지만, 1,000년을 뜻하는 밀레니엄과 주로 21세기 초에 젊은 성인이 된 사람을 의미하는 밀레니얼은 엄연히 다르다.

밀레니얼세대의 범위에 대한 논의는 다양한 편이다. 미국 인구조사국은 1980년부터 2000년 사이에 태어난 사람을 밀레니얼의 범위로 정의했다고 알려져 있으며, 미국의 메리엄-웹스터 사전Merriam-Webster Dictionary은 1980년대 또는 1990년대에 태어난 사람으로 정의했다. 이것이 우리나라에 처음에 알려져서인지, 우리나라 언론에서는 아직까지도 밀레니얼을 1980년부터 2000년까지 태어난 사람으로 정의하는 경향이 강하다.

하지만 가장 널리 수용되는 정의는 '1981년에서 1996년 사이에 출생한 자'이다. 오랜 기간 미국의 세대 개념에 대하여 연구를 거듭해온 미국의 퓨 리서치 센터The Pew Research Center는 2018년에 논란을 끝내기 위해 밀레니얼세대를 '1996년생을 기준으로 컷오프'한다고 발표했다. 1997년 이후에 태어난 인구는 '포스트 밀레니얼세대'로 구분했다. 센터는 이러한 구분의 이유로 1996

년생까지는 2001년 9·11테러 당시 6~20세여서 테러에 대한 기억이 있으며 인터넷, 모바일 기기, 소셜 미디어 등의 신기술에 적응하면서 자랐기 때문이라고 설명했다. 그 이후 세대는 9·11테러에 대한 기억이 없으며 출생 당시부터 모바일 기기의 축복 속에서 자랐다고 평가했다.

이러한 밀레니얼세대의 뒤를 잇는 세대를 대표하는 이름이 Z세대다. 사실 이 세대들이 Z세대라고 불리게 된 이유는 기존의 X세대에서 출발한다. 1965년에서 1980년 사이에 태어난 X세대 이후로 세대를 X-Y-Z의 순서로 정의했고, 밀레니얼세대의 약칭이 Y세대였기 때문에 그 순서대로 Z세대라는 명칭을 부여한 것이다.

이에 미국의 《뉴욕 타임스》는 2018년 Z세대에게 이름을 지어주자고 제안하며 9·11테러 이후 국토 보안이 강해졌다는 뜻으로 '홈랜드 세대'를 제시하기도 했고, 심리학자 진 트웬지Jean Twenge는 1995년에서 2012년 사이에 태어난 사람들을 아이 제너레이션iGeneration으로 정의하기도 했다. 물론 Z세대라는 명칭만큼 널리 쓰이지는 않고 있다.

이렇게 분명하게 구분하려는 시도와 달리, 한국에서는 유독 MZ세대라는 합성어로 불리고 있다. MZ세대라는 표현은 국내에서 오랜 기간 20대를 연구해왔던 대학내일 20대연구소가 2018년 출간한 『트렌드 MZ 2019』라는 도서에서 처음 등장했다. 이 책이 MZ세대라는 표현을 사용했던 데에는 이유가 있다.

2018년 출간 당시 기준으로 20대는 1990년부터 1999년 사이에 출생했다. 여기서 90년대 중반생까지는 미국 기준으로 밀레니얼세대이고, 후반생은 Z세대에 포함된다. 이를 표현하기 위해서 2018년 기준으로 'M+Z세대'라는 표현을 사용한 것이다.

하지만 주요 언론은 '지금의 젊은 세대'의 특징을 잡는 기사를 작성할 때마다 이들을 MZ세대로 규정하고, 그 범위 역시 '1980년도에서 2010년도 사이에 태어난 세대'로 규정하곤 했다. 물론 그에 대한 비판도 꾸준히 제기되긴 했지만 이러한 정의는 너무나 자주 그리고 무비판적으로 받아들여졌다.

그렇지만 이 단어를 처음 만들어냈다고 비판받을 일은 아니다. 'MZ세대'라는 단어가 나오기 전부터 이미 우리 사회 주류 미디어와 정치권은 항상 '요즘 것들'을 대체할 용어를 찾고 있었다. '에코붐 세대', 'N세대', '88만원 세대' 등 그 대체품을 끊임없이 찾아 나서는 과정에서 MZ세대가 마침 그들의 구미에 완벽하게 맞아떨어졌을 뿐이다.

오늘도 여전히 자행되는 MZ 공격

몇 년 전 한 그룹사에서 강연을 할 때, MZ세대라는 명칭은 유독 우리 대한민국에서만 사용한다는 이야기를 한 적이 있다. 그때 그룹사의 한 대표는 "MZ세대는 외국에서도 많이 사용하던데요?", "미국에서 세미나도 자주 열어요"라고 단언했다.

사실을 확인하기 위해 나는 2004년부터 2022년까지 기간을 설정하고 'MZ generation'을 검색했다. 지역적으로는 대한민국이 절대다수를 차지하는 것을 확인할 수 있었다. 외국에서 간혹 'MZ generation'을 검색하는 경우에는 'MZ generation meaning'을 검색한 경우였다. 그러니까 대체로 한국인들에게 그것이 어떤 의미인지 묻는 것이었다.

아마도 내게 던졌던 질문의 근거는 'MZ generation'이라는 영문 검색어로 등장하는 수많은 웹페이지와 전문 검색 결과일 것이다. 하지만 수많은 웹페이지 결과의 출처는 대부분 《코리아헤럴드》, 《비즈니스코리아》 등 국내를 거점으로 한 언론사의 외국 발간물이나, 한국인이 쓴 국내외 논문이다.

물론 밀레니얼세대와 Z세대를 함께 시계열로 두고 분석을 한 검색 키워드는 굉장히 많이 존재한다. 하지만 그것을 곧 MZ세대를 함께 의미하는 것으로 받아들여서는 곤란하다. 그런 리포트의 주된 목적은 밀레니얼세대와 Z세대를 함께 묶기보다는 서로 구별하기 위해서이기 때문이다.

물론 MZ세대라는 용어를 한국에서만 사용한다고 해서 문제가 될 것은 없다. 하지만 MZ세대라는 용어가 생애주기에 따른 세대들의 특징을 정교하게 분석하기 위한 도구로 사용되는 것이 아니라, 단지 예전부터 사용하던 '2030세대'를 대체하는 용어로 단순 대체된다면 혼란만 가중시킬 수 있다.

게다가 이 용어는 2030세대를 대체하지도 못한다. 2023년을 기준으로 10대 중반부터 40대 초반까지를 포괄하기 때문이다. 현대사회의 빠른 변화를 무시하고 자그마치 30년 동안 출생한 사람들을 도매금으로 묶어 단일한 세대로 취급하는 것이 과연 적절할까. 아무리 봐도 MZ세대는 언론이나 공식 석상에서 '요즘 것들'을 그럴듯하게 표현하기 위한 단어에 불과해 보인다.

문제는 범위가 아니라 관심

사실 특정 세대를 30년 단위를 하나로 묶든, 아니면 40년 단위를 하나로 묶든 분류 방식 그 자체는 상관이 없다. 문제는 MZ라는 단어를 사용하는 의도일 것이다.

'MZ공격'이라는 신조어가 있다. 젊은 세대가 말하는 요지와 내용 그 자체에는 관심을 두지 않고, "당돌한 세대라서 그렇구만" 하며 넘기는 모습을 빗대어 표현하는 말이다. 2022년 tvN 〈유 퀴즈 온 더 블럭〉에 출연한 소설가 김영하는 대한민국 사회에서의 창의력 이야기를 할 때 벌어지는 일을 묘사했다. 회사에서 사장님이 신입사원에게 "창의력이 있는 이야기를 한번 내보게"라고 말하지만, 결국 "자네가 뭘 안다고 그러나?"와 같은 호통 엔딩으로 끝난다는 것이다. 그리고 비판적인 이야기를 하려고 한다면, 신입사원 교육을 똑바로 하란 식으로 무언의 언질을 준다던가, "아하, 이게 바로 MZ 세대구먼?"이라고 넘긴다는 것이다. 마치 패기 넘치지만, 예의와 규칙 따위는 신경 쓰지 않는 헛소리 정도로 취급하는 현실을 비판한 것이다.

결국 이러한 주류 미디어와 기성세대의 대응이 계속되자, 실제 90년대생과 2000년대생들은 MZ세대라는 단어를 소위 대한민국에서만 통용되는 억지 밈Forced meme*으로 보고, 공감은커녕 조롱의 대상으로 여길 정도가 되었다.

93년생 청년 정치인 박민영 작가가 쓴 책 『MZ세대라는 거짓말』이란 책이 있다. 이 책에서 MZ세대가 거짓말이라고 단언하는 것은 언론과 정치권에서 MZ세대라는 단어를 오용한 나머지 단어의 정의와 의미는 퇴색되고 주목받는 데에만 급급하다고 생각하기 때문이다.

하지만 안타깝게도 대한민국에서 MZ세대는 거짓말이 아니다. 미국의 철학자이자 프린스턴대학교 철학과의 명예 교수인 해리 G. 프랭크퍼트Harry G. Frankfurt는 『개소리에 대하여』라는 책을 썼다. 이 책에서 저자는 거짓말Lie과 개소리Bullshit의 차이를 설명한다. 그 핵심적인 차이는 바로 '진실에 대한 관심'이다.

거짓말은 사실이 아닌 것을 사실인 것처럼 꾸며 하는 말이다. 이를 위해서는 어떤 것이 사실인지 잘 알고 있어야 하는 것이다. 그래서 적어도 거짓말을 하는 사람들은 사실에 대한 최소한의

---

* 자연스럽게 생긴 것이 아니라 다분히 의도적으로 만들어져 사람들을 불쾌하게 하는 밈이라는 의미다.

관심을 가질 수밖에 없다. 하지만 개소리는 진실이 무엇인지에 대한 일말의 관심조차 없다. 저자는 이러한 점에서 개소리가 거짓말보다 더 위험하고, 거짓말보다 더 강력하게 진실된 사회의 적이 되었다고 말한다. 그러니까 대한민국에서 MZ세대라는 말은 거짓말이 아니라 개소리인 셈이다.

지금 우리 사회가 MZ세대라는 단어를 무비판적으로 사용하는 가장 큰 이유도 '별 생각이 없기 때문'이다. MZ세대라는 용어를 지면에 싣는 주류 언론의 진짜 관심은 자신들의 기사가 관심을 얼마나 얻느냐일 뿐이다. MZ세대라는 용어는 그 정확한 범위나 유례, 실제 적용이 가능한지에 대한 사항을 전혀 고민하지 않은 결과다. 언론이나 미디어에서 마구 던지고, 너도나도 마구 던질 뿐이다. 사실 여부와 상관없이 '막 던지는' 말, 그게 바로 개소리다.

게다가 MZ세대의 범위를 '1980년대 초부터 2000년대 초 사이에 태어난 세대'로 보는 것도 10여 년 전 대한민국의 밀레니얼세대를 뜻할 때 사용한 것과 일치한다. 그러니까 밀레니얼세대라는 단어가 MZ세대라는 단어로 바뀌었을 뿐 전혀 달라진 것은 없다. 그러니 이 단어는 기성세대가 젊은 세대에 아무런 관심이 없다는 것을 강력하게 보여주는 예인 셈이다.

XYZ 다음은 알파인가

1993년 11월. 아모레퍼시픽의 전신인 태평양화학이 내놓은 최초의 남성용 화장품 '아모레 트윈 엑스'의 광고가 송출되기 시작했다. 당시 떠오르는 샛별이었던 가수 김원준과 탤런트 이병헌을 모델로 내세운 트윈 엑스는 최초로 미국의 X세대라는 키워드와 '뭐지는 잘 모르겠지만 왠지 좋은 것 같은' 감성을 수입해 왔다. 그 이후로 기업은 기민하게 미국의 X세대론을 활용했다.

퓨 리서치 센터의 기준에 따르면, X세대는 1965년에서 1980년 사이에 미국에서 태어난 세대를 의미한다. 한국에서 그런 건 중요하지 않았다. 언론에서는 하루가 멀다 하고 X세대론을 퍼트리기 시작했다. 이름을 붙이기 좋아하는 이들에게 정확히 X세대가 어떤 의미인지 알고자 하는 의도 같은 것은 애초에 없었다. 그들은 단지 '새롭지만 건방지고 톡톡 튀지만 형편없는 세대'를 묘사하기 위해 X라는 명칭을 사용했을 뿐이었다. "X세대 탤런트 연기력도 X"와 같은 어설픈 언어유희가 포함된 헤드라인을 뽑으면 충분했다.

하지만 당시에도 X세대를 대표하는 스타로 꼽힌 이들은 정작 자신들을 X세대로 부르는 것이 탐탁지 않았던 것 같다. 1994년 가을 《경향신문》의 '신세대 연예인이 말하는 신 대중문화' 좌담에 참여한 배우 신은경은 다음과 같은 소감을 남긴다.[13]

> 언론 매체에서 저를 'X세대의 대표주자'로 자주 표현하는데 그때마다 어색한 기분이 들어요. 저 스스로는 오히려 구식에 가까운 사고방식을 갖고 있다고 생각하거든요. 어찌 보면 신세대라는 말 자체가 무의미한 것 같아요.

하지만 당사자가 자신들에 대해서 뭐라고 평가하는지는 기성 언론에게 전혀 중요하지 않았다. 이를 보면 지금의 MZ세대론은 그저 90년대의 X세대론을 시대만 바꿔서 옮겨 놓은 듯하다. 래퍼 이영지가 2021년 MBC 〈라디오 스타〉에 출연했을 때, 사회자 김국진은 MZ세대의 아이콘이라는 수식어가 부담스럽지 않은지 질문했다. 이에 이영지는 다음과 같이 대답했다.

> 조금 진절머리 나는 태세가 뭐냐면, MZ세대는 알파벳 계보를 이어가고 싶은 어른들의 욕심이 아닐까… 왜냐하면 MZ세대들은 본인들이 MZ세대라는 걸 전혀 모르거든요.

결국 예나 지금이나 언론이나 미디어, 혹은 기성세대는 여전히 젊은 세대들에게 관심이 전혀 없고 용어만 반복해서 쓸 뿐인 것이다.

최근에는 알파세대Generation Alpha라는 말도 유행하고 있다. 이 말을 처음 만든 곳은 호주의 리서치 기업 맥크린들연구소Mccrindle Research다. 그들은 Z세대 다음 세대라고 할 수 있는 2010년대생

이후 출생자들에게 그리스 문자인 첫 글자인 알파를 선사했다. 《동아비즈니스리뷰》 2022년 10월호는 맥크린들연구소에서 알파세대 연구를 주도하고 있는 애슐리 펠Ashley Fell과 인터뷰를 진행했다. 그에 따르면 호주인들에게 다음 세대에게 어떤 이름이 좋을지 물었더니 A세대가 가장 많이 나왔는데, 다시 알파벳으로 돌아갈 수 없으니 허리케인 작명법에서 아이디어를 얻어 알파로 지었다고 했다.[14]

나름 매력적인 명명법으로 보이지만, 아직 알파세대라는 명칭이 Z세대의 다음 명칭으로 정착된 것은 아니다. 『세대 감각』의 저자 바비 더피Bobby Duffy는 일부 연구자들이 Z세대의 종료점을 정하고 다음 세대를 알파세대로 부르기 시작한 지점을 부정적으로 본다. 새로운 세대가 아직 성인에 이르지도 못한 시점이기 때문이다.[15]

하지만 트렌드 키워드 선점에 혈안이 되어 있는 누군가에게 알파세대는 그들의 목마름을 풀어줄 멋들어진 용어였던 것 같다. 외국에서조차 확정되지 않은 이 키워드가 한국에서는 제법 눈에 띄기 시작했기 때문이다. 가령 밀레니얼세대는 이미 40대에 접어들었기 때문에 이들 대신 Z세대와 알파세대를 합해 잘파Z+Alpha세대로 부르자는 제안이 나온다. 이쯤 되면 세대의 이름을 어떻게 붙이든 크게 중요하게 보이지는 않는다.

물론 세대론 자체에도 한계가 있을 것이다. 어떻게 이름을 붙이든 세대론은 고정관념을 만들어낼 수 있고, 그 세대 내의 다양한 특징을 설명하지 못할 수도 있을 것이다. 자연스럽게 발생한 용어가 아니라 필요에 의해 만들어진 용어라는 시각도 가능하다.

하지만 현대 경영의 아버지로 불리는 피터 드러커는 "측정하지 않으면 관리할 수 없으며, 관리할 수 없으면 개선할 수도 없다"라고 말했다. 지금 한국의 2020년대를 설명하고, 그 사회에 진출하는 사람들 앞에 놓인 문제를 파악하고, 그들이 바꾸어 놓을 앞으로의 시대를 알기 위해서는 세대를 나눠서 설명하고자 하는 시도가 유용할 수 있을 것이다. 그러니 아무래도 중요한 것은 한 세대의 범위나 이름이 아니고 제대로 된 관심이 아닐까.

2부
무엇이 우리를 편하게 만들었는가

3장
관계에서도 효율을 추구하는 사람들

극도의 효율러인 한국사람

시대와 세대는 '닭이 먼저냐, 달걀이 먼저냐'의 문제처럼 보인다. 하지만 아무래도 그 시작은 시대라고 봐야 할 것이다. 한국 사회의 변화가 오늘날 한국의 2000년대생에게 반영된 것일 테니 말이다. 하지만 이 변화를 이야기할 때 중요한 것이 또 있다. 바로 '한국인'이다.

제28회 부산국제영화제에서 올해의 아시아 영화인상을 수상한 홍콩 배우 주윤발은 객석에 있는 아들과 셀카를 찍으며 "빨리, 빨리! 시간 없어요. 김치!"라고 말해서 화제가 됐다.

빨리빨리 문화는 여러 가지 형태로 나타난다. 유튜브 채널 딩글Dinngle에 올라온 〈외국인 승무원이 기내에서 한국인을 만나면 환호하는 이유〉에서는 한국인은 언제 기내식이 나올지 눈치를 채서 미리 테이블 세팅을 완료해놓고, 어떤 음식을 먹을지도 미리 결정해 승무원이 하나하나 물어보지 않아도 된다고 말한다. 또한 한국인들은 기다리는 걸 싫어하는 만큼 질서정연하고 빠르게 탑승해 출발 지연 등의 골치 아픈 일이 거의 없으며, 수화물 무게도 정확하게 맞추고 여권, 비행기표 등 모든 게 항상 준비돼 있어 다른 나라 승객을 대할 때보다 훨씬 수월하다는 점을 칭찬하기도 했다.

뿐만 아니다. 우리는 자판기 커피가 다 내려오기도 전에 컵을 빼내고, 미처 다 출력되기도 전에 영수증을 뽑으려 한다. 그러다 보니 전 세계 어디에도 존재하지 않는 특이한 안내문구도 등장했다. 셀프 주유소에 있는 키오스크에서 '영수증 발급하기'를 눌러본 사람이면 들어봤을 다급한 목소리다. "나오는 중이니 잡아당기지 마세요!"

물론 "양반은 비가 와도 뛰지 않는다"라는 옛말이 있을 정도로, 한국인이 언제나 빨리빨리를 외친 것은 아니다. 또한 미군정기에는 약속 시간에 지각하는 것을 코리안 타임이라 부르기도 했다. 그러니까 '빨리빨리'는 산업화를 거쳐 선진국으로 진입하는 과정에서 생긴 문화이자, 오늘날 한국을 가장 잘 설명할 수 있는 말이라고 볼 수 있겠다.

하지만 빨리빨리의 핵심은 속도가 아니라 효율에 있다. 같은 시간을 들였을 때 최고의 효과를 만들어내야 했고, 낭비되는 시간이 없어야 했다. 그리고 이런 빨리빨리 문화는 극도의 효율을 추구하는 자, 즉 효율러를 낳았다.

효율을 추구하는 방식의 변화

문제는 그 '극도의 효율을 추구하는 방식'에 있다. 한국인과 외국인을 가장 손쉽게 구분할 수 있는 곳은 공항이나 지하철역에 있는 무빙워크다. 이 무빙워크 위에서 외국인들은 가만히 서 있지만, 대부분의 한국인들은 걷거나 뛰고 있다.

무빙워크에서 걷는 이유를 급한 성질로 이해할 수도 있겠다. 그러나 그보다는 사물을 바라보는 인식이 다르다고 볼 수 있다. 무빙워크는 국립국어원에서 '자동길'이라고 순화해 부르기를 권하는 것에서도 알 수 있듯, 자동으로 바닥이 이동하는 기계다. 영어로는 'Moving walkway'라고 표기되며, 다른 나라 사람들은 이 사전적 의미대로 이해하고 이용한다.

하지만 한국인들은 이를 곧이곧대로 받아들이지 않는다. 한국인들에게 무빙워크는 이를테면 게임에서 이동 속도를 올려주는 아이템 같은 장치다. 사물에 대한 인식이 다르기 때문에 한국에 설치된 무빙워크의 "위험! 걷거나 뛰지 마세요"라는 경고 표지판은 무용지물이다.

그러다 보니 한국인들만 겪는다고 알려진 난독증이 있다. 대표적인 것이 '당기세요'다. 건축법 때문이든 공간 활용의 이유 때문이든, 상당수의 건물 출입구에는 '당기세요'라는 표지판이 붙여져 있다. 하지만 그닥 소용이 없는 경우가 많다. 온라인 커뮤니티에는 출입문이 고장 나거나 부서지는 피해를 당한 가게 사장님들이 '당기세요!'라는 안내문을 덕지덕지 붙이거나, '제발 당겨주세요'라고 정에 호소하는 전략을 택하는 사례가 등장하기도 한다. 뿐만 아니다. '당기시오'라고 써 있으면 문을 밀어보기도 하고 반대로 '미시오'라고 써 있으면 당기기도 한다. 만약 '고정문'이라고 써 있는 곳이 있다면? 정말 고정되어 있는지 한번 직접 흔들어볼 것이다.

이를 급한 성격으로 볼 수도 있을 것이고, 더 적은 힘을 들이고 문을 열려는 본능으로 볼 수도 있을 것이며,[16] 하다못해 청개구리 기질로 볼 수도 있을 것이다. 하지만 이런 행위는 고 정주영 현대그룹 명예회장의 명언인 "이봐. 해봤어?"에 가까운 것일 수 있다.

'당기세요'라고 써 있더라도, 실제로 문을 밀었을 때 열릴 수도 있는 것이다. '고정문'이라고 써 있지만, 밀거나 당기면 움직일 수도 있는 것이다. 써 있는 그대로 되어 있지 않은 경험이나, 안 되는 게 되는 경험을 해보았다면, 무언가를 일단 뜻대로 해보는 게 꼭 나쁘지만은 않을 것이다. 그것은 '높은 효율'을 추구하며 살아가는 우리의 생존 방식이기도 했다.

물론 이런 방식은 늘 좋은 결과만 가져다주지는 않는다. 그런데도 왜 우리는 정해져 있는 그대로를 따르지 않는, 자의적인 방식이 더 효율적이라고 믿게 된 것일까?

고려대학교 심리학과 허태균 교수는 『어쩌다 한국인』에서 이러한 공통적인 한국인의 심리의 이면에 '주체성'이 자리 잡고 있다고 분석한다. 그는 폭풍 성장기의 한국 사회는 상대적으로 아무것도 없었기에 주체성이 발휘되기 더없이 좋았던 환경이었다고 강조한다. 그는 정해진 매뉴얼도 없고, 해본 사람도 없고, 가르쳐주는 사람도 없었기에 우리에게 '주체적'으로 해결하려는 습성이 주어졌다고 말한다.[17]

반대로 우리 사회의 공적 믿음이 약하기 때문으로 보는 견해도 있다. 전북대학교 신문방송학과 강준만 명예교수는 『각개약진 공화국』에서 우리는 공적 영역과 공인에 대한 불신이 굉장히 강하기 때문에 사회적 문제를 개인 또는 가족 단위로 돌파하려는 경향이 강하다고 말한다.[18] 어떤 지시를 따르기보다 '각자도생'이 자신에게 유리하다고 판단하는 이유인 것이다.

그때 회식은 관계의 지름길이었다

사회생활에서 누군가와 관계를 맺을 때 필요한 것은 무엇보다 '시간'이다. 상대를 제대로 알기 위해서는 오랜 시간 누군가를 관찰하고 이야기를 나누며 행동의 패턴과 진심을 알아가야 한다. 그래야 신뢰를 쌓고 원활한 의사소통이 가능하며 유대감도 형성할 수 있다. 하지만 우리나라 사람들은 사회적 관계를 맺을 때에도 '극도의 효율 방정식'을 적용한다.

술은 한국 사람에게 관계의 지름길 중 하나로 통했다. 회사에서의 회식이 말 그대로 모여서 밥을 먹는다는 뜻이지만, 통상적으로 술이 가미되는 이유가 바로 여기에 있다. 적정량의 알코올이 오랜 시간만큼이나 관계의 벽을 녹일 수 있다고 생각하기 때문이다. 회식에서는 그동안 서먹했던 누군가에게 쉽게 묻지 못했던 개인적인 질문을 할 수도 있고, 자연스럽게 지역과 나이 등의 연계점을 찾아가며 단시간에 친숙한 관계를 만들 수 있다. 관계의 급진전을 이루는 효율적인 방식인 셈이다.

하지만 이 회식이란 법이나 원칙으로 강제해놓은 것이 아니다. 공식적으로는 어느 기업도 회식 자리를 마련하도록 강요하지 않는다. 단지 그 회사나 팀이 자의적으로 만들었을 뿐이다. 한국의 직장인들에게 회식이란 관계의 효율을 찾아가는 자율적이고도 자의적인 방식인 것이다.

하지만 90년대생이 사회로 진출한 2010년대부터 이러한 관례가 깨지기 시작했다. 회사 생활이 힘들어지면 술과 함께 서로의 일상을 나누던 회식은 더 이상 당연한 것이 아니게 되었다. 퇴근 후의 시간은 철저하게 개인의 시간이라는 인식이 확산되었고, 당연했던 저녁 회식은 선택적인 점심 회식으로 대체되었다.

물론 이러한 변화가 쉽게 받아들여졌던 것은 아니다. 나는 2019년 12월 KBS 〈아침마당〉 목요이슈토크 '회식, 필요한가?'라는 주제에 패널로 참여한 적이 있다. '필요 없다' 쪽에 섰던 나는 "회식을 좋아하는 편이지만, 지금 시점에서 20대들에게도 회식이 당연한지를 한번 생각했으면 좋겠다"라는 의견을 제시했다. 생방송 중에 질타가 쏟아졌고, 시청자의 의견도 회식에 찬성하는 입장이 8, 반대가 2 정도로 압도적이었다.[19]

하지만 2000년대생들이 회사로 유입되는 2020년대부터 이런 분위기는 완전히 바뀌었다. 이런 변화는 우리는 더 이상 회식으로 대표되는 관계의 지름길이 통하지 않음을 의미한다. 법이나 제도로 강제되지 않은 문화는 젊은 세대들이 얼마든지 거부할 수 있는 것이다. 아무래도 인간관계를 다지는 데 술을 깃들인 회식은 효력을 다한 것 같다.

그렇다면 2000년대생들은 사회적인 관계를 포기하고, 함께 일하는 타인을 파악하고 싶지 않은 것일까? 그렇지 않다. 그들 역시 한국인으로서 극도의 효율을 추구하며, 상대방의 성향과 생각을 빠르게 판단하고 관계 맺고자 한다. 단지 그 방식이 다를 뿐이다.

MBTI가 어떻게 되세요?

내가 학교와 사회에서 2000년대생들을 만나면서 가장 많이 들어본 질문은 "MBTI가 어떻게 되세요?"다. 내가 개인적으로 만나 봤던 2000년대생 열 명 중 아홉 명은 나의 MBTI 유형을 궁금해했다. 동년배 혹은 선배들로부터 같은 질문을 받아본 적은 한 번도 없다.

네 가지 기준에 따라 16개 유형으로 분류하는 성격 검사인 MBTI 검사는 코로나19 팬데믹이 본격화된 2020년부터 젊은 한국인들 사이에서 유행처럼 번졌다. 내가 만나본 외국의 젊은 세대들은 MBTI 유형을 전혀 궁금해하지 않았다. 상대방의 MBTI를 궁금해하는 것은 오로지 한국의 젊은 세대뿐이었다.

2022년 미국 CNN에서는 한국인들이 MBTI에 빠져드는 이유를 분석한 기사를 보도했다. CNN은 한국의 젊은이들이 과학적이지도 않은 MBTI를 너무나 신봉한 나머지 자신의 짝을 찾는 중대한 일에도 활용하고 있으며, 많은 것들을 포기해야만 하는 지금의 젊은 세대들이 치열한 경쟁 환경에 지쳐 인내심마저 줄어들었다고 평가하기도 했다.

MBTI의 한계를 지적하는 이야기도 많다. MBTI 같은 자기보고형 검사는 스스로를 평가한다는 점에서 한계가 있고, 한 명의 복잡한 사람을 16개 유형 중 하나로 분류하는 것도 지나치게 단순하다는 것이다. 한 인간의 세계는 그보다 복잡하고, 그 세계를 제대로 이해하기 위해서는 오랜 시간이 걸리니 그 지적은 설득력이 있다.

하지만 젊은 세대가 이를 모르고 맹목적으로 빠져들었다고 판단할 근거는 없다. 무엇보다 몇 가지 유형이라는 틀은 상대방의 성향을 빠르게 판단하는 데에 유용하다. 실제로 이들은 MBTI를 통해 인간관계의 처방을 얻기도 한다. 가령 극 T형 인간에게는 감정에 호소하는 설득 전략을 써서는 안 된다거나, ENFP와 INFP는 서로에 대한 필요를 직접 표현하지 않는 특성이 있기 때문에 더 구체적인 의사소통이 필요하다는 것 등이다. 젊은 세대에게 MBTI는 상대방과의 간격을 빠르게 좁혀줄 수 있는 유용한 도구다.

한국의 젊은 세대가 MBTI 유형을 확인하는 건 상대방과 나의 성격 유형을 비교하여 관계를 지름길을 찾고자 하는 의도로 보는 편이 더 적절할 것이다. 그리고 관계의 지름길로 무엇을 택하는지, 어떤 지름길이 효율적인지보다 중요한 건 질적 변화다. 이들은 이제 누군가를 알아갈 때 자의적인 기준으로 보기보다, 정해진 유형으로 상대를 분류하고 판단하는 데 익숙해지고 있는 것이다.

4장
'융통성의 세상'에서 '원칙의 세상'으로

비상 점멸등의 한국적 용도

한국은 압축 성장을 경험한 나라다. 전쟁을 겪고 나라를 일으켜 세우는 과정에서 효율성을 발휘해야 했다. 인프라도 제도도 없었던 이 시기에 가장 필요했던 능력은 바로 융통성이었다.

융통성을 이야기할 때 우리 실생활에서 가장 쉽게 떠올릴 수 있는 예는 자동차의 비상 깜빡이다. 정식 명칭은 비상점멸표시등으로, 말 그대로 운전 중에 사고나 고장 등 위급한 일이 생겼을 때 이를 알리는 목적으로 만들어졌다. 대부분의 국가에서는 이 비상 깜빡이를 본래 용도에 맞춰 비상시에만 사용한다. 하지만 한국에서 비상 깜빡이는 이외에도 다양한 의미를 담고 있다. 이를테면 "미안해", "고마워", "한 번만 봐줘", "우리가 남이가?", "너도 그럴 수 있잖아" 등이다.

이러한 활용법은 도로교통법에 명시되어 있는 조항이 아니다. 운전학원에서 가르쳐주지도 않는다. 단지 관행적으로 받아들일 뿐이다. 우리나라 도로에서 비상 깜빡이에는 일종의 인격이 부여되어 있다고 봐도 좋을 정도다. 가령 차선을 변경하지 못하는 실선 구간에서 누군가가 끼어들었다 할지라도, 비상 깜빡이를 알맞게 켰다면 넘어가 줄 수 있는 것이었다.

하지만 이러한 유연하고 융통성 있는 문화에 급격한 변화가 일어나고 있다. 확연하게 눈에 띄는 것은 공공기관 공익 신고 접수 통계다. 2023년 국민권익위원회의 보도자료에 따르면 2011년 '공익 신고자 보호법'이 시행된 이후 접수된 공익 신고 접수 건수는 2018년까지 점진적으로 증가해 약 100만 건 수준이었다. 그러다 2019년부터 급격하게 증가하며, 단 3년 만에 무려 540만 건에 달했다.[20]

특이한 점은 공익 신고 대상 법률이 근로기준법이나 퇴직급여법부터 시작해 성폭력처벌법, 옥외광고물법, 정보통신망법 등 굉장히 다양함에도 불구하고, 전체 신고 건수 중 80.4%가 도로교통법 위반 신고라는 것이다. 심지어 공익 신고 대상 법률은 2011년 180개에서 2021년 471개로 늘어났다.

이런 현상의 원인으로 휴대폰 카메라와 고화질 블랙박스 등의 등장, '스마트 국민제보'와 '안전신문고' 등 접근성을 향상시키는 기술적 요인을 꼽을 수 있을 것이다. 하지만 아무리 간편해졌다고 해도 영상을 추출하고 전송해 신고 접수까지 하는 건 여전히 번거로운 일이다. 그러니 의문이 생긴다. 왜 하필 별도의 포상금도 제공되지 않는 도로교통법 위반 신고가 왜 이렇게 늘어나는 것일까?

2022년 유튜브 채널인 한문철 TV의 라이브 방송에서는 교통위반 신고를 해본 100인에게 그 이유를 물어본 적이 있다. 이를 보도한 《조선일보》 기사에 따르면 해당 설문의 가장 많은 답변은 '교육과 계도(65%)'였다. '감정적 응징(20%)'과 '간접 처벌(16%)'이라 답한 경우도 있었다.[21] 공공의 이익을 위한 이유가 가장 높긴 하지만, 사적 복수심을 채우는 비중도 적지 않은 것이다. 핵심은 법 위반을 발견한 경우 과거에는 "급한 일이 있겠거니"라며 이해해주려는 마음이 더 이상 참아주지 않겠다는 마음으로 바뀌었다는 것이다.

가령, 과거에는 직진과 우회전이 동시에 가능한 차선에 서 있는 경우, 뒤차가 우회전을 할 수 있도록 살짝 비켜주는 것이 매너라고 생각하는 이들이 있었다. 지금은 아니다. 뒤차의 사정을 생각해서 차량을 이동했다가는 자기 역시 교차로 통행방법 위반으로 범칙금의 대상이 될 수 있기 때문이다.[22] 이제 한국의 도로에서 통하던 융통성은 원칙에 그 자리를 내어주고 있다.

온갖 게 논란이 되는 사회

융통성과 원칙의 갈등은 우리 주변의 온갖 것을 논쟁으로 만들고 있다. 사소한 예로 온라인 커뮤니티에 올라온 '무한리필 식당'과 관련한 논란을 보자. 한 온라인 커뮤니티 사이트에 "인당 5만 원 무한리필 회전초밥집에서 170접시 먹고 쫓겨난 손님 사연"이라는 제목의 글이 올라왔다. 내용은 이렇다.

성인 남자 3명이 인당 5만 원의 가격으로 100분 동안 무한리필이 가능한 회전초밥집을 찾았다. 이들 3명은 각각 자신이 좋아하는 초밥을 집중적으로 먹었다. 하지만 1시간쯤 지났을 때 식당 주인은 이들에게 '그만 나가달라'고 요구했다. 주인은 다른 초밥은 안 먹고 비싼 초밥만 골라 먹었다며 "이러면 우리도 마진이 안 남는다"라고 이유를 밝혔다. 이들이 먹은 초밥은 총 170접시가량으로 1인당 50~60접시 수준이었다. 이에 손님들은 무한리필 집에서 시간도 안 됐는데 내쫓는 건 부당하다고 항의했고, 주인은 다시 영업 방해로 경찰에 신고하겠다고 맞섰다. 이 싸움은 경찰이 출동해 중재하고 나서야 끝이 났다.

커뮤니티의 의견은 두 가지로 양분됐다. 한쪽은 '무한리필이라고 해서 정말 무한으로 먹을 수 있다고 생각하는 사람이 있겠느냐', '상식이라는 게 있다', '사장도 장사하는 사람이다'라는 의견이었다. 다른 한쪽은 '무한리필이라고 이름을 붙였다면 손님을 왜 내쫓느냐', '제한 시간 100분도 안 채운 것 아니냐'라는 의견이었다. 작은 초밥집에서 시작된 융통성과 원칙의 갈등이 온라인 커뮤니티에도 옮겨온 것이다.

젊은 세대는 어떨까? 자신도 비슷한 일을 경험했다고 말한, 2004년생 대학생 김세영 씨는 "당당하게 무한리필이라는 이름을 붙이고 사람들을 끌어들였다면 거기서 발생할 수 있는 위험 부담을 당연히 안고 가야 한다"라고 말했다. 그는 '무한리필 논쟁'에서 사업자가 손님의 배려에 기대는 건 적절하지 않다고도 말했다.

많은 2000년대생은 정해진 바를 그대로 지키는 것이 합당하다고 생각한다. 그것이 세상을 옳고 그름으로 나누는 데 가장 확실한 방법이다. 이들은 '규칙의 세상'에 익숙하다. 그리고 이 규칙 앞에 다시 융통성이나 상식을 거론하는 건 부당한 잣대를 들이미는 셈이다. 가령 무한리필 식당이라고 이름 붙였다면 그건 사장과 손님 간의 규칙이고, 그 규칙을 사장이 임의로 어기는 건 잘못이다.

이러한 예는 사실 차고 넘친다. 2022년 한 블랙박스 영상에 녹화된 주차장 논란을 살펴보자. 영상 속에서는 운전자가 주차비를 지불하기 위해 카드를 내밀자, 주차 요원이 "현금 좀 가지고 다니지"라고 말한다. 운전자는 "아니, 제가 현금을 가지고 다니고 말건 왜 뭐라고 하세요?"라고 대응하고, 주차 요원은 다시 "그렇게 말할 수도 있지"라고 말한다. 그리고 싸움이 시작된다. 이 주차장은 '카드 결제가 가능한 주차장'이었다.

융통성과 원칙 사이의 갈등

MBC의 인기 예능프로그램이었던 〈무한도전-무한상사편〉은 회사 생활을 재미있게 다루어 아직도 회자될 정도로 당시 큰 인기를 끌었다. 이들의 일과 중에 가장 중요한 일은 점심 메뉴를 정하는 일이었다. 계절과 요일, 그리고 회사의 상황에 맞춰서 적합한 식사 메뉴를 정하는 일은 굉장히 중요했다. 막내 사원의 주요 역할은 시간에 맞춰 음식이 도착하도록 중국요리를 주문하는 것이었다. 이는 그동안 한국 직장에서 흔히 볼 수 있는 풍경이었다. 하지만 이 장면은 모든 팀원이 함께 식사한다는 조건 안에서 성립했다.

91년생 김형진 씨는 자신이 함께 밥을 먹지 않는 사원이었다고 회상했다. 그는 보통 점심시간에 회사의 피트니스 센터를 이용하느라 팀원들과 식사를 하는 일이 드물었다. 그러다 언젠가 팀장이 자기를 조용히 불러 "너도 가끔은 팀원들이랑 같이 식사 좀 해. 팀워크도 생각하란 말이야"라고 꾸중을 했다. 그는 "제가 요즘에 살이 너무 쪄서요…. 그래도 앞으로 자주 참여하겠습니다"라고 변명을 했다.

어느덧 시간이 지나 그는 팀장이라는 자리에 앉게 되었다. 그는 결코 꼰대가 되지 않겠다고 다짐했던 터라 늘 팀원들을 조심스럽게 대했다. 하지만 그 또한 가끔은 팀원과 함께 식사를 하는 시간이 필요하다고 느꼈다. 하지만 그가 큰 마음먹고 "내일은 함께 식사를 함께 하는 게 어떨까요?"라고 말했을 때, 돌아온 답은 다음과 같았다. "팀장님 근로기준법 아시죠? 4시간 일하면 30분 쉬게 되어 있고, 8시간 일하는 저희에게 이 1시간은 휴게 시간입니다."

현재 직장에서 일어나고 있는 수많은 갈등들이 단순한 세대 문제인 것처럼 여겨지지만, 보다 넓게 보면 융통성의 세상과 규칙의 세상이 격돌하고 있는 경우가 많다. 확실한 것은 2000년대생의 세상이 규칙의 세상 쪽에 가깝다는 사실이다. 이 규칙을 자기만의 상식을 근거로 바꾸려 한다면 관계에는 균열이 생길 것이다.

규칙의 세상을 사는 이들에게 '좋은 게 좋은 거'라는 말은 통하지 않는다. 규칙의 세상에서는 '옳은 게 좋은 거'다. 그 옳은 것의 기준은 타인의 자의적인 상식이 아니라 규칙인 것이다.

5장
사람이 인공지능처럼 생각할 때

생각과 행동이 기계 같은 사람들

2001년 스티븐 스필버그 감독의 장편 SF영화 〈에이 아이A.I〉가 개봉했다. 2000년대 초반 당시 이 영화를 보면서 두려움을 느끼는 이는 많지 않았다. 인간의 감정을 가지고 인간처럼 생각하고 행동하는 존재의 등장은 어디까지나 영화에서나 나올 만한 일이었다.

초창기 인공지능의 목표는 기계를 이용하여 사람의 행동을 흉내 내는 것이었다. 1956년 영국의 수학자 앨런 튜링Alan Turing은 인공지능을 '인간처럼 행동하는 시스템'이라고 정의했다. 이때까지만 하더라도 우리에게 인공지능은 인간의 활동을 도와준 도구일 뿐이었다.

하지만 21세기가 채 20년이 지나지 않은 시점에서 알파고는 인간 최후의 아성이라고 일컬어지던 바둑을 완파했고, 챗GPT(chatGPT)와 같은 생성형 인공지능은 인간보다 더 뛰어난 능력을 보여주는 중이다. 인간의 활동을 돕는 도구가 인간을 능가하고 있는 것이다.

인공지능의 발전은 알고리즘의 품질을 강화하는 과정에서 인간의 직접적인 도움을 받는 휴먼인더루프(Human in the Lloop, HITL) 방식으로 특이점을 맞이했다. 이제 인공지능이 정말로 인간처럼 말하는 수준에 다다른 것이다.

이쯤 되자 인공지능의 위험성을 경고하는 목소리가 커지기 시작했다. 스티븐 호킹 박사는 2017년 "인공지능이 인류 멸망을 초래할 수 있다. 인류가 인공지능에 대처하는 방법을 익히지 못한다면 인공지능 기술은 인류 문명사에서 최악의 사건이 될 것"이라고 경고했다. 2023년 테슬라 최고경영자 일론 머스크와 애플의 공동 창업자 스티브 워즈니악, 작가 유발 하라리 등은 인공지능 개발 속도가 인간에게 위협이 될 수 있다며 시스템 개발 속도를 줄이자는 공개서한에 서명하기도 했다.

AI가 인간을 넘어서며 전 인류를 위협할 수 있다는 전문가들의 경고는 우리에게 경각심을 줬다. 하지만 이건 AI시대에 예견된 두 가지 커다란 위협 중 하나일 뿐이다. 또 하나 우려할 만한 점은 인간이 AI를 닮아버릴 수 있다는 점이다. 우리는 평소 AI를 갖춘 기계가 인간을 닮아가는 모습을 떠올리며 경계하지만, 그 반대로 인간이 AI를 닮아갈 수 있다는 점을 생각하지는 않는다.

만약 인간이 AI처럼 생각하고 행동하기 시작한다면 어떤 일이 벌어지게 될까?

애플의 최고경영자 팀 쿡은 2017년 MIT 졸업식 축사에서 다음과 같이 말했다.

> 나는 인간처럼 생각하는 능력을 가진 컴퓨터, 인공지능에 대해 걱정하지 않는다. 내가 더 걱정하는 것은 컴퓨터처럼 생각하는 사람이다.

그는 기술이 나날이 발전하는 과정에서 삶의 모든 것을 컴퓨터처럼 여기고 컴퓨터의 관점에서 생각하는 세태에 대해 우려했다. 그는 사람들의 소통과 연결을 위해 만들어진 기술들이 오히려 사람들을 분열시키고 있으며, 인간적인 가치관에 전혀 관심이 없는 사람들을 양산하고 있다고 비판했다.

오늘날의 기술은 대부분 우리 삶에 필수적인 것이 되었다. 그 과정에서 기존 세상에 존재하지 않았던 '인간을 닮은 AI', 'AI를 닮은 인간'이 탄생했다. 여기서 후자가 바로 팀 쿡이 말한 컴퓨터처럼 생각하는 인간이다. 그렇다면 생각과 행동이 AI 같다는 것은 구체적으로 어떤 의미일까?

한국어 영상에도 자막을 켜는 사람들

컴퓨터처럼 생각하고 행동하는 AI 인간은 우리 주변에서 쉽게 발견할 수 있다. 대표적인 예가 바로 한글 자막 없이 한국 영상을 보지 못하는 사람들이다.

> 사실 처음부터 자막을 켠 건 아니었어요. 그런데 어느 시점부터 한국 영화를 볼 때조차 한글 자막을 켜고 있었어요. 최근에는 의식적으로 자막을 끄고 시청해보려 노력했는데, 그게 안 되더라고요.

2001년생 대학생 안지혜 씨의 말이다. 그는 한국인으로 태어나서 20년 넘게 한국에서만 살았다. 그는 한글 자막을 선호해서라기 보다는 어쩔 수 없이 자막을 켜게 되었다고 말한다. 지난 수년간의 무언가가 그녀의 시청 습관을 변화시켰다.

잠깐 20세기 말로 되돌아 가보면, 그때의 젊은 세대들은 자막을 불편하게 생각했다. 2000년대 초반까지도 영화관에서 외화가 상영될 때에는 자막이 화면 우측에 있었고, 이는 영화에 대한 집중을 방해하곤 했다. 1996년 9월 1일 MBC 뉴스는 당시 청년들이었던 70~80년대생들이 세로쓰기가 익숙한 '한자 세대'가 아니라 가로쓰기가 익숙한 '한글세대'이기 때문에 자막이 익숙하지 않다고 설명한다. 당시에는 자막이 불편하다는 이유로 한

국 영화만을 고집하는 사람도 있었다.[23]

당시에는 자막이 익숙한 것도 아니었다. 1990년대 중반까지도 TV 예능프로그램에서 자막 삽입은 익숙한 일이 아니었다. 심지어 1995년 MBC 김영희 PD가 국내 예능 최초로 자막을 넣은 프로그램을 상영했을 때에는 전국에서 항의를 받기도 했다. 당시까지 자막은 시청각장애자를 위한 배려 정도로 이해됐다.

하지만 그 이후 MBC 〈무한도전〉이나 SBS 〈X맨을 찾아라〉 같은 프로그램이 자막에 각종 효과들을 넣으며 적극적으로 활용하기 시작했다. 그리고 2020년대에 들어와서 자막은 단순히 영상 콘텐츠의 맛을 살리는 수준이 아니라, 내용을 이해하기 위해 없어서는 안 되는 존재가 됐다.

2023년 4월 한국기술교육대학교 AI변화연구소가 오픈서베이에 의뢰하여 진행한 「구독형 OTT 영상 콘텐츠 이용 행태 조사」에서 평소 한글 자막을 켜고, OTT를 시청하는 한국인은 10명 중 5명(52.0%)에 달하는 것으로 나타났다.*

다만 세대별로 큰 차이를 보였는데, "평소 한국어로 된 콘텐츠를 시청할 때, 한글 자막을 이용하는가?"라는 질문에, 60년대생의 30%만이 '그렇다'고 답했다. 2000년대생은 무려 74%가 '그렇다'고 답했다.

이 조사에 응답한 2007년생 김형기 씨는 자막을 켜고 영상을

---

* 10년 단위 세대별 100명씩, 총 500명에게 설문 조사를 진행했다. 조사 기간은 2023년 4월 21일부터 23일까지, 표본오차는 80% 신뢰수준에서 ±2.87%포인트다.

시청하는 이유로 "영상 속의 대사가 잘 들리지 않기 때문"이라고 말했다. 또 다른 참여자인 2003년생 이새롬 씨 또한 "자막을 켜고 영상을 봐야지만 무슨 말을 하는지 제대로 이해가 된다"라고 말했다.

이러한 현상은 한국에서만 일어나는 특수한 현상이 아니다. 전 세계 시청자들도 동일한 변화를 겪고 있다. 2022년 미국의 온라인 언어 학습 플랫폼 프레플리Preply가 미국인 1,200명을 대상으로, 얼마나 자주 영상 자막을 사용하는지 물었다. 조사 대상 중 50%는 자막을 사용한다고 답했으며, 세대별로는 Z세대가 70%로 자막 기능을 가장 많이 사용하는 것으로 나타났다. 한국과 미국 모두 젊은 세대일수록 모국어 자막을 더 많이 활용했다.

이들이 자막을 이용하는 가장 큰 이유는 "소리가 흐릿하고 잘 들리지 않아서"(72%)였고, 그다음으로는 "억양을 이해하기 어렵기 때문"(61%)이었다.* 결국 무슨 말을 하는지 잘 모르겠어서 이해하기 어렵다는 것이다.

미국의 미디어채널 VOX는 2023년 〈왜 우리 모두에게 지금 자막이 필요하게 됐을까〉라는 영상을 통해, 우리가 말을 이해하지 못하는 이유를 제작 기술의 변화 관점에서 고찰했다. 요지는 요즘 영상들은 돌비 12와 같은 고품질 음향으로 제작되는데, TV나 휴대폰의 스피커는 이를 제대로 출력해내지 못한다는 것이었

---

* 그 외의 이유로는 "집에서 조용히 시청하기 위해"(29%), "화면에 집중하기 위해"(27%), "새로운 언어를 배우기 위해"(18%)가 있었다.

다. 하지만 이것으로도 젊은 세대가 자막을 더 많이 활용한다는 점을 설명할 수는 없다.

그렇다면 왜 젊은 세대로 갈수록 이런 경향이 더 강해질까? 그 답을 찾기 위해서는 먼저 아날로그와 디지털의 차이를 이해하는 것이 중요하다. 우리는 20세기에서 21세기로 넘어오는 과정에서 아날로그와 디지털을 자연스럽게 옛날 것과 요즘 것으로 이해하는 경향이 있다. 하지만 그 차이는 본질적으로 신호 처리 방식에 있다. 소리, 빛, 온도 등 신호의 종류는 다양한데, 이 신호를 처리하는 두 가지 방식이 바로 아날로그와 디지털이다.

흔히 '곡선은 신의 것이고 직선은 인간의 것이다'라고 말하곤 한다. 순수한 자연에서는 직선을 찾을 수 없기 때문이다. 이는 아날로그와 디지털의 차이에 비유할 수 있다. 아날로그는 신호를 연속된 선으로 나타내고, 디지털은 신호를 인위적으로 나누어 나타낸다. 이를 자막에 적용시켜보자면, 우리가 영상을 볼 때 듣는 음성 대사는 아날로그 영역에 속한다. 그리고 이 대사를 자막이라는 문자로 표현하는 것은 일종의 디지털 영역에 속한다.

아날로그 신호인 음성에 비하여 디지털 신호인 자막은 상대적으로 정확하다. 아날로그 신호에 존재하는 외부의 노이즈나 대역폭 등의 방해 요소가 없고, 정확하게 규격화된 기호로 전달한다. 하지만 음성을 이해하기 위해서는 불분명한 소리들 사이에서 음성 신호를 가려내고 해석해야 하며, 상대방의 목소리 톤과 전후 맥락에 따라 달라지는 의미까지 통합적으로 평가해야 한다. 보다 고도의 집중력이 요구되는 것이다.

디지털이 상용화되기 전에는 아날로그 신호를 그대로 처리하는 시스템이 대부분이었다. 그래서 그 시대를 살아온 이들은 고도의 해석 작업이 요구되는 아날로그적 소통에 상대적으로 익숙하다. 하지만 그 이후 디지털이 상용화된 세상에서 출생하고 성장한 이들은 불편한 아날로그보다 디지털적 소통 방식을 더 편하게 받아들인다. 이와 같이 디지털적 소통을 익숙하게 여기는 세대의 부상은 지난 수년간 급속도로 사회를 바꾸었다.

2022년 7월에 개봉한 영화 〈한산: 용의 출현〉의 경우, 극장용 영화로는 이례적으로 한국어 대사에 한국어 자막을 입혀 화제가 되었다. 영화 전반부에는 왜군의 일본어 대사에만 자막이 나오지만, 후반부 전투 장면에서는 이순신을 비롯한 조선 수군의 대사에도 자막이 등장한다. 영화를 만든 김한민 감독은 언론 인터뷰에서 전투 장면의 효과음과 배경음악을 최대한 살리면서도 대사도 잘 전달하기 위한 방책으로 자막을 삽입했다며 "전쟁의 밀도감을 높이기 위한 결단이었다"라고 말했다.[24] '결단'이라는 표현에서도 알 수 있듯 한국어 대사에 한글 자막을 다는 일은 이례적인 것이었다. 통상적으로 자막이 삽입되면 영상에 대한 몰입감에 방해가 된다고 생각하기 때문이겠다.

하지만 이런 사례는 앞으로 더 많이 볼 수 있을 것으로 보인다. 이제는 공중파에도 자막 서비스가 도입되기 시작했는데, 2023년 SBS는 일반 시청자를 대상으로 〈법쩐〉과 〈트롤리〉 재방송부터 자막 서비스를 시작했다. 〈모범택시:시즌2〉도 재방송에서 자막이 달린 채 송출됐다. 이처럼 지상파 방송에 한국어 자막 서비스가 시작된 것은 한국 최초의 드라마 〈천국의 문〉이 1956년 전파를 탄 지상파 제작 역사 67년 만에 처음이다.[25]

지상파에서 SBS가 포문을 열었다면, 영화에서는 문체부 산하 공공기관인 영화진흥위원회가 직접 한글 자막 도입을 진두지휘하고 있다. 영화진흥위원회는 "이젠 영화관에서 즐기자! 한국 영화의 한글 자막(CC)" 캠페인을 진행하며, 한글 자막을 볼 수 있는 한국 영화와 영화관을 알리고 있다. 이를 통해서 2023년 7월 개봉된 영화 〈밀수〉에 한글 자막이 표기되었는데, 이것은 한국 영화 100년 역사상 처음 있는 일이었다.[26]

물론 한글 자막을 제공하는 한국 영화가 없었던 것은 아니다. 한글 자막이나 화면 해설은 '가치봄 영화'라는 이름의 장애인 영화 관람 개선 사업의 일환으로 영화진흥위원회가 2005년 장애인 단체와 극장가와 협약을 맺고 진행했던 사항이다. 하지만 그동안 가치봄 영화의 상영은 거의 이뤄지지 않았다. 그러다 이제 자막을 선호하는 관객들이 늘어남에 따라, 뜻밖의 방향에서 한글 자막을 단 한국 영화 개봉이 활성화되기 시작한 것이다.*

---

* 보통 주류 언론에서는 한국어 영상 콘텐츠에 한글 자막을 입히는 일들을 시청각장애자를 위한 배리어프리 콘텐츠의 일환으로 시작된 일이 비장애자에도 호응을 얻었다며 언급하곤 한다. 하지만 이는 선후가 뒤바뀌었다. 비장애인들이 배리어프리의 일환에 호응을 한 것이 아니라, 비장애인들의 시청 습관 변화 때문에 시청각장애를 위한 한글 자막 서비스가 탄력을 받았다고 보는 쪽이 더 맞다.

위와 같은 전개는 시대가 세대를 바꾸고, 그 세대가 다시 시대에 영향을 미치는 사례 중 하나다. 디지털 시대는 디지털적 소통에 익숙한 세대를 만들고, 이 세대의 부상이 다시 새로운 흐름을 만들어냈다.

아날로그 인간과 디지털 AI 인간의 차이

같은 시대에 같은 영상을 보는데도 젊은 세대들은 자막이라는 디지털 방식의 도움을 더 필요로 한다. 그것은 그들이 다른 사고방식 체계를 갖춘 다른 인간형이기 때문이다. 나는 그들을 '디지털 AI 인간'으로 부르고자 한다. 아날로그 인간이 아날로그 신호와 아날로그적 사고방식에 익숙한 인간이라면 디지털 AI 인간은 그 반대로 디지털 신호와 디지털적 사고방식에 익숙한 인간형이다.

그렇다면 그 기준은 어떻게 나눌까? 유튜브 채널 이십세들에서는 2022년 6월 〈20대가 처음 사용했던 핸드폰〉이라는 영상을 공개했다. 영상에는 20세부터 30세까지의 인터뷰가 나왔는데, 여기서도 세부적 차이가 있었다. 30세에 가까워질수록 '롤리팝', '초콜릿폰', '에버'와 같이 피처폰 모델의 이름을 이야기했다. 반면 20세에 가까워질수록 '베가 레이서'와 '갤럭시' 같은 스마트폰 모델의 이름을 이야기했다.

실제로 "태어나서 가장 먼저 쓴 휴대폰 브랜드명"을 묻는 설문에서 90년대생의 15%만이 스마트폰 브랜드를 언급한 반면, 2000년대생의 66%는 아이폰과 갤럭시 같은 스마트폰을 인생의 첫 휴대폰으로 썼다고 답변했다.* 스마트폰을 쓰기 시작한 평균 나이도 90년대생은 성인기에 가까운 19.1세, 2000년대생은 초등학생 나이인 12.6세였다.

물론 과거의 피처폰을 아날로그로 보는 건 무리다. 그래도 피처폰과 스마트폰의 대표적인 차이가 있으니 바로 배터리 용량의 표시 방식이다. 피처폰의 배터리는 숫자가 아니라 게이지 방식으로 표시가 되어있다. 배터리가 닳을수록 막대 게이지 바가 줄어드는데, 보통 4개 정도의 단계로 표시된다. 1단계당 약 25% 정도의 배터리 잔량을 의미하는 것이다. 그에 반해 스마트폰의 배터리는 0부터 100까지 숫자로 배터리 잔량을 표현할 수 있다.

이 차이는 별것 아닌 것처럼 보일 수 있겠다. 하지만 이를 하나의 은유로 본다면 그 차이는 결코 작지 않다. 이제 우리 사회에는 세상을 더 세밀하게 파악하는 이들이 등장한 것이다.

예를 들어 출근 시간이 8시 30분인 회사가 있다고 가정해보자. 실제로 2007년 내가 입사한 회사의 출근 시간이 8시 30분이었는데, 부서 발령을 받고 내가 첫 출근을 한 시간은 8시 15분이었다. 그런데 일과 중 한 선배가 쓱 다가와 나에게 "앞으로는 최소 30분 먼저 출근해"라고 말했다. 처음 이 말을 듣고 나는 황당

---

* 앞서 진행한 "구독형 모바일 OTT 영상 콘텐츠 이용 행태 조사"의 부가 조사로 90년대생 100명, 2000년대생 100명을 조사했다.

했지만, 그 말을 따랐다. 거기에 특별한 의미는 없었다. 당시 나에게 15분 먼저 출근하는 것과 30분 먼저 출근하는 것은 큰 차이가 없었기 때문이다. 그때 썼던 피처폰 배터리처럼 말이다.

하지만 이 상황을 2020년대인 현재 다시 재현하는 건 어려울 것이다. 회사에 새로 출근한 2000년대생에게 "8시 30분이 출근 시간이지만, 8시까지 출근했으면 좋겠다"라고 조언한다면, 그 말을 따르는 사람은 아마 100명 중 0명에 가까울 것이다. 개념 없는 MZ세대여서가 아니다. 그들에게 사회적 약속으로서 시간 단위는 30분이 아니라 1분 단위이기 때문이다. 세상을 촘촘히 보는 디지털 인간에게 가장 합리적인 출근 시간은 8시 29분이다.

시대의 변화를 빠르게 파악하고 기업문화에 반영하는 스타트업들은 이 문제를 잘 인식하고 있는 것 같다. 배달의민족을 운영하는 ㈜우아한형제들이 좋은 사례다. 그들의 조직문화를 담은 '송파구에서 일을 더 잘하는 11가지 방법'의 최상단에는 "9시 1분은 9시가 아니다"라는 문구가 있다.* 9시까지가 약속된 출근 시간이라고 한다면 9시 정각까지는 문제가 없지만 9시 1분은 약속을 어긴 것이라는 의미다. 이건 출근 시간 30분 전까지 오라는 과거 문화에 비하면 질적으로 완전히 다르다.

---

* 이 문구는 꼭 출근 시간만을 의미하지 않는다. 본질적 의미는 구성원들끼리 정한 약속을 중시해야 한다는 의도이다. 그래서 현재는 해당 문구는 "12시 1분은 12시가 아니다"로 변경되었다.

실패를 최소화하려는 경향

2000년대생이라고 해서 디지털 AI 인간이라고 단정 지어 말할 수는 없다. 디지털을 접하는 시기와 출생 시기는 일정 부분 상관관계가 있지만, 이는 절대적인 기준이 아니다. 생물학적 나이와 관계없이 디지털적 사고방식의 소유자일 수도 있다.

그렇다면 아날로그 인간과 디지털 AI인간은 어떻게 구별할 수 있을까? 다음의 문장을 보자.

하면 ○○!

위의 문장에서 ○○에 들어갈 알맞은 답은 무엇일까? 만약 1초의 고민도 없이, "하면 된다!"를 자신 있게 외친다면 그는 아날로그 인간에 가깝다. "하면 된다"는 1970년도 제3공화국 시절, '우리가 노력해서 안 될 것이 없다'는 절실한 도전 정신과 자조 정신을 표현하는 대한민국의 대표적인 표어였다. 이 문장을 '아날로그'라고 말하는 것은 이 정신이 구시대적 사고방식이라는 의미가 아니다.

"~하면"을 말 그대로 해석하자면 조건을 의미한다. 어떠한 조건이라면 될 수 있지만, 그렇지 않다면 될 수 없다는 것이다. 하지만 "하면 된다"에서 "하면"은 조건이 아니었다. 조건으로 한계 지을 수 없는 무한한 정신을 표현하는 말이었다. 그래서 이 말은 비정형적이고 유연한 아날로그 사고방식 혹은 그런 인간형을 상징할 수 있는 것이다.

하지만 1982년생인 나의 경우에는 그 말을 곧이곧대로 받아들일 수 없었다. 리더가 "다음 달에는 꼭 매출 200%를 달성해야 한다"라고 말했을 때 나는 '현실적으로 되는 게 있고 안 되는 게 있지'라고 생각했다. 이것을 한 문장으로 표현하자면 다음과 같은 것이었다.

하면… 될까?

하지만 디지털 사고방식이 익숙한 디지털 AI 인간은 그보다 더 나아간다. '하면 된다'가 진취적이고 감정적이라면, 다음의 문장은 방어적이고도 이성적인 사고방식에 가깝다.

되면 한다.

이는 믿음과 의지를 가지고 일을 추진하는 것이 아니라, 사전에 결과를 계산하고 오류를 최소화하는 사고방식이다. 컴퓨터처럼 정확히 문제를 정의하고 그에 대한 답을 기술하는 것이다.

『디자인 씽킹을 넘어 프로그래밍 씽킹으로』의 저자 한국기술교육대학교 윤상혁 교수는 이와 같은 사고방식을 '프로그래밍적 사고방식'으로 정의한다. 이는 코딩Cording과도 비슷하다. 정확한 지시로만 작동하는 기계가 이해할 수 있는 언어로 프로그램을 설계하는 행위다. 이런 관점에서 보면 "되면 한다"는 의지박약의 표현이 아니라, 디지털 AI 인간다운 사고방식이다.

"개떡같이 말해도 찰떡같이 알아듣는다"라는 표현이 있다. 상대방의 설명이 충분하지 못해도 맥락을 알아서 읽어낸다는 의미다. 특히 직장 생활에서는 개떡처럼 말해도 찰떡을 유추해내는 능력이 필수적이었다. 그것은 일종의 일 센스나 미덕으로 받아들여졌다.

하지만 이는 아날로그 사회에서만 가능한 일이다. 적어도 A를 그대로 A라고 받아들이는 디지털 AI 인간에게는 쉽사리 통용되는 화법이 아니다. 오히려 그들에게는 "개떡같이 말하면 개떡같이 알아듣는다"가 더 자연스러운 화법이 된다.

아날로그 인간 VS 디지털 AI 인간

구분	아날로그 인간	디지털 AI 인간
세계관	비정형	정형
인간관	정情	비정非情
행위의 기준	융통성	원칙

정리하면 아날로그 인간의 세계관은 비정형인 반면, 디지털 AI 인간의 세계관은 정형에 가깝다. 아날로그 인간이 정情을 가진 유형이라면, 디지털AI 인간은 비정比情하다. 아날로그 인간은

융통성 있게 살아가는 게 중요하지만, 디지털 AI 인간은 원칙과 시스템에 따라 살아가는 게 중요하다.

이 두 가지 유형 중에서 기존의 대한민국 사람에 대한 인식과 더 닮아 있는 것은 아날로그 인간이다. 하지만 인공지능시대가 도래하고, 그 시대가 디지털 AI 인간을 낳고, 그 새로운 인간들이 한국 사회를 변화시키고 있다. 그리고 늘 그렇지만 변화에는 고통이 수반된다. 이제 한국 사회에는 새로운 형태의 갈등이 나타날 것이다.

지나친 AI 인간의 탄생

아날로그 인간과 디지털 AI 인간은 시대의 변화에 따른 차이일 뿐, 옳고 그름으로 나눌 수 없다. 또한 디지털을 접하는 시기에 따라 상대적으로 디지털 AI 인간에 가까울 수도, 아날로그 인간에 가까울 수도 있을 것이다. 어느 쪽이든, 혹은 그 사이에 있든 문제가 될 것은 없다.

언제나 문제는 지나친 것이다. 불과 얼마 전까지 우리가 두려워하고 경계했던 것은 지나치게 전통과 관습, 혹은 자기의 경험을 타인에게 강요하는 사람들이었다. 우리는 그들에게 '꼰대'라는 이름을 붙였다.* 앞서 본 도식에 따르면 꼰대는 법이나 원칙을 초월해 융통성을 추구한다는 점에서 극단적인 아날로그 인간이라고 볼 수도 있겠다.

이렇게 아날로그 사고방식에 지나치게 갇혀있는 인간이란 어떤 사람들일까? 이 인간형을 이야기하기 위해서 MBC 〈놀면 뭐하니〉에 나왔던 회사 상황극을 예로 들어보자. 가상의 회사 JMT에서 근무하는 마 이사(차승원 분)과 유 부장(유재석 분)의 식사 장면이다.

마 이사: 술자리 면접도 봤어?

유 부장: 아, 요즘에는 그런 거 잘 안 합니다.

마 이사: (식탁을 손으로 치며) 그러면 안 되지!

유 부장: 네?

마 이사: (술을 한 잔 따르며) 내가 한 잔 줄 테니까….

유 부장: 죄송한데 술을 잘 못합니다. 제가… 술을 못해요.

마 이사: …조금만 해.

유 부장: (아니 못한다는데)

마 이사: 으른이 준다고 생각하고 한잔 먹어. 그렇게 너무 사양하는 것도 싸가지 없는 짓이야!

많은 사람들이 위 상황을 보고 마 이사를 꼰대라고 생각할 것

---

* 2017년 아거가 쓴 『꼰대의 발견』에서는 꼰대를 '남보다 서열이나 신분이 높다고 여기고, 자기가 옳다는 생각으로 남에게 충고하는 걸, 또 남을 무시하고 멸시하고 등한시하는 걸 당연하게 여기는 자'라고 정의했다.

이다. 그러나 이유가 중요하다. 그가 꼰대인 이유는 직급이 높다고 반말을 해서도 아니고, 술을 권해서도 아니다. 술을 마시지 못하는 사람에게 강권했다는 것이 이유다. 이런 막무가내형 인간은 사회에 통용되는 원칙을 자신의 마음대로 깨버리고, 자신의 잘못된 신념을 상대에게 주입시키려 한다. 이런 인간형은 한국 사회에서 흔히 볼 수 있었다.

하지만 이제는 정반대의 인간형도 나타나고 있다. 바로 극단적으로 디지털 사고방식에 빠진 인간형이다. 이 상황을 알아보기 위해, 얼마 전에 한 회사에서 실제로 발생한 사례를 보자.

인원이 10명 정도 되는 한 스타트업의 워크샵에서 일어난 일이다. 워크샵 첫째 날 저녁 모두 즐겁게 술자리를 가졌고, 다음날 아침 마케팅팀 오성철 팀장은 팀원들의 해장을 위해 라면을 끓이려 했다.

사실 라면은 한국인 모두가 쉽게 만들어 먹을 수 있는 범용적 음식이다. 여러 종류의 라면이 있다고 해도 레시피에는 큰 차이가 없다. 오 팀장은 별생각 없이 습관처럼 물을 넣고 불을 올렸다. 물이 끓고 난 뒤에는 라면 봉지를 열어 면과 스프를 넣었다. 그런데 이 모습을 보던 한 팀원이 그에게 따지듯이 물었다. "팀장님 진라면을 그렇게 끓이시면 어떻게 해요?" 당황한 오 팀장은 "아니 왜… 내가 뭘 잘못했나?"라고 물었고, 팀원은 답답해하며 대답했다. "오뚜기 진라면은 건더기 스프를 넣고 물을 끓이라고 써 있다고요. 제조사가 만든 레시피가 있는데, 왜 마음대로 만드세요?"

놀랍게도 이처럼 정해진 것을 따르지 않으면 참지 못하는 이들이 늘어나고 있다. 중대한 법이나 원칙을 어기지 않았더라도 말이다. 이들은 마치 오류가 난 기계처럼 사사건건 '당신이 잘못됐다'는 메시지를 내뱉는다. 이렇게 극단적인 디지털 사고방식을 지닌 이들은 '사이보그형 인간'에 가깝다.

디지털 AI 인간이 원칙과 시스템에 방점을 둔다면, 극단적인 디지털 사고방식을 지닌 사이보그형 인간에게는 맞음과 틀림만이 중요하다. 거기에 중간 지대는 존재하지 않는다. 이러한 사이보그형 인간의 등장은 우리 사회의 새로운 갈등의 씨앗을 심고 있다. 모든 일에 매뉴얼이 있지도 않고, 설령 있다고 해도 그것을 언제나 따르기란 불가능하기 때문이다.

이런 극단적인 인간 유형이 탄생한 원인은 디지털뿐만이 아니다. 우리가 삶의 여정 안에서 스스로 결정해야 하는 부분을 외주화한 결과이기도 하다. 지난 몇 년간 대한민국의 저출산은 전국의 소아청소년과에 영향을 미쳤다. 서울연구원이 공개한 서울인포그래픽스에 따르면 서울의 소아청소년과는 2017년부터 2022년까지 5년간 12.5%가 폐원했다.[27] 그로 인해 남아 있는 소아청소년과에는 자녀의 진료를 예약하려는 부모들이 오픈런을 하는 풍경도 벌어졌다.

소아청소년과가 사라진 자리에는 다른 비즈니스가 성업 중이다. 바로 심리상담소다. 일단 심리상담소는 크게 두 개로 나눌 수 있는데 그중 하나는 정신과 의사가 전문적으로 치료하는 정신건강의학과psychiatry다. 2017년부터 2022년까지 5년간 서울에서 가장 많이 개원한 병원은 정신건강의학과였으며 그 증가율은 무려 76.8%에 해당한다. 같은 기간 소아청소년과가 12.5% 줄어든 것과 대비되는 수치이다. 하지만 정작 우리가 주변에서 자주 마주칠 수 있는 심리상담소는 전문의가 운영하는 정신건강의학과나 신경정신과보다는 '상담센터' 혹은 '발달센터'의 이름을 단 곳이 대다수다.

고민이 있을 때 혼자 앓는 대신 적극적으로 상담받는 일은 바람직한 현상이다. 하지만 심리상담의 폭발적 성장에 긍정적인 면만 있는 것은 아니다. 심리상담소 개설은 사실상 자격 규제가 없기 때문에 운영에도 큰 제한이 없다. 심리상담과 관련한 민간 자격증 또한 취득 기준이 제각각이다. 그 결과 심리 관련 민간 자격증의 숫자만 4,400개가 넘는다.*[28]

서울의 한 대학원에서 심리상담학 석사 학위를 받고 심리상담사로 일하는 안경모 씨는 일부 심리상담사들이 과잉 상담을 받도록 유인하고 있다고 지적한다. "어떤 이는 상담을 받는 아이에게 특별한 문제가 없는데도 패키지 심리 상담이 필요하다며 부모에게 상술을 부리기도 한다"라고 이야기하기도 했다. 이런 이야기를 들으면 2019년 개봉한 영화 〈기생충〉에서 기택의 딸 기

---

* 국가관리 심리상담 자격증은 여성가족부에서 시행하는 '청소년 상담사'와 보건복지부에서 발급하는 '정신건강임상심리사'가 유일하다.

정(박소담 분)이 무자격자임에도 불구하고 그럴듯하게 아이에게 '미술심리치료'를 하며 돈을 받는 장면이 떠오른다.

이렇게 전문적이지 않은 심리상담소가 성업하는 건 그곳을 찾는 사람들이 있기 때문이다. 이런 엉터리 상담에 길들여지다 보면 스스로 판단하고 결정해야 할 것들까지 상담사에게 의탁하기도 한다. 이는 나아가 '의사결정의 외주화'로까지 이어진다.

안경모 씨는 한 대학생의 심리상담을 맡았다가 충격을 받았다. 친구와 사소한 말다툼으로 사이가 멀어졌는데 어떻게 해야 할지 모르겠으니 방법을 알려달라는 내용이었다. 안경모 씨는 성인에게도 이러한 고민이 사소하지는 않을 수 있다고 했다. 하지만 당사자와 대화로 풀어보려는 시도 없이 상담소부터 찾는 건 당황스럽다고 했다.

2023년 한 대학교 학사센터의 안내 전광판에는 다음과 같은 문구가 올라왔다.

> 자기의 일은 스스로 하자! 학사 관련 문의는 학부모님이 아닌 본인이 직접 해주세요! 스스로의 힘을 믿습니다!

실제 대학교에서 부모님들에게 직접 연락을 받아본 교직원들을 찾아보는 일은 어렵지 않다. 심지어 요즘은 군대에서도 "우리 아이 좀 살살 봐주세요"라는 연락을 받고 있는 추세다. 부모의 과보호가 문제일까, 아니면 스스로 판단하고 결정하지 못하는 개인들의 문제일까.

어쨌든 자신의 일을 스스로 하지 못하는 트렌드는 누군가에게는 새로운 비즈니스의 기회가 되기도 한다. 그리고 자신의 일을 스스로 하게 만드는 일은 우리 사회의 새로운 과제가 됐다.

전화공포증과 클럽하우스의 몰락

전화공포증은 다른 사람과 육성으로 통화하는 것을 두려워하는 현상을 말한다. 코로나19 유행이 끝나고 엔데믹에 접어들자, 한동안 비대면 소통에 익숙해진 청년들이 전화공포증에 시달리고 있다는 기사가 보도됐다. 2030세대가 입사해서 전화를 받는 것이 두려워 스피치 학원에 등록한다거나, 휴대폰에 상사의 이름이 뜨면 마음이 조급해지고 불안해지는 공포증에 시달린다는 청년들의 이야기가 실려있었다. 《동아일보》에 실린 이 기사의 제목은 "'콜포비아'에 떠는 MZ세대… '학원서 대면 스피치 배워요.'"였다.[29]

하지만 전화공포증이 'MZ세대'에게서만 발견되는 건 아니다. 코로나19 유행 이전인 2019년 잡코리아와 알바몬이 성인남녀 1,037명을 대상으로 진행한 조사에서 이미 대한민국 성인남녀의 46.5%가 전화공포증을 겪고 있다고 답했기 때문이다. 똑같은 형태로 1년 후인 2020년 진행한 조사에서는 무려 53.1%의 성인이 전화 통화를 두려워한다고 답했다.

사실 전화공포증이 문제가 된 것은 꽤 오래전의 이야기다. 콜포비아Call Phobia라는 용어도 이미 1995년 정신과 의사 존 마샬John Marshall의 『소셜 포비아』라는 책에서 처음 등장했다. 책에 따르면 1993년 영국에서도 약 250만 명이 전화공포증에 시달리고 있었다.[30]

한국에서 전화공포증 문제가 본격적으로 떠오르기 시작한 것은 2009년 스마트폰이 도입되기 시작한 이후부터였다. 스마트폰이 출시된지 5년 후인 2014년 한국인터넷진흥원의 '스마트폰 이용 목적'을 묻는 설문에서 79.4%에 달하는 응답자가 "채팅과 메신저를 하기 위해서"라고 답했다. "음성, 영상 통화를 위한 이용"은 70.7%였다. 스마트폰이 출시된 지 5년이 지난 시점에 이미 텍스트를 활용한 의사소통이 더욱 보편화되었음을 알 수 있다.

그러니 '누가 전화를 두려워하느냐?'보다 '왜 전화를 두려워하느냐?'에 초점이 맞춰질 필요가 있다. 2019년 '콜포비아를 겪는 이유'를 묻는 질문에 가장 많은 답변은 "메신저 앱/문자 의사소통이 익숙해서"였다. 2020년에도 마찬가지였다. 단지 차이점이라면 '비대면 의사소통'이라는 단어가 추가되었을 뿐이다.

그럼에도 최근의 콜포비아 현상과 관련한 언론 보도에는 늘 'MZ세대'가 빠지지 않는다. 하지만 실제 비즈니스 현장에서 갑자기 걸려 온 회사 전화에 벌벌 떨면서, "선배님이 대신 받아주시면 안 될까요?"라고 말하는 신입사원이 얼마나 될까? 아마 거의 존재하지 않을 것이다. 이는 2000년대생이 회사의 대거 유입될 미래에도 마찬가지일 것이다.

문제는 MZ가 아니라 전화공포증이 낳을 뜻밖의 상황들이다. 증권회사 IB파트를 담당하고 있는 김종대 파트장은 새로 입사한 20대 신입사원에게 근무 중 평소와 같이 구두로 업무 지시를 내린 적이 있다. 그런데 그가 다음과 같은 답변을 받았다. "파트장님. 방금 주신 말씀을 메일이나 메신저로 다시 보내주실 수 있을까요?"

이와 같은 상황은 우리가 앞으로 업무 중 드물지 않게 겪을 수 있다. 기성세대 입장에서는 황당하고 이해가 안 갈 수도 있겠지만 말이다. 대면하지 않고 일하는 리모트 워크가 일상화되어 있는 조직에서 이와 같은 커뮤니케이션 이슈는 큰일로 받아들여지지 않을 것이다. 그런 환경에서는 대부분의 업무가 서면이나 문자, 메신저 등으로 진행되기 때문이다. 오히려 정확한 기록을 남기기 어렵기 때문에 구두로 소통하는 것을 꺼릴 수도 있다.

이렇게 음성 기반의 소통이 줄어드는 경향은 SNS 클럽하우스 clubhouse의 몰락 이유와도 연결된다. 2020년 4월 출시된 클럽하우스가 기존의 SNS와 가장 차별화되는 특징은 쌍방향 음성 기반이라는 점이었다. 사용자가 방을 개설하고 대화할 사람을 초청하면 수많은 사람이 그 방에 들어가 스피커(발언자)들의 대화를 들을 수 있고, 대화방 리스트를 보고 들어온 청취자도 '손들기' 버튼을 클릭하면 대화에 참여할 수 있었다.

테슬라 창업자 일론 머스크, 방송인 오프라 윈프리 등 현실에서 만나기 힘든 유명인과 대화를 나누고 그들의 속내를 들을 수 있다는 매력 때문에 클럽하우스는 2021년 초반 이용자가 폭발적으로 증가했다. 클럽하우스에 가입할 수 있는 초대장이 중고거래 사이트에 등장할 정도였다. 한때는 트위터와 인스타그램을 대체할 SNS로 떠오르기도 했다.

그러던 클럽하우스의 인기는 갑자기 사그라들었다. 많은 이들은 클럽하우스의 몰락 이유로 초대장을 받은 아이폰 사용자만이 가입할 수 있는 폐쇄적인 시스템 혹은 권력화된 소통 방식을 뽑았다. 하지만 그런 이유들은 몰락의 지엽적인 이유에 불과했다. 클럽하우스가 안드로이드 이용자까지 사용자를 확대하고, 초대장 시스템을 철폐했음에도 불구하고 몰락의 길을 벗어나지 못했기 때문이다.

몰락한 것은 클럽하우스뿐만이 아니었다. 클럽하우스를 모방한 나머지 음성 기반 SNS 모두 별다른 반응을 얻지 못하고 사라져갔다. 이를 두고 미국의 《포브스》는 음성 기반 SNS 자체가 시대착오적인 시도라고 지적했다.[31] 숏폼과 같이 콘텐츠의 호흡이 짧아지는 트렌드에 맞지 않다는 의미였다.

아날로그적인 음성 소통을 하기 위해서는 불분명한 음성신호 사이에서 단어와 의미를 뽑아내 해석해야 하고, 상대방의 목소리 톤과 전후 맥락에서 달라지는 의미를 실시간으로 이해하고 통합적으로 평가해야 한다. 문자로 명확하게 이루어지는 디지털적 소통에 비해 고도의 집중력이 요구되는 것이다.

2021년 초반 클럽하우스에 깊이 빠져들었던 2002년생 김나래 씨는 탈퇴의 이유로 피로감을 지적했다.

> 팟캐스트나 라디오를 들을 때는 다른 일을 하면서도 즐길 수 있지만, 클럽하우스는 실시간 소통을 해야 하잖아요. 대화의 흐름을 놓치지 않기 위해 1분 1초를 집중해야 했습니다. 그런 집중이 처음에는 재미를 배가시켜줬지만, 오래될수록 온몸에서 힘이 빠져나가는 느낌이 들었어요. 사회생활이 어렵게 되고, 번아웃 같은 증상도 오더라고요. 그래서 그만뒀어요.

《파이낸셜타임스》는 이런 클럽하우스를 두고 사실상 전화회의와 다를 게 없다고 평가했다.[32] 클럽하우스가 코로나19 팬데믹이라는 상황 때문에 부흥했을 뿐, 다시 오프라인 활동이 활발해지고 나면 더 이상 사람들이 찾지 않을 것이라고도 보았다. 그리고 포스트 코로나를 맞이하자 클럽하우스 이용자는 썰물처럼 빠져나갔다.

하이 컨텍스트 문화에서 로우 컨텍스트 문화로

앞서 디지털 AI 인간에게는 "개떡같이 말해도 찰떡같이 알아듣는다"라는 표현이 더 이상 통하지 않을 이유를 살펴봤다. 이 말이 통하려면 언어로 소통할 때 화자와 청자의 교감이 충분해야 한다. 그래야 표현이 부정확하거나 맥락에 어긋나거나 애매모호하더라도 그 뜻을 알아차릴 수 있기 때문이다.

하지만 디지털의 사고방식을 가진 AI 인간들에게 이를 기대할 수는 없다. 수식에 맞지 않는 명령어를 입력하면 오류가 나듯, AI 인간에게 개떡같이 말하면 그대로 개떡으로 이해한다.

문화인류학자인 에드워드 홀Edward T. Hall은 1976년 자신의 저서 『문화를 넘어서』에서 고맥락 문화High Context Culture와 저맥락 문화Low Context Culture라는 개념을 제시하고 문화에 따라 소통 방식에 차이가 있음을 설명한다. 그는 고맥락이란 주로 의견을 직접적으로 말하지 않는 소통 방식이고, 이러한 문화는 일반적으로 동양에서 나타난다고 말한다. 반면 저맥락이란 돌려 말하지 않고 직접적으로 이야기하는 소통 방식으로, 주로 서양에서 나타난다고 말한다.

고맥락은 추상적이고 감성적인 소통방식이다. 겸손한 태도를 보이고, 본신을 감추며, 대화에 은유가 담겨져 있다. 맥락을 통해서만 유추할 수 있는 정보가 있기 때문에, 충분한 배경지식을 알거나 상황을 파악하고 있어야 이해할 수 있다.

하지만 저맥락은 논리적이고 이성적인 소통 방식이다. 직접적인 단어를 사용하며 단도직입적인 정보로 간결하게 소통하기 때문에 상대적으로 이해하기 쉽다. 하지만 맥락을 활용해 빠르게 소통할 수 있는 고맥락과 달리 구체적인 내용을 일일이 설명해야만 소통이 가능하다.

만화책을 보면 그 차이가 확연하게 드러난다. DC코믹스나 마블 코믹스의 그래픽노블을 보면 한 컷에도 대사가 빼곡히 채워져 있는 경우가 흔하다. 한국의 웹툰이나 일본 만화에서는 상대적으로 그런 장면이 덜하다.

만약 회사에서 일을 하는데 상사가 하급 직원인 나에게 "아주 잘하는 짓이다"라고 말했다면 어떨까? 아마도 우리나라 사람이라면, 무언가 잘못됐다는 느낌을 받을 것이다. 상황을 자세히 들여다봐야 알겠지만, 보통 자신의 행동이나 결과물에 문제가 있고, 그것을 반어법으로 표현하고 있다고 생각할 것이다. 이것이 고맥락 문화의 전형적인 사례다.

하지만 만약 이 말을 영어로 번역해 외국인에게 들려준다면 전혀 다르게 전달될 수 있다. 성능이 좋은 번역기를 쓰더라도 같은 결과가 나타날 것이다. 이것이 바로 저맥락 문화라고 할 수 있다. 그들은 상대방에게 뭔가 잘못한 점이 있다면 돌려 말하지 않는다. 그러나 고맥락 문화에서는 듣는 사람이 맥락을 적극적으로 해석해야 한다.

이런 의사소통의 차이가 반드시 동양과 서양에서 나타나는 것은 아니다. 같은 사회에서 성장한 남녀 사이에서도 맥락의 차이에 따른 의사소통의 오류는 쉽게 관찰된다.

인터넷 커뮤니티나 SNS에 떠도는 게시물에서는 "이거 어때?", "어떤 게 잘 어울려?", "나 화 안 났는데?" 등 여성이 하는 말 앞에서 맥락을 알아차리지 못해 엉뚱하게 대답하거나 당황하는 남성들의 사례가 자주 등장한다. 같은 사회에서도 상대방의 맥락을 얼마나 이해하기 힘들 수 있는지를 알려주는 사례다.

그렇다면 지금의 디지털 사회에서 어떤 사고방식과 의사소통이 자연스러울까? 확실히 지금의 디지털 사회, 디지털 소통방식에 적합한 방식은 저맥락적 의사소통이다. 논리적이고 이성적이기 때문이다. 또한 음성보다는 문자가 이러한 의사소통 방식에 더 적합하다. 자세하고 명확하게 나의 의사를 입력하여, 프로그래밍 체계에 따라 그대로 이행되기를 기대하는 것이 디지털이기 때문이다.

수많은 의사소통 행위가 일어나는 직장 생활에서는 작은 차이도 크게 느껴질 수 있다. 정확하고 상세하게 문자로 업무 지시를 내리기보다, 실시간으로 손쉽게 음성으로 소통하는 문화가 익숙한 사람이라면 지금의 변화가 불편하게 느껴질 것이다.

물론 그동안의 대한민국 직장에서도 이메일과 업무 지시서, 보고서 등으로 업무가 진행됐다. 이런 관점에서 보면 디지털적 사고에 익숙한 세대가 "방금 주신 말씀을 메일이나 메신저로 다시 보내주실 수 있을까요"라고 요청하는 것도 상사의 요구를 정확하게 이해하기 위한 합리적인 요구로 볼 수 있다.

하지만 아무리 문자와 메신저 같은 디지털적 소통이 아날로그적 소통에 비해 정확하고 명료하다 할지라도, 우리 일상의 모든 언어적 소통을 대체할 수는 없다. 이는 업무에서도 마찬가지다. 그렇다면 앞으로 새로운 세대를 받아들여야 하는 기업의 입장에서는 이런 차이를 어떻게 조율할 수 있을까?

어휘력보다 더 문제가 되는 것

2020년 여름 3일간의 연휴가 생긴 적이 있었다. 언론에서는 '사흘간 황금연휴'라는 보도가 이어졌는데, 일부 누리꾼들이 "왜 3일을 사흘이냐고 하냐, 사흘은 4일 아니냐?"라고 댓글을 달아 이슈가 됐다. 언젠가부터 3일을 뜻하는 순우리말 '사흘'과 4일을 뜻하는 '나흘'을 혼동하는 경우가 심심치 않게 등장한다. 몇 년 후 한 래퍼가 발표한 곡에서는 "하루이틀삼일사흘"이라는 가사가 등장하기도 했다.

요즘 젊은 세대의 '문해력 논란'은 잊을 만하면 등장하는 단골 뉴스다. '마음의 표현 정도가 매우 깊고 간절하다'란 의미의 '심심甚深' 역시 잘못 이해되곤 한다. '심심한 사과'를 '지루하고 재미없는 사과'로 알아듣는 것이다. 또한 '고지식'을 '높은 지식', '십분 이해합니다'를 '10분'으로 알아들었다는 사례 등은 쉬지 않고 등장하며 사람들의 입길에 오르내린다.

문해력 저하 논란이 지속되자, 대통령이 나서서 "전 세대에 걸쳐 디지털 문해력을 높일 수 있는 교육 프로그램이 체계적으로 제공돼야 한다"라며 당부하기까지 했다. 급기야 2023년 6월에는 공영방송 KBS에서 나서 "구하자! 위기의 어휘력!"이라는 제목의 한국어 캠페인을 전개하기에 이르렀다.

공영방송이나 정부 당국 담당자가 공개적으로 '젊은 세대'로 타깃을 정하지는 않았지만, 대부분 문해력 논란은 곧잘 '젊은 세대'와 연결되고, 결국 MZ공격으로 귀결되곤 한다.

그런데 '젊은 세대는 문해력이 떨어진다'는 일반적인 믿음이 진짜일까? 교육부와 국가평생교육진흥원이 2014년부터 3년 주기로 발표하는 「성인문해능력조사」가 있다. 2021년에 발표한 3차 조사 결과에 따르면, 2020년 기준 18~29세의 비문해 인구(초등학교 1~2학년 수준)는 고작 4.7%에 불과했으며, 오히려 60대 35.6%, 70대 58.9%, 80대 이상이 77.1%로 나타남으로써 연령층이 높을수록 문해력이 떨어진다는 결과가 나타났다.

「2021년 국민 독서실태 조사」에 따르면, 초중고 학생들이 1년 동안 읽은 책은 평균 34.4권으로 성인(4.5권)보다 8배 높은 수준으로 나타났다. 2021년 당시 초중고 학생들의 출생연도가 2002~2011년생인 것을 기준으로 한다면, 2000년대생이 모든 세대 중에 가장 많은 책을 읽는다고 분석할 수도 있다.

OECD에는 3년 주기로 전 세계 만 15세 청소년을 대상으로 학업 성취도를 조사하는 국제학업성취도평가PISA가 있다. 대한민국은 2000년부터 꾸준히 평가에 참여하고 있는데 2018년 최신 조사 결과에 따르면, 한국의 읽기 점수 평균은 514점으로 조사국 중에서 5위에 해당했으며, OECD 평균 점수 487점보다도 27점이나 높은 수준으로 나타났다. 전 세계적 비교를 해보더라도, 우리나라의 2000년대생은 상대적으로 낮은 수준이 아니라는 의미다. 우리나라 2000년대생의 읽기 수준은 상대적으로 낮지 않다는 의미다.

하지만 2000년부터 2018년까지 7회 조사 결과를 시간에 따라 살펴보면(시계열 분석) 2006년 조사 이후 점차 '읽기 하위 성취 비율 (2수준 미만)'이 높아짐을 확인할 수 있다. 특히 최저 읽기 수준인 '1수준'의 비율이 2006년 5.7%에 불과했으나, 2018년에는 15.1% 수준까지 증가했다. 이 말은 지난 10여 년간 하위권에 속하는 비중이 3배나 늘어났다는 의미다.

위의 자료들을 봤을 때, 대한민국에서 문해력 하위 수준의 학생 비중이 높아지고 있으므로 과거에 비해 문해력이 떨어지는 인구가 늘어났다고 평가할 수는 있다. 하지만 그렇다고 해서 한국의 젊은 청소년들의 문해력 수준이 낮다고 평가할 수는 없다.

그럼에도 불구하고 젊은 세대의 문해력이 떨어진다는 이야기가 계속 나오는 이유는 무엇일까? 이 문제에 있어서 우리는 현재의 문해력 논란 속에 시대차와 개인차가 존재하고 있음을 인지해야 한다.

2023년에 일어난 '삼명일' 이슈가 대표적이다. 블라인드의 한 대기업 게시판에 "요즘 MZ세대들 어휘 수준이 심각하다. 자료 주고 삼명일까지 하라니까 네이버 검색하고 있네"라는 글이 올라왔다. 삼명일三明日은 모레의 다음 날, 즉 3일 뒤(글피)를 뜻하는 말이다. 하지만 이 말은 요즘 세대를 떠나서 과거에도 범용적으로 사용되지 않았다. 누군가에게는 익숙한 단어였겠지만 사실은 같은 세대에게조차 익숙하지 않은 한자어였던 것이다.

내가 2000년대 말, 회사에서 신입사원으로 재직하던 시절이었다. 5월 말 소만小滿이 되었을 때 나는 "그런데 소만이 뭐였더라?" 하고 별 뜻없이 말했다. 그런데 이를 들은 한 선배가 나에게 '어떻게 소만도 모르냐, 대학도 나온 녀석이 왜 그렇게 무식하냐'며 비난했다.

24절기 중 하나인 소만은 음력 4월, 입하立夏와 망종芒種 사이에 있다. 햇볕이 풍부하고 만물이 점차 생장하여 가득 찬다는 의미라고 한다. 하지만 우리가 평소에 절기를 인지할 일이 있을까. 그럼에도 나는 소만이라는 날이 정확한 어떤 의미에서 생겨난지 몰랐다는 의미로 소위 문해력이 떨어지는 무식한 세대라는 평가를 받았던 것이다.

요즘 세대의 문해력 혹은 어휘력 부족의 이유로 한자 교육의 부재를 뽑는 시선도 있다. 그런데 요즘 젊은 세대들이 한자를 너무 모른다는 발언은 시대를 거슬러 올라간다. 바로 3·1 독립선언의 민족대표 33인 중 한 명인 오세창이다. 《경향신문》에 연재 중인 '이기환의 흔적의 역사'에 따르면 오세창은 3·1 독립선언서를 기초한 뒤 감수를 부탁하는 최남선에게 눈살을 찌푸리며 "요즘 젊은 애들은…"이라며 혀를 끌끌 찼다고 한다.[33] 이를 통해 알 수 있는 것은 문해력이나 어휘력이 떨어진다는 기성세대의 평가는 객관적이고 절대적인 사실이기보다 기성세대를 기준으로 하는 상대적인 평가라는 의미다.

보다 긴 관점에서 본다면 어휘는 학습하면 해결되는 문제다. 평생을 살면서 사흘과 나흘을 단 한 번도 헷갈리지 않은 사람은 없을 것이다. 하지만 몇 번을 헷갈렸더라도 쓰다 보면 기억하게 될 것이다. 자주 접하고 학습한다면 어휘력은 늘 수 있다. 특정 어휘를 알고 있는지 여부는 그렇게 중요한 문제가 아니다.

정말 문제가 되는 건 '말'이다. KBS 한국어 캠페인 〈구하자! 위기의 어휘력!〉에 나온 한 사례를 살펴보자.

> 금일 중식은 미정이야.
> 뭐라고? 금요일에 중국집 '미정'에서 먹자고?
> …?
> …?

"금일 중식은 미정이야"라는 말을 회사 동기가 했다고 가정해보자. 이때 회사 앞 식당 중에서 '미정'이라는 이름을 가진 음식점이 있다면 혼란스러울 수 있을 것이다. 그 상황과 맥락에 따라 같은 말도 다른 의미로 전환될 수 있으니 말이다. 하지만 이와 같은 극단적인 사례가 아니라면 통상적으로 "뭐라고? 금요일에 중국집 '미정'에서 먹자고?"라는 대답은 당황스럽다.

위 프로그램에서는 문제를 어휘력이라고 파악했지만 내가 보기에는 '언해력'이 문제다. 문해력이 문자 그대로 '문자를 해석하는 능력'이라면, 언해력은 '상대방의 말을 해석하는 능력'이다. 앞선 사례에서 '미정'의 뜻을 몰랐더라도, 맥락을 통해 아직 점심 식사 장소나 시간이 정해지지 않았다는 의미를 읽어낼 수 있을 것이다. 통상적으로 금요일을 '금일'이라고 말하지 않기 때문에, 이를 금요일로 해석하는 우를 범하지도 않았을 것이다.

대한민국의 어휘 중 상당수가 한자어다. 그래서 같은 소리라도 상황에 따라서 다른 해석이 가능한 경우가 많다. 그렇기 때문에 우리는 자연스럽게 말이 이어지는 맥락에 따라 단어의 의미를 판단하는 능력을 키워왔다. 일종의 아날로그적 신호를 판단하는 능력이라고 할 수 있다.

물론 오늘날의 문해력은 단순한 어휘력을 넘어서, 글이 쓰인 의도나 맥락을 이해하는 것까지 포함한다. 그래서 이를 '문해능숙도' 혹은 '실질적 문해율'이라는 표현을 쓰고 있다. 이는 문자를 읽고 이해하는 일차적인 문해력에 말을 듣고 맥락을 이해하는 능력인 언해력을 포함하는 셈이다.

디지털 AI 인간에게 어휘력은 큰 문제가 아니다. 지금 모르더라도 향후 데이터가 입력되면 처리에 문제가 없기 때문이다. 하지만 말이라는 아날로그 신호는 상황에 따라 다르기 때문에 간단하지 않다. 단기간에 말귀를 알아듣는 능력인 언해력을 키우는 것이 이들에게 가장 큰 과제다.

6장

조급해진 사람들

무제한 콘텐츠와 유한한 시간

동물원 주위를 둘러싸고 있는 쇠창살은 보통 동물을 속박하는 용도로 쓰이지만, 반대로 특정 위험으로부터 보호하는 역할을 하기도 한다. 동물원 속 가젤들은 넓은 초원을 뛰어놀 수 있는 자유를 누리지는 못하지만, 맹수의 습격을 피하기 위해 뛰어다닐 필요도 없다.

현대인들은 과거에 비해 많은 자유를 누리지만, 기술과 제도의 한계로 인해 한계에 묶이는 경우도 많다.

대표적인 것이 시간과 공간의 제약이다. 과거 우리는 인기 예능프로그램이나 드라마를 시청하기 위해서 반드시 방송 시간에 맞춰 TV 앞에 있어야 했다.

21세기 초 인터넷이 대중화된 이후에도 기본적인 시간과 공간의 제약은 존재했다. PC나 노트북을 사용한 인터넷 접속이 일반적이었으므로 인터넷 세상으로의 자유는 '앉아 있는 시간'에만 해당됐다. 지금과 같이 길에서 걸어다니거나 화장실에 앉아 있을 때에도 가능한 완전한 접속의 자유는 이뤄지지 못했다.

물론, 피처폰을 사용하던 시절에도 모바일로 인터넷 접속은 가능했다. 하지만 이런 인터넷은 데스크탑으로 누리는 것과 질적으로 달랐다. 게다가 접속 행동에 제약을 준 것은 바로 '돈'이었다. 피처폰 시절 인터넷 접속 버튼은 공포스러운 것이었는데, 잘못 눌렀다가는 요금 폭탄으로 이어졌기 때문이다.

이와 같은 환경적 제약은 우리에게 접속의 자유를 일부 제한하기도 했지만, 반대로 우리에게 '접속을 안 해도 되는 여유'를 주는 최소한의 보호장치이기도 했다. 이 보호장치는 우리가 무한정 온라인 접속 상태에 있는 것을 막아줬다. 적어도 우리는 길을 걸을 때는 우리의 눈과 목을 쉬게 할 수 있었다.

하지만 스마트폰의 등장은 이 모든 제약을 상쇄시키기에 충분했다. 손안에 고성능 컴퓨터를 갖게 된 이들에게 더 이상 시간과 공간의 제약이 없어졌다. 우리는 이제 어디서나 원하는 시간에 원하는 콘텐츠를 시청하고, 궁금한 정보를 찾아볼 수 있게 되었다.

이제 우리는 무한한 온라인 세상을 누릴 수 있다. 유튜브의 숏츠, 인스타의 릴스, 틱톡의 영상들은 무한하게 이어진다. 넷플릭스를 포함한 OTT 업체들은 한 건의 콘텐츠에 가격을 부여하던 방식에서 벗어나, 월정액 요금제로 무제한 콘텐츠를 이용할 수 있게 해줬다. 무제한 모바일 요금제를 갖추고 있는 많은 이들에게 이와 같은 세상의 도래는 콘텐츠 천국으로의 초대와 다름없다.

하지만 이들에게 부족한 것이 한 가지 있다. 바로 시간이다. 볼 수 있는 것이 무한대지만, 그것을 즐길 수 있는 시간까지 늘어난 것은 아니다. 볼 수 있는 것도 많고 할 수 있는 것도 많지만 우리에게 주어진 물리적 시간은 여전히 24시간이다. 그래서 우리의 마음은 더 조급해져 간다. 무한하게 확장되는 콘텐츠와 유한한 시간의 차이는 갈수록 벌어지므로, 시간을 더 투입해야만 쫓아갈 수 있기 때문이다.

시간을 더 투입하는 방법은 시간의 밀도를 높이는 것이다. 같은 시간을 쓰더라도 더 높은 효율을 발휘해야 한다. 그래서 우리의 눈과 손은 바빠진다. 이나다 도요시의 저서 『영화를 빨리 감기로 보는 사람들』은 빨리 감기 형태로 OTT 속 영상 콘텐츠를 시청하는 일본의 Z세대에 대한 이야기를 담고 있다. 볼 작품은 너무 많은데 시간이 부족하다 보니 영상을 1.5배속으로 보고, 중요하지 않아 보이는 장면은 10초씩 건너뛰는 습관이 일본 Z세대에게 자연스러워졌다는 것이 이 책의 요지다.

그렇다면 우리나라의 2000년대생들도 일본의 Z세대와 같은 콘텐츠 시청 행태를 보일까? 여기서 앞서 진행한 「구독형 OTT 영상 콘텐츠 이용 행태 조사」를 살펴보자. 한글 자막을 켜고 영상을 시청하는 비율과 더불어 '영상을 빠른 배속으로 시청'하는지, '건너뛰기로 영상을 시청하는지'를 함께 물어보았다.

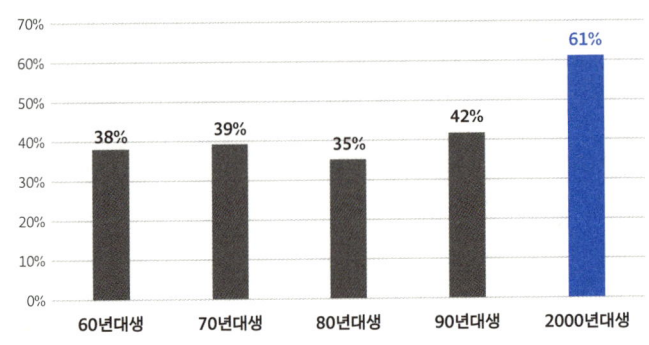

먼저 재생 속도를 높여서 빠르게 시청하는 비율은 젊은 세대로 갈수록 더 높게 나타났다. 전체적으로는 재생 배속을 높여서 보는 비율이 낮게 조사된 가운데, 2000년대 출생 세대만이 유일하게 60% 이상의 긍정 비율을 보였다.

건너뛰기 버튼을 사용하느냐는 질문에는 상대적으로 높은 긍정 비율이 나타났으며, 90년대생과 2000년대생의 경우 70% 수준에 육박하는 긍정 비율을 나타냈다. 영상을 빠른 배속으로 시청하는지와 건너뛰기로 영상을 시청하는지에 대한 위의 질문에 대해서는 일반적으로 젊은 세대일수록 더 높은 비율로 빠른 시청 습관을 보인다는 결론을 도출할 수 있다. 이는 지금과 같이 OTT 영상이 활성화되고 즐길 수 있는 콘텐츠의 수가 많아지면서 빠르게 더 많은 영상을 시청하고자 하는 트렌드가 반영된 것이겠다.

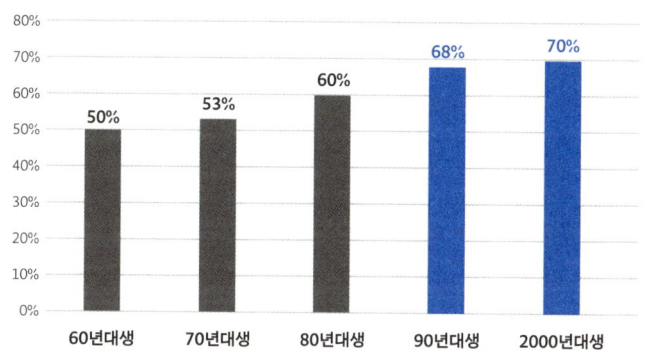

건너뛰기 버튼을 사용한다고 응답한 비율

하지만 책 『영화를 빨리 감기로 보는 사람들』에서는 시간을 줄이고 영상을 빨리 보고 싶어 하는 이들이 결말까지 빨리 알고 싶어 한다고 분석한다. 스포일러 영상이나 리뷰 사이트 등을 접하는 비율도 늘고 있다고 했다. 나는 이 결론에 대해서는 조금 의아했다. 왜냐하면 아무리 시간이 없다 하더라도 영화나 드라마에 대한 결말까지 미리 알고 싶어 할 거라는 생각은 해보지 못했기 때문이다.

그래서 나는 위 조사에서, 국내 관객들도 과연 스포일러 영상까지 즐겨서 보는지 물어보았다.

결과는 일본과 달랐다. 우리나라의 모든 세대는 출생 세대와 관계없이 결말이 포함된 스포일러 영상까지는 찾아보지 않았다.

결론적으로, 우리나라 사람들도 영상 시청을 밀도 있게 하려는 경향은 강하지만, 결말까지 미리 알고 싶어 하는 인스턴트식 소비가 일어나고 있지는 않았다.

물론 여러 영화들의 스토리를 짤막하게 요약해서 보여주는 '패스트 무비'가 인기를 끌고 있는 것은 사실이다. 하지만 패스트 무비를 즐겨보는 이들은 영화 요약본을 보는 행위와 스포일러를 보는 것은 별개라고 말한다. 다수의 영화 리뷰 유튜브 채널을 구독하고 있다고 밝힌 2004년생 김동진 씨는 다음과 같이 말했다.

> 꼭 보고 싶었던 작품이나 유행하는 인기 드라마 같은 경우는 결말을 직접 즐기고 싶기 때문에 일부러 리뷰를 찾아보지 않아요. 하지만 모든 영화와 드라마를 다 볼 여유는 없기 때문에 웬만한 작품은 짧게 요약한 영상으로 보고 있어요. 이런 영상을 보다가 흥미가 생기는 작품을 발견하면 직접 챙겨 보죠.

즉 패스트 무비의 인기는 수많은 작품 속에서 자신이 볼 만한 작품을 찾아내는 탐색 과정의 일환인 셈이다. 이는 사람들의 새로운 고민과 관련이 있다. 바로 볼 게 너무 많다는 것이다. 너무 많은 콘텐츠 중 도대체 어떤 것을 봐야 할지 결단을 내리지 못하는 이런 경향을 넷플릭스 증후군Netflix Syndrome이라고 부른다. 실제 콘텐츠를 보는 시간보다 무엇을 볼지 선택하는 데 더 많은 시간을 소비하는 현상이다.

한정된 시간을 소요해 콘텐츠를 밀도 있게 소비해야 하는 상

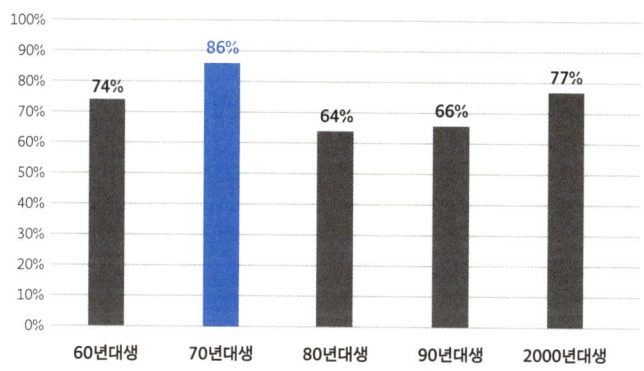

스포일러 영상을 보지 않는다고 응답한 비율

황에서 어떤 영화나 드라마를 선택할지 고민하는 시간이 길어지다 보니, 탐색하는 시간이 정작 콘텐츠를 보는 시간보다 늘어나고 있다. 또한 선택 부담 때문에 콘텐츠 시청을 주저하게 되는 부작용까지 나타나고 있다.

하지만 언론과 미디어에 등장하는 대세 콘텐츠는 빠르게 바뀐다. 이를테면 모든 커뮤니티에서 불과 얼마 전까지만 해도 〈더 글로리〉에서 주인공이 어떻게 복수할지 궁금해했다가, 오늘은 〈마스크걸〉 등장인물의 변태적인 행동에 주목하는 식이다.

누군가는 작품 그 자체보다 요즘 이슈가 되는 콘텐츠가 무엇인지에 더 관심이 있을 것이다. 그래서 오늘도 사람들은 끊임없이 넷플릭스를 탐색하고, 어떤 영상에 사람들이 열광하는지 또 확인하며 시간을 보낸다.

세상 모두와 나를 비교하게 됐을 때

2005년 인터넷 커뮤니티와 버디버디 같은 메신저에 갑자기 등장한 정체불명의 단어가 하나 있었다. 바로 '엄친아'다. '엄마 친구 아들'의 약자인 이 단어는 흔히 공부도 잘하고, 운동도 잘하고, 얼굴도 잘생긴 존재로, 비교를 통해 나를 불쾌하게 만드는 우월한 존재를 뜻한다. 2005년 12월 네이버 웹툰 〈골방환상곡〉에서 작가 워니가 엄친아를 소재로 사용하면서 이 단어는 널리 퍼지기 시작했다. 엄친아는 수많은 한국의 자식들이 어머니에게 야단을 맞으면서 유난히 자주 인용된 존재였기에 많은 이들의 공감을 받았다.

이렇게 내 주변에 존재할 것 같았던 엄친아는 본격적으로 언론에 인용되면서 공부를 잘하거나 운동 신경이 뛰어나다는 능력보다는 집안 환경에 더 방점이 찍히기 시작했다. 가령 "알고 보니 재벌 3세 엄친아" 같은 표현은 당시 기사 제목에서 쉽게 찾아볼 수 있었다.

2010년대 들어서 엄친아는 또 다른 용어로 급격하게 대체되었다. 바로 '금수저'다. 금수저라는 유행어는 "은수저를 물고 태어나다(born with a silver spoon in his mouth)"라는 서양의 영문 관용구가 기원이다. 2010년대 '수저 계급론'이 유행하면서, 부유한 부모 덕분에 금전적인 걱정을 할 필요가 없는 자녀들을 일컫는 용어가 되었다.

2000년대에 유행하던 엄친아나 2010년대에 유행했던 금수저는 비교를 통해 부러움의 대상이 된다는 공통점이 있다. 하지만 그 비교 범위에서 차이가 있다. 엄친아는 본래 어원인 엄마 친구 아들과 같이 나와 내 주변의 지인으로 한정되었지만, 금수저의 경우는 그 비교 범위가 내 주변을 넘어 무한대로 확대된다.

　당시 유행했던 SNS에서도 이런 차이를 확인할 수 있다. 2000년대 중반부터 유행한 싸이월드는 대한민국의 인터넷 문화를 이끌었다. 2000년대 후반까지 4,000만 명이 넘는 이용자를 자랑하는 SNS로 자리 잡았던 싸이월드는 '미니미', '도토리', '일촌평'으로 대표되는 문화를 유행시켰다. 2000년대를 상징하는 이 서비스는 당시 유명인들과 정치인들까지 유입시키기도 했다.

　싸이월드는 포털 사이트와 같이 여러 기능을 갖추고 있었지만, 그 핵심은 인맥 구축 기능에 특화된 서비스인 '미니홈피'였다. 미니홈피를 통해서 사람들이 볼 수 있는 범위에는 한계가 있었다. 일반적으로는 나를 중심으로 주변 친구들과 일촌을 맺기 시작하고, 일명 '파도타기'를 통해서 내 일촌의 일촌으로 확장하는 방식이었기 때문이다. 물론 모르는 사람과도 일촌을 맺을 수는 있었지만, 대부분 오프라인에서 서로 알고 지내는 사람이 서로의 싸이월드 주소를 교환하면서 일촌을 맺는 경우가 대부분이었다. 즉, 이미 알고 있는 사람들의 오프라인 관계가 온라인으로 옮겨간 것이라고 봐야 한다. 싸이월드는 얼핏 보면 개방형 SNS로 보이지만, 실제로는 폐쇄적이었다.

그렇기 때문에 비교의 범위는 지금보다 훨씬 좁았다. 미니미는 나의 온라인 버전이었지만 실제 모습을 옮겨 놓은 것도 아니었고, 도토리를 충전해 미니홈피를 화려하게 꾸몄다고 해도 그것을 부의 상징처럼 여기지도 않았다. 미니홈피에 사람들이 활발하게 드나들면 그뿐, 타인에게서 받는 부러움이 오프라인까지 옮겨오지는 않았다.

인스타그램으로 대표되는 오늘날의 SNS는 다르다. 물론 인스타그램 안에서도 자신의 사진과 동영상 콘텐츠를 팔로워에게만 공개하는 '비공개 계정' 설정이 가능하지만, 기본 설정은 공개 계정이다. 팔로우와 팔로워 수는 무한대로 확장할 수 있으며, 대부분의 사람들은 자신의 오프라인 지인이 아니더라도 누군가를 팔로우한다. 뿐만 아니라 내가 팔로우하고 있지 않더라도 탐색 창 혹은 알고리즘을 통해 무수히 많은 콘텐츠를 볼 수 있다. 싸이월드와는 다른 개방형 SNS로 볼 수 있는 이유다.

더 많은 정보와 사람들이 노출된다는 것은 나와 비교할 수 있는 범위가 확대되었다는 의미다. 말 그대로 정보의 바다에 놓이면서 비교의 바다에도 놓인 셈이다. 끝없이 펼쳐지는 인스타그램 세상에는 수많은 금수저와 행복해 보이는 사람들, 맛보지 못한 온갖 음식, 현실에서 본 적도 없는 미남과 미녀들이 있다. 그 콘텐츠에 빠져 허우적대다가 화면에서 눈을 돌리면 보이는 것은 상대적으로 비루한 현실뿐이다.

커리어 마켓에서 경력자들의 이동도 이러한 변화와 관련이 있다. 일반적으로 노동시장에서 회사는 노동력의 구매자고, 노동자는 공급자다. 이 생각은 현실에서 벗어나 있지 않다. 회사는 노동력을 구매한 대가로 임금과 복리후생을 제공하기 때문이다. 그래서 회사는 노동력을 제공하는 인력의 품질을 평가하고 그에 맞춰서 값을 지불하고 그 인재를 확보한다.

지금은 이 구조를 거꾸로 생각할 수 있다. 그러니까 이제 회사는 직원들이 구매하는 '경력 설계 상품'이 될 수 있는 것이다. 노동시장에서 노동자들도 여러 회사들을 놓고 어떤 상품이 나에게 가장 높은 임금과 좋은 복지를 제공하고, 나아가 경력 설계에 도움이 될지를 판단하여 회사를 선택한다. 물론 노동자의 선택 이전에 회사가 노동자를 선택하는 단계가 먼저 이루어지기는 하지만, 최종적인 단계에서 계약의 성사는 회사가 아닌 노동자가 한다. 최종적으로 합격을 통보받았을 때 노동자가 이를 거절한다면 아무 문제가 없지만, 최종 합격을 통지한 후에 회사가 의사를 번복한다면 문제가 되기 마련이다.

노동시장에서의 근본적인 변화는 과거에 비해서 노동자의 선택 범위가 확대되었다는 것이다. 10여 년 전에 노동자의 이직 탐색은 보통 동종 기업군에 한정된 경우가 많았다. 예를 들어 SK하이닉스에 근무하는 직원에게 통상적인 이직은 동종 업계인 삼성전자 반도체 부문에 한정되어 있었다. 하지만 지금은 동종 업계를 넘어서고 있다. 직무와 업무 범위만 맞다면 동종 업계가 아니어도 이직을 시도하고 성사되는 경우도 많다. 가령 SK하이닉스에 근무하는 개발자들은 네카라쿠배(네이버, 카카오, 라인, 쿠팡, 배달의민족)를 포함해 똑같은 직무가 포함된 모든 곳으로 이직을 고려할 수 있다.

시장의 원칙에 따라 공급이 그대로인데 수요가 확대된다면 가치가 상승한다. 이것은 노동자들이 자신의 가치를 비약적으로 상승시킬 수 있게 만들었다. 동시에 회사 입장에서는 노동력을 상실할 위험이 더 높아졌다.

특히 개발자 구인난이 계속되는 IT분야에서 기업의 고민이 늘어나고 있다. 이를 쉽게 이직하고 빠르게 퇴사하는 젊은 세대의 가치관 때문이라고 해석하는 것은 충분하지 못하다. 변화의 핵심은 비교 범위의 무제한 확대에 있기 때문이다.

셀럽과 나의 경계가 허물어질 때

저는 왜 오킹처럼 적극적이지 못할까요?

지역 시민을 대상으로 한 어느 강연 자리에서였다. 강연이 끝나고 간단하게 질문을 받는데 20대 초반으로 보이는 한 청년이 자신의 고민들을 털어놨다. 그 청년이 가진 고민의 핵심은 평소 자신이 '인싸'처럼 행동하고 싶은데, 원래부터 내성적이었던 탓에 적극적인 행동이 말처럼 쉽게 나오지 않는다는 것이었다. 여기까지는 새로운 것이 없는 질문이었다.

신기했던 것은 그가 말미에 자신이 왜 오킹처럼 적극적이지 못한지 자책했다는 것이다. 오킹은 트위치(90만), 유튜브(210만) 등에서 수많은 팔로워를 지닌 1993년생 인터넷 방송인이다. 시청자가 후원을 하면 현란한 무릎 춤을 출 정도로 친화력과 개그감이 좋고 재기발랄하다. 그는 소위 말하는 '인싸'의 전형이자 젊은 세대가 열광하는 인플루언서다.

그렇다면 질문을 한 청년은 왜 자신을 인터넷 방송계의 유명인과 비교했던 것일까? 그가 한 고민은 나와 주변 친구들이 청년 시절에 숱하게 했던 고민과 같았다. 하지만 나를 포함해 내 주변 누구도 유명인과 자신을 비교하지는 않았다. 가령 나는 쾌활한 성격이 되고 싶어 수많은 고민을 했지만, '나는 왜 노홍철처럼 긍정왕이 될 수 없을까?'라고 비교한 적은 없었다.

20세기 후반 경영학자 토머스 대븐포트Thomas H. Davenport와 사회학자 찰스 더버Charles Derber 등은 관심 경제Attention economy를 연구하며 '관심'이 기업의 생존이나 수익 창출, 나아가 사회생활 전반에서 핵심적인 변수가 되었다고 주장하기 시작했다. 21세기가 시작되며 관심이라는 자원은 사업가를 넘어 전 세계인에게 가장 중요한 가치로 떠올랐다.

이 관심 경제는 노벨 경제학상을 수상한 인지심리학자 허버트 사이먼Herbert A. Simon이 발표한 '정보 풍요'라는 개념에서 착상한 것이다. 허버트 사이먼은 "정보의 풍요는 관심의 빈곤을 야기한다"라고 했는데, 이 말은 전 세계적으로 SNS와 스마트폰을 통한 디지털 트렌스포메이션이 이뤄지면서 더 널리 알려지게 됐다.

사람들은 풍부한 디지털 정보를 언제 어디서든 손쉽게 얻을 수 있게 되었지만 그만큼 개개인의 주의력은 궁핍해졌고, 그 낮은 주의력을 얻어가기 위한 경쟁은 날이 갈수록 치열해지고 있다. 지금 사람들의 관심은 세상을 움직이는 가장 강력한 힘인 동시에 가장 희소한 자원이다. 오늘도 글로벌 플랫폼 기업은 사람들의 눈길이 끊기지 않도록 가장 자극적이고 간편한 방식을 찾아내고 있다.

이렇게 한정된 관심을 두고 경쟁하는 것은 플랫폼 기업뿐만이 아니다. 이제는 그 경쟁 시장에 개인들까지 뛰어든 상태다. 물론 이 방식은 구글과 메타, 틱톡과 같은 거대 플랫폼 기업들이 자신들의 수익을 극대화하기 위해 만들어낸 새로운 협업 비즈니스 모델 덕분이다. 기업은 플랫폼을 통해 거둬들인 돈을 콘텐츠 저작권자에게 나누어 주는 나름의 지속 가능한 모델을 만들었다. 2000년대 초 순수한 취미나 재미 차원에서 UCC를 만들어내던 개인들은 자신의 독특한 말투나 행동, 취미나 취향이 사람들이 시간을 들여서 볼만한 관람 가치perceived watching value를 가지고 있을 때 수익을 만들어낼 수 있다는 것을 깨닫게 됐다.

과거에도 연예인과 같은 유명인이 되면 지금처럼 많은 수익을 낼 수 있었다. 하지만 그때는 유명인과 일반인 사이에 높은 벽이 있는 것처럼 느껴졌다. 이 벽을 넘기 위해서는 방송사에서 진행하는 공채 탤런트나 코미디언 시험에 합격하거나, 길거리 캐스팅이라도 통과해야 했다. 한정된 방식만이 존재했던 것이다. 상황이 이러니 일반인과 유명인의 거리는 멀게만 느껴졌다.

하지만 유튜브나 아프리카TV, 트위치 같은 플랫폼을 통해 이제 누구든 인터넷 방송을 진행하거나 출연할 수 있게 됐다. 관람 가치만 가지고 있다면 이제 어느 누구라도 유명인이 될 수 있는 것이다. 그러다 보니 사람들은 TV에 등장하는 유명인들도 우리와 동떨어진 세상에 살고 있는 게 아니라고 느끼게 됐다. TV 속 유명인과 일반인인 나의 거리는 그 어느 때보다 가까워졌다.

특히 2000년대생에게 유튜브는 그 파급력이 상당하다. 그들이 태어나고 자아가 생성되기 시작한 시점부터 삶에 밀접하게 맞닿은 유튜브는 유명인과 일반인의 간격을 좁혔다. 기성세대들은 흔히 유튜브를 뉴 미디어로 분류하며 기존의 TV와 라디오 같은 올드 미디어와 구분하는 습성을 가지고 있지만, 2000년대생들 입장에서 그러한 구분은 무의미하다. 그들에게 유튜브는 단지 새로운 미디어가 아니라, 압도적이고 자연스러운 주류 미디어인 것이다.

누구나 채널과 영상을 만들 수 있는 미디어가 이제 압도적인 매체가 되었다. 누구나 유명해질 수 있다는 이야기다. 팝 아티스트 앤디 워홀은 이런 말을 했다고 전해진다. "미래에는 모두가 15분 동안 유명해질 것이다." 하지만 이 문장은 지금의 상황에 맞게 다음과 같이 바꿀 필요가 있어 보인다. "누구든 15분 안에 유명해질 수 있다."

하지만 누구나 유명인이 될 수 있는 현실이 오히려 우리의 발목을 잡는 결과를 낳기도 한다. 찰스 더버는 대중문화와 소비자본주의가 과도한 욕망을 갖게 했다고 분석했다. 유명인과 일반인 사이의 간극이 줄어들면서 사람들의 관심을 차지하기 위한 과도한 욕망은 집착을 낳는다. 나보다 나을 것 없는 그 누군가가 어느 순간 깜짝 스타가 되어 유명세와 부를 함께 쥐는 것을 지켜보면, 사람들은 그들처럼 되는 소망 이외에 다른 삶을 생각하지도 못하는 지경에 이르는 것이다.

이렇게 일반인과 유명인의 경계가 종이 한 장처럼 엷어진 세상에서 비교는 더 심해진다. 이제 비교 대상은 내 주위의 누군가가 아니라, SNS에서 터치 한두 번이면 발견할 수 있는 셀럽이다. 셀럽이 될 생각이 전혀 없는 일반인이라도 SNS를 보다 보면 그들의 어제가 오늘의 나와 다를 게 없다는 걸 알게 되면서 점점 작아지고 무언가를 증명해야 할 것 같은 초조함을 느낀다. 이것이 오늘날 사람들이 느끼는 새로운 고민이다. 그러니 유튜브와 SNS가 압도하는 환경에서 성장기를 보낸 2000년대생에게 오킹처럼 적극적이고 싶다는 고민은 너무나 자연스러운 것이다.

모두가 가지고 있는 프로필

여기까지만 보면 알렉스 퍼거슨 감독의 말대로 "SNS는 인생의 낭비"라고 말할 수 있겠다. 하지만 인스타그램과 같은 SNS를 사용하지 않는다고 할지라도 현대의 '무한 비교 지옥'에서 자유로울 수 없다. 왜냐하면 우리 모두는 그와 비슷한 역할을 하는 다른 서비스를 이용하고 있기 때문이다. 바로 카카오톡이다.

2010년 아이폰이 본격적으로 도입되면서 국내 통신 3사는 자사 와이파이존을 확충하고 타 통신사들에게 개방하기까지 했다. 인터넷 요금제 또한 피처폰 시절처럼 공포의 요금제가 아니라 다양하고 합리적으로 변경되었다. 2010년에는 급기야 무선 인터넷 무제한 요금제가 출시됐다. 이에 휴대폰 사용의 양대 축이었던 SMS(문자) 서비스는 빠르게 카카오톡으로 대체됐다.

카카오톡과 SMS는 제공하는 서비스가 메시지 전송이라는 점에서 본질적으로 차이가 없다. 하지만 SMS에는 없는 중요한 기능이 있었으니, 바로 '프로필 설정'이다. 카카오톡을 사용하는 사람들은 자신을 증명할 수 있는 프로필 사진을 올리고, 상태 메시지를 작성한다.

물론 프로필 사진이나 상태 메시지를 설정하지 않을 수 있다. 싸이월드 시절에도 미니홈피를 꾸미지 않고 기본 설성대로 방치하는 사람들이 있었듯, 카카오톡도 원형의 기본 프로필 이미지를 사용하는 사람들이 있다. 하지만 내가 프로필 설정을 하지 않더라도, 다른 사람들의 프로필은 어쩔 수 없이 내게 노출된다. 카카오톡의 친구 목록은 이제 인스타그램의 피드처럼, 상대방과 자기를 자연스럽게 비교하게 만든다.

『프로필 사회』에서 저자 한스 게오르크 뮐러Hans-Georg Moeller와 폴 J. 담브로시오Paul J. D'Ambrosio는 우리 삶에 어느덧 자연스럽게 일상화된 '프로필 정체성'을 이야기한다. 특정한 기술, 특히 SNS를 매개로 자기를 홍보하거나 타인에게 인정받거나 평판을 관리할 때 프로필로 자기를 표현한다. 그들은 이러한 프로필성profilicity이 현대사회를 지배하는 정체성이 되었다고 설명한다.

우리의 일상을 되돌아보면 프로필성이라는 이 특수한 정체성 기술이 오늘날 삶에 거의 필수적이 되었음을 알 수 있다. 꼭 인스타그램 같은 SNS를 하지 않는 사람이라도 프로필 정체성에서 자유롭지 못하다. 이를테면 카카오톡 프로필 사진이 공란으로 남아 있는 사람은 이별을 해서 쓸쓸하거나, 속세를 떠나고 싶은 사람으로 취급받기 십상이다.

프로필 사진에 연연하지 않는다면서 일부러 공란으로 둔다면, 오히려 그 행위를 통해 자신을 증명하고 싶은 아이러니에 빠진 사람으로 보일 수 있다. 심지어 SNS와 같은 서비스로 프로필 정체성을 만들지 않고 카카오톡조차 사용하지 않는다고 한다면, 그조차 하나의 프로필을 구축하게 되는 것이다.

여기서 개인이 자의적으로 꾸민 프로필은 진실이 아니라고 비판할 수도 있겠다. 하지만 누군가 제시한 프로필의 내용이 진짜

인지 아닌지는 중요한 게 아니다. 누군가 올려놓은 프로필이 완전히 진실에 부합할 것이라고 생각하는 사람은 거의 없을 것이다. 중요한 것은 자신이 의도하는 것과 남들에게 보이는 것의 일치다. 이 같은 일종의 공모관계 위에서 프로필 정체성은 구성되고 소비된다.

하지만 여기서 문제가 발생한다. 실제 개인과 프로필의 우선순위가 뒤바뀌는 것이다. 개인을 진실하게 그리는 프로필이 요구되는 게 아니라, 프로필에서 보이는 것처럼 존재하고 처신하는 개인이 되어야 하는 상황을 맞이하는 것이다.

프로필성이란 정체성의 진실 여부에 대한 도덕적 판단이 아니라, 정체성이 형성되고 표현되는 방식과 효과에 관한 개념이다. 그래서 우리는 진짜의 프로필이 아니라 무엇인가를 진짜로 구성해서 표현하고 행위하는 '프로필 큐레이션'이 필요하게 된다. 이때 한 인간의 정체성이란 이미 존재하는 본질이 밖으로 표현되는 것이 아니라, 프로필 큐레이션에 따라 연출되어야 하는 것이 된다.

하지만 생각해보면 이와 같은 프로필 연출은 복잡하고 피곤할 뿐 아니라, 온전히 자기 자신으로 살아갈 수 있었던 자유를 빼앗는다. 자신을 '무한 비교 시장'에 던져 놓는 행위다. 프로필의 세상에 들어오는 순간 온전하게 자기 자신으로 살 수 있는 자유는 없다. 또한 굳이 보고 싶지 않았던 타인의 삶을 보지 않을 자유도 없다. 심지어 여기에는 비용도 든다. 오늘날 가장 가치가 높아진

시간과 주의력을 쓰게 되기 때문이다.

　마이클 샌델은 『공정하다는 착각』의 결론부에서 "부유한 사람과 가난한 사람은 종일 서로 마주칠 일이 없다"라고 말했다. 이들은 각기 다른 생활 방식을 가지고 서로 다른 장소에서 일하고 즐기며 살아가므로 마주치지 않는다는 것이다. 하지만 이러한 평가가 지금의 상황을 모두 담아냈다고 말할 수는 없다. 부유한 사람과 가난한 사람이 오프라인에서 마주할 일은 없지만, 온라인에서는 매일 마주할 수 있기 때문이다.

　우리는 인플루언서라는 새로운 존재를 통해 과거에는 알지 못했던 금수저의 삶을 속속들이 알게 됐다. 심지어 그를 팔로우하지 않더라도 검색어나 알고리즘의 추천을 통해 그들의 삶을 들여다볼 수 있게 됐다. 혹자는 온라인의 경험은 결코 오프라인의 경험을 대체할 수 없고 이는 거짓된 경험이라고 평가절하한다. 하지만 모두 기성세대의 갇힌 시각에서 비롯된 판단이다. 뉴 미디어가 떠오르면서 온라인 문화가 빠르게 올드 미디어에 옮겨가는 것은 이미 오래전부터 있었던 일이다.

　오늘도 수많은 인플루언서들은 고급 아파트를 배경으로 명품을 슬며시 배치하고 인스타그램에 게시물을 올린다. 『구독, 좋아요, 알람설정까지』의 저자 정연욱은 자신이 부자임을 알리면서 인정 욕구를 쟁취하는 부류를 물질파라는 이름으로 분류하기도 한다. 이처럼 부유하고 행복한 모습을 거침없이 드러내는 온라인 속 동년배의 일상은 가끔 나를 채찍질하는 자극제가 되기도 하지만 그들에 비해 보잘것없는 자신의 속살을 들춰내는 역효과를 내기도 한다.

3부
2000년대생의 세대적 특징 3가지

7장
첫 번째 특징: 초합리

뛰어나거나 혹은 지나치거나

앞서 우리는 2000년대생이 아니라 그들이 사회로 진출하기 시작한 현재 한국 사회의 변화와 그 시대적 특징에 대해서 살펴봤다. 시대와 세대는 서로에게 유기적으로 영향을 미치지만, 시대의 변화가 먼저 시작되고 그 안에 사는 사람들이 영향을 받는다. 사람은 환경의 지배를 받기 때문이다. 하지만 동시대를 사는 사람들 사이에도 시차가 존재하므로 세대별로 구분되는 각자의 특징을 가지게 된다.

2000년대생도 마찬가지다. 그들은 선진국의 반열에 들어선 21세기 대한민국에서 태어나 수준 높은 환경 속에서 살며 가장 많은 교육을 받고 최고의 학력을 쌓았다.

뿐만 아니다. 90년대생이 성인기를 맞이해서야 스마트폰을 사용했던 반면, 이들 대부분은 영유아기부터 스마트폰을 비롯한 디지털 문물을 경험했다. 그에 대한 적응과 활용에서 어느 세대보다 뛰어난 면모를 보인다. 또한 디지털의 특성에 맞춘 규칙의 세상에 익숙하며, 노력에 상응하지 않은 부당한 보상에 반발하는 등 권리 의식이 뛰어나다. 이들은 지금의 변화에 기존 세대보다 훨씬 빠르게 적응한다.

무언가가 뛰어나다는 것은 보통 우월하다는 의미다. 하지만 정도에 따라 뛰어남은 곧 지나침으로 바뀌기도 한다. 우리가 앞선 장에서 살펴본 막무가내형 인간과 사이보그형 인간 또한 아날로그 혹은 디지털적 특성이 지나쳐서 나타난 부작용이다.

2000년대생은 뛰어나거나 지나치다. 이들은 누군가에 비해 뛰어난 면모를 보일 수 있지만, 자칫 지나친 행태를 보일 수 있다. 지금부터는 이 세대적 특성을 세 가지로 나누고 그 양면성을 알아보고자 한다.

세상을 철저히 구분해서 보는 사람들

합리合理는 사전적으로 이론이나 이치에 합당함을 뜻한다. 일반적으로 편견이나 감정에 치우치지 않고 이성적으로 올바른 선택을 할 때 우리는 합리적이라고 말한다. 철학에서는 논리적 원리나 법칙에 잘 부합하는 상태를 의미한다. 이것이 경제학에서는 인간의 선택과 연결된다. 경제학적으로 합리적인 행동은 정보를 모으고 분석해 자신의 효용을 극대화하는 선택을 의미한다.

그런 의미에서 2000년대생은 지극히 합리적이다. 이들이 살아가는 디지털 세상은 수많은 정보를 제공하고, 보다 합리적인 선택을 가능하게 한다. 이들은 태어났을 때부터 바로 검색을 통해 정보를 얻을 수 있는 환경에 놓여 있었다. 그러다 보니 단순한 주장보다는 팩트를 따지고, 전통이나 명분에 집착하기보다는 실리를 택하며, 손해를 보는 일은 피하려는 태도가 익숙해졌다. 합리적인 인간에게 호인이 되지 못할지언정 호구가 되는 것은 참을 수 없는 일이다.

이러한 관점에서 보면 합리적 선택이란 그리 특별할 것도 없어 보인다. 하지만 합리를 넘어 '초합리'에 이르면 이야기가 달라진다. 다음의 사례를 보자.

2019년 7월 일본 총리인 아베 신조가 반도체를 중심으로 한 대한민국 주력 상품에 대해 수출 통제 조치를 취했다. 이에 대한 대응으로서 한국에서는 일본 상품에 대한 강력한 불매 운동, 즉 노 재팬(No Japan) 운동이 일어났다. 그로부터 몇 년 후인 2022년 일본 극장용 애니메이션인 〈스즈메의 문단속〉과 〈더 퍼스트 슬램덩크〉가 국내 박스오피스를 석권하고, 아사히 슈퍼드라이와 같은 일본 제품이 젊은 세대를 중심으로 인기를 끌었다. 언론에서는 한국의 20대들을 '예스 재팬(Yes Japan) 세대'라고 이름 붙이고 비판적인 기사를 싣기 시작했다.

하지만 실제로 〈슬램덩크〉를 반복 관람하고 최근 아사이 생맥주를 구매한 경험이 있는 2001년생 김주한 씨는 자신들을 '예스 재팬 세대'로 부르는 것이 황당했다고 했다.

> 일본이라는 나라가 좋아서 슬램덩크를 본 게 아니죠. 그냥 재밌으니까 봤어요. 아사히 생맥주도 거품이 솟아오르는 게 신기하니까 구해본 거지, 일본 맥주 광팬이어서 산 게 아니에요.

같은 경험이 있는 2002년생 이나래 씨도 자신들이 일부 콘텐츠를 소비하는 것과 역사 문제는 별개라고 지적했다.

실제로 2023년 3월 한국갤럽에서 진행한 「일제 강제동원 피해 제3자 변제 방안, 한일 관계 방향, 일본 정부의 과거사 인식」 조사에서 18~29세 응답자 중 '제3자 변제방안'에 반대하는 응답자는 59%로 나타났다. 74%는 일본 가해 기업의 미래 세대 대상 기부는 배상이 아니라고 응답했고, 74%는 일본의 태도 변화가 없으면 한일관계 개선을 서두를 필요가 없다고 응답했으며, 88%는 일본 정부가 과거사에 대해 반성하고 있지 않다고 응답했다. 동아시아연구원이 2020년 펴낸 「한일관계 세대분석: 청년세대(MZ세대)가 보는 한일관계」 보고서에서도 한·일 양 국민이 상대국의 국민과 지도층을 분리해 인식하고 있으며 이런 현상은 젊은 세대에서 가장 강하게 나타난다고 분석했다.[34]

2000년대생으로 대표되는 지금의 젊은 세대는 무조건적 반일이나 무조건적 친일에 동의하지 않는다. 문화와 역사를 분리해 균형적이고 합리적으로 판단하려는 경향이 있다. 가령 〈스즈메의 문단속〉의 경우 일본인 감독 신카이 마코토가 일본을 무대로 만들었지만, 왜곡된 역사관을 피력하거나 혐한을 일삼는 작품과는 거리가 멀었으므로 감독의 국적은 아무 문제가 되지 않는다고 판단하는 것이다.[35]

욕쟁이 할머니 음식점이 드물어진 이유

눈 내리는 어느 날 밤, 시장 국밥집 창 너머로 주인 할머니가 보인다. 한 중년 남자가 국밥집에 들어오자 국을 끓이던 할머니는 대뜸 반말로 인사를 건넨다. "어? 오밤중에 웬일이여? 배고파?" 그리고 국밥이 든 뚝배기를 들고 들어오며 격한 말을 계속 내뱉는다 "맨날 쓰잘데기 없이 쌈박질이나 하고 지랄이여. 에휴, 우린 먹고 살기도 힘들어 죽겠어! (중략) 밥 더 줘? 더 먹어 이눔아!"

이는 2007년 제17대 대통령 선거 당시 기호 2번 한나라당 이명박 후보의 대선 TV 광고 캠페인이다. 이 욕쟁이 할머니 국밥집 콘셉트를 활용한 대선 TV 광고는 지금까지도 가장 성공적인 대선 광고로 뽑히고 있다. 하지만 이 욕쟁이 할머니라는 존재가 이제 좀처럼 찾아보기 힘들어지고 있다.*

과거에는 지역 곳곳의 오래된 음식점에서 구수한 욕을 내뱉는 할머니들이 제법 있었다. 욕쟁이 할머니 음식점은 TV 시트콤 〈순풍산부인과〉, 영화 〈올드미스 다이어리〉, 광고 캠페인에도 활용이 될 만큼 미디어에서 단골로 등장하는 소재였다.

합리적으로 생각해보면 욕쟁이 할머니 음식점이란 이상하기 그지없다. 돈을 지불하고 제공받는 상품이나 서비스에 대체로 욕설은 포함되지 않기 때문이다. 물론 외국에도 욕을 하거나 과격한 언사를 하는 음식점은 있다. 미국 시카고의 유명 핫도그 전문점 위너서클Wiener's Circle이 대표적이다. 시카고의 명소로 꼽히는 위너서클은 핫도그의 맛뿐만 아니라, 예의 없는 직원들로 유명하다.

이곳의 직원들은 손님들에게 소리를 지르고, 욕설을 하고, 다른 사람 앞에서 깎아내린다. 하지만 이것은 한국의 욕쟁이 할머니와 좀 다르다. 이곳에서는 점원뿐만 아니라 손님도 똑같이 직원에게 욕을 할 수 있기 때문이다. 이 식당에는 손님과 직원이 욕을 주고받는 진풍경을 보기 위해 손님이 모여들곤 한다.

그럼 받은 욕을 그대로 돌려주지도 못하는 욕쟁이 할머니 식당을 우리나라 사람들이 찾았던 이유는 무엇이었을까?

* 한 가지 생각해봐야 할 점은 '욕쟁이 할아버지 맛집'이나 '욕쟁이 이모 맛집' 같은 곳은 존재하지 않고 오로지 '욕쟁이 할머니 맛집'만 존재한다는 것이다. 욕쟁이라는 수식어가 한국인들에게 유일하게 부정적인 의미로 받아들이지 않는 대상은 할머니뿐이라는 말이 있다.

고려대학교 심리학과 허태균 교수는 tvN 〈어쩌다 어른〉에 출연하여, 한국인들이 욕쟁이 할머니에게 욕을 먹어도 기분이 나쁘지 않은 이유를 '심정중심주의'라는 개념으로 설명했다. 상대방의 마음은 볼 수 없는 것이기 때문에 우리의 판단은 상대의 행동에 근거해야 할 텐데, 우리나라 사회는 행동보다 마음을, 그러니까 진심을 확인하려 한다는 것이다. 이러한 맥락에서 봤을 때 한국 사람들이 음식점에서 할머니에게 욕을 먹어도 괜찮은 이유는 그 안에 담긴 할머니의 진심을 알고 있기 때문일 것이다.

이를 한국인의 복합유연성과 연결하는 분석도 있다. 복합유연성은 어떤 극단적인 가치를 양극에 두지 않으려는 태도다. 이에 따르면 한국인은 서로 상극인 가치를 둘 다 포기하지 않으려 한다. '집밥'이 좋은 사례다. 집밥의 경우 집에서 직접 요리를 해야 하기 때문에 번거롭지만, 가족이 밥을 해준다는 점에서 정이 가득하다. 반대로 외식의 경우는 번거롭지도 않고 간편하지만, 정을 느끼기가 힘들다. 둘은 양극단의 가치를 지니고 있는 것이다. 하나를 얻기 위해서는 하나를 포기해야 한다. 하지만 한국인은 양쪽의 장점을 포기하고 싶지 않다. 그래서 사람들은 욕쟁이 할머니 음식점에서 외식이 주는 편안함을 누리는 동시에 할머니에게 욕을 먹으며 시골 할머니 집에서 느낄 수 있는 집밥의 위안을 얻는다.

하지만 적어도 2000년대생들에게 더 이상 이러한 심정중심주의나 복합유연성을 기대하기는 힘들다. 2000년대생들에게는 집밥과 외식에 기대하는 바가 분명하다. 그들에게 집밥은 단순한 식사이지만, 외식은 내가 돈을 주고 서비스를 제공받는 거래다. 이 거래 안에서는 정이 담긴 욕설이란 애초에 발생할 수 있는 것이 아니다.

2019년 SBS 〈골목식당〉에서 등장한 한 식당의 사례를 보자. 당시 방송에 출연한 식당 주인은 학생으로 보이는 손님에게 돈가스를 내오면서 "자, 맛있게 먹자"라고 반말을 했다. 욕쟁이 할머니처럼 욕을 하지도 않았지만, 그는 온라인에서 악당을 뜻하는 소위 '빌런'으로 취급받았다. '맛있게 먹자 빌런'이라는 모순적인 이름이 가능했던 건 그의 말이 손님 응대에서 기대되는 언행을 벗어났기 때문이었다.

여기서 심정중심주의가 작동하고 있었다면 이 말을 들은 손님은 식당 주인의 마음을 먼저 헤아렸을지 모른다. 그렇다면 "맛있게 먹자"라는 말 역시 반말에 방점이 찍히지 않고, 자식을 대하듯 한 끼 식사를 맛있게 먹기 바라는 마음으로 받아들여졌을 것이다. 하지만 지금 젊은 세대에게 그렇게 숨겨진 의도는 중요한 게 아니다. 드러난 것은 식당 주인의 속마음이 아니라 말과 행동이기 때문이다.

합리를 중시하는 세대는 먼저 4장에서 살펴본 원칙의 세상을 사는 이들과 연결된다. 심정중심주의나 복합유연성이 있는 세상은 융통성의 세상이다. 합리적 선택을 자연스럽게 받아들이는 세상은 원칙의 세상이다. 그리고 원칙의 세상에서 나에게 반말을 할 수 있는 할머니와 동년배 식당 사장님은 엄연히 다른 존재다. 할머니는 할머니고 사장님은 사장님일 뿐이다.

원칙의 세상을 사는 2000년대생들에게 복합적이면서 모순적인 한국인만의 모습을 기대할 수 없다. 그래서인지 실제로 욕쟁이 할머니 음식점을 찾기가 점점 힘들어지고 있다. 언론과 미디어에서도 과거와 같이 욕쟁이 할머니 콘셉트의 식당이 소재로 등장하는 일이 드물어지고 있다.*

세상을 수치화하여 나누는 사람들

레전드 TV라고 불리는 한 유튜브 채널이 있다. 바로 한문철 변호사가 운영하는 한문철 TV다. 이 유튜브 영상에 등장하는 교통사고 상황이 워낙 다양하고 논란의 여지도 많다 보니 붙여진 이름이다. 하지만 본래 이 채널의 운영 목적은 충격적인 사고 영상을 일반인들에게 공개하는 것이 아니다. 채널의 공식 소개란 첫 줄에는 "한문철 TV는 교통사고 전문 한문철 변호사가 교통사고 사례별로 과실비율을 명쾌하게 판단해드리는 방송입니다"라고 적혀있다.

---

* 2018년 〈백종원의 3대 천왕〉에 등장한 평창동 욕쟁이 할머니를 반론으로 꺼낼 수 있을 것이다. 하지만 해당 욕쟁이 할머니집은 진짜 욕쟁이가 아니라 일종의 '욕쟁이 콘셉트'에 가깝다. 진짜 욕쟁이 할머니는 시작부터 욕을 해야 하지만, 이 할머니는 적절한 상황이 되었을 때에만 적당한 수준의 욕을 건네는 모습을 볼 수 있다.

이 채널의 전신은 2013년부터 2016년까지 SBS에서 방영한 〈한문철 변호사의 몇 대 몇〉이다. 단순히 블랙박스의 자동차 사고 영상을 보여주는 것을 넘어 교통사고 전문 변호사가 과실 정도를 정확한 수치로 판정해주는 프로그램이었다.

그리고 이제 이처럼 세상의 모든 일들을 명확한 수치로 나눠서 보려는 이들이 늘고 있다. 혹자는 이를 '한문철 방식'이라고 표현하기도 한다. 이 방식은 초합리를 추구하는 2000년대생들에게 기본적인 삶의 태도 중 하나다.

과거 식당 카운터 앞에서는 식사를 함께 한 사람들이 서로 자기가 계산하겠다며 입씨름을 벌이는 광경을 흔히 볼 수 있었다. 사실 모두 똑같이 식사를 한 자리임에도 불구하고, 특정인이 나서서 "오늘은 내가 낼게"라며 모두의 식사 비용을 계산한다는 것은 경제적 관점에서 합리와는 거리가 먼 행동일 것이다. 이는 한국인의 주체성을 연구하는 이누미야 요시우키 교수에게도 특이하게 여겨졌다.

그는 자신의 저서 『주연들의 나라 한국 조연들의 나라 일본』에서 한국 사람들은 모두 주인공이 되고 싶어 하기 때문에, 자신의 존재가 다른 사람에게 인식될 수 있는 방법으로 "한턱 쏠게!"를 외친다고 해석한다. 그는 한국의 '한턱내기'와 일본의 '와리캉(각자내기)'을 비교하며 한국의 교환 개념은 장기적이고 수직적인 인간관계를 전제로 하고 있는 반면, 일본은 단기적이고 수평적인 인간관계를 전제로 하고 있다고 말했다.

하지만 우리나라라고 모두가 한턱내기에 목숨을 거는 건 아니다. 친한 친구 사이처럼 수평적인 관계에서는 예전부터 소위 'N빵'이라고 불리던 더치페이 문화가 존재했다. 이는 전체 식사 비용을 사람의 수로 나눈다는 점에 있어서 비교적 합리적이라고 볼 수 있을 것이다. 하지만 초합리는 그보다 더 나아간다.

2000년대생의 더치페이에는 더 세부적인 계산이 들어간다. 이를테면 술자리에서 나온 식사비는 술값과 안줏값으로 나누는 것이다. 그리고 술을 먹지 않은 누군가가 있다면, 술값을 제외한 음식값에 대해서만 'N분의 1'을 하는 것이다. 이런 상황이 흔히 발생한다고 보기는 어렵겠지만, 적어도 기존의 더치페이 방식이 충분하지 못하다는 인식은 있는 것이다. 그리고 합의하기에 따라 받아들이기 아주 어려운 것도 아니다. 물론 기성세대가 받아들이기는 쉽지 않겠지만 말이다.

비선형적 소비의 탄생

2023년 한 온라인 커뮤니티에 '요즘 애들 더치페이'라는 제목의 글이 화제가 된 적이 있다. 해당 글쓴이는 "식당에서 학생 5명이 앉아서 밥을 먹고 있는데, 4명만 먹고 나머지 한 명은 그 모습을 지켜만 보고 있었다"라고 썼다. 그리고 보다 못해 그 한 명에게 음식을 사주었다고 했다. 댓글에는 갑론을박이 펼쳐졌다. 대다수 의견은 "친구들끼리 너무 정이 없는 것 아니냐?"라는 것이었다.

하지만 2000년대생들에게 이런 방식은 누군가를 따돌리는 것이 아니라, 일종의 새로운 더치페이 문화일 수 있다. 돈이 없다고 친구들이 무시했다거나, 돈이 없어서 굶고 있는 게 아니라 그저 식사 자리에서 밥을 먹지 않았을 수 있다는 것이다. 커뮤니티에는 오히려 그 돈을 아껴서 무언가를 하고 있을 거라는 댓글도 올라왔다.

기성세대는 소득과 소비를 일종의 선형적인 패턴으로 이해하려는 경향이 있다. 만약 누가 밥을 먹고 있지 않고 굶는다면 '가난한 아이'이고, 호텔 식당에서 코스 요리를 먹고 있는 친구는 '돈이 많은 아이'라고 여기는 식이다. 하지만 어쩌면 뜻밖에도 그는 10번의 식사에서 돈을 아끼고, 그 아낀 돈으로 1번의 비싼 식사를 즐기는 아이일 수도 있다.

판교에서 중견 IT기업 대표를 지낸 70년대생 김상규 씨는 최근 최신 아이폰과 맥북, 아이패드를 구매한 젊은 사원을 보고 여유가 있는 직원이라고 생각했다. 그러다 그가 그리 유복하지 못한 환경에서 자랐다는 이야기를 듣고 깜짝 놀란 적이 있다고 고백했다.

아마 다수의 기성세대는 이러한 상황을 마주쳤을 때 합리적이지 못한 소비 습관이라고 판단할 것이다. 하지만 의외로 이러한 모습은 2000년대생들에게는 이상한 선택이 아닐 수 있다. 그들이 생각하는 합리적인 소비란 모두가 일정한 선으로 연결되는 선형적인 소비가 아니라, 자신이 원하는 곳에 집중적으로 쓰는 비선형적 소비이기 때문이다.

신한카드 빅데이터연구소가 진행한 MZ세대의 소비문화분석에서도 '아낄 땐 아끼고 쓸 땐 쓰는' 비선형적 소비 패턴이 발견된다. 2023년 상반기 신한카드의 전체 편의점 이용 건의 62%는 전체 인구의 32.5%에 불과한 1980~2005년생 출생 세대가 차지했다.[36] 이들은 다른 세대보다 편의점을 더 자주 가는 반면에 결제 금액은 소액으로 나타났다. 편의점에서 알뜰하게 식사를 해결하는 경우가 많은 것이다. 반면 골프와 테니스와 같은 취미의 영역과 마사지, 사진관과 같은 셀프 기프팅 영역에서의 소비는 과거에 비해서 폭발적인 상승 폭을 보였다.*

그렇다면 무조건적인 절약이나 대책 없는 탕진이 아니라면 비선형적 소비 패턴에 문제는 없을까? 사실 이런 소비 행태는 촘촘한 계획이 담보되지 않는 경우 낭패를 보기 일쑤다. 확고한 취향이나 소신에 의거한 소비가 아니라 단지 유행을 따르는 비합리적 소비가 되기 쉽기 때문이다.

골프가 대표적이다. 과거 부자들의 전유물로 여겨졌던 골프는 스크린 골프장이 확대되고, SNS를 통해 접근성이 좋아지면서 젊은 층에게 새로운 취미로 급부상했다. 한국레저산업연구소에 따

---

* 2019년 대비 2022년 이용 금액은 실내외골프장이 202%, 테니스장이 336%, 셀프 기프팅이 64% 늘었다.

르면 국내 골프 인구는 약 515만 명이며, 그중 20대와 30대는 약 20%에 이르는 약 115만 명에 달하는 것으로 나타나기도 했다.

골프는 신체를 쓰는 스포츠이기는 하지만, 스크린 골프장만을 이용하면서 운동 효과를 노리는 사람은 없다. 결국 목적은 필드 플레이와 인증샷이다. 하지만 필드에서 플레이하려면 온갖 비용이 든다. 실제로 필드에 나가려면 캐디에게 지급하는 캐디피, 잔디를 밟으면서 내게 되는 그린피, 필드에서 카트를 이용하며 드는 카트비 등 갖은 비용들이 발생한다. 소득이 받쳐주지 못하는데 유행에 따라 골프를 시작했다면 이 취미는 유지될 수 없는 것이다. 실제로 코로나19가 지나고 젊은 세대가 고가로 구입한 골프 장비와 의류가 중고 거래 사이트에서 헐값에 등장하는 경우가 많아졌다.

구성의 오류와 무너지는 도넛

초합리적인 선택을 한다는 것은 개인의 입장에서 손해가 되는 일이라고 볼 수 없다. 하지만 사회를 구성하는 모든 이들이 초합리적 선택만 하려고 든다면 어떻게 될까?

구성의 오류fallacy of composition라는 경제학 용어가 있다. 이는 개인이 합리적이라 생각하는 행동을 하더라도, 전체가 똑같은 행동을 했을 때는 비합리적인 결과가 초래되는 경우를 말한다.

예를 들어 가계의 저축이 이에 해당한다. 소득이 일정한 경우 한 가정이 소비를 줄이면 저축액이 증가한다. 한 가정의 지출 감소는 경제 전체에 미치는 영향이 미미하고, 그 가계의 수입을 감소시키는 효과도 없기 때문이다. 하지만 모든 가정이 소비를 줄인다면 상황은 달라진다. 한쪽의 지출은 반대쪽에게 수입이 되는데, 모든 가정이 소비를 줄인다면 결과적으로 각 가정의 수입도 줄어든다. 결국 지출 감소 노력이 수입 감소라는 결과를 초래할 수 있는 것이다. 특히 불황기에 사람들이 저축에만 열을 올린다면 불황은 한층 가중된다. 이런 사람들이 늘어나면 결국 소득도 줄고 나아가 저축도 무너질 수 있다. 이를 저축의 역설이라고 한다.

더 큰 구성의 오류는 소비 영역에서 일어난다. 모두가 똑같이 초합리적인 선택과 행동을 한다면 산업 전체가 붕괴할 수 있다. 코로나 팬데믹으로 위기를 겪은 산업은 한두 개가 아니지만, 그중에서 영화산업은 고사 직전에 몰렸다는 이야기가 나온다. 영화산업 위기의 핵심은 극장 매출 하락에 있었다. 영화산업에서 극장 매출 비중은 2019년 75%로 절대적이다. 이 상황에서 극장 매출 절벽은 전체 매출 산업 급감으로 이어졌다.[37] 팬데믹 기간 넷플릭스와 같은 OTT 시장은 급성장하였으나 이것이 영화산업의 매출에 미친 영향은 미미했다.

2019년 1조 9,140억 원에 달하던 극장 매출액은 1년 만에 5,104억 원으로 급감했고, 2021년에도 비슷한 수준에 머물렀다.

이것은 팬데믹의 영향이 절대적이었을 것이다. 하지만 2022년 4월 사회적 거리두기 조치가 해제되고, 엔데믹의 시기로 접어들면서 그간 억눌렸던 소비가 분출되는 보복 소비를 기대했음에도 영화진흥위원회의 「2022년 한국 영화산업 결산」에 따르면 2022년 극장 매출은 1조 1,602억 원으로 2019년의 대비 61.6% 수준에 그쳤다.[38]

하지만 이 매출액 기준의 회복세조차 일종의 착시였다. 관객수를 기준으로 봤을 때, 2022년 누적 관객 수(1억 1,280만 명)은 코로나 이전인 2019년과 비교했을 때 49.8%으로 절반에도 미치지 못하는 수준이었다. 그렇다면 매출액 기준인 61.6%와의 간극인 11.8%는 어디서 나온 것일까? 바로 영화 관람료의 인상이다.

외부 시장 상황으로 매출이 급감할 때, 기업이 매출 회복을 위해 일반적으로 꺼내 드는 전략은 가격 인상이다. 국내 극장가는 코로나19 팬데믹 이후 총 3차례에 걸쳐 가격을 인상했는데, 이를 코로나19 전과 비교하면 최대 4,000원이 오른 셈이다. 이는 2001년부터 2019년까지 18년에 걸친 가격 상승 폭과 동일한 수치다.

영화진흥위원회에 따르면 2020년에 비해 2021년 관람료는 12.3% 상승했는데, 같은 기간 소비자물가지수가 3.6% 증가한 것과 비교하면 상승 폭이 3배 이상이었다. 화폐 가치 하락, 물가 상승률 등을 고려하더라도 관람료 상승 폭이 지나치다는 지적이 나오는 이유다.

관련 업계는 코로나19로 인해 불가피한 선택이었다고 항변하지만, 「포커스 2022:세계 영화산업 트렌드 보고서」에 따르면 2019년 대비 2021년 한국의 평균 관람료 상승률은 18.1%으로 동일 기간 영국, 프랑스, 미국, 일본의 상승률은 각각 11%, 9.2%, 4.8%, 4.1% 보다 높은 수준으로 조사되었다.[39] 한국의 관람료 상승은 압도적으로 높다.

이러한 높은 수준의 가격 상승은 초합리로 무장한 젊은 세대의 외면이라는 결과를 가져왔다. 과거 영화표가 1만 원 미만에 불과했던 시기에는 가벼운 킬링타임을 위해 영화관을 찾는 경우가 잦았다. 하지만 지금과 같이 높은 관람료를 지불해야 하는 상황에서는 '명작이 아니라면 돈이 아깝다'는 생각을 하게 되는 것이다.

이러한 인식의 변화는 넷플릭스와 같은 OTT의 성장도 한 몫 했다. 지금은 월 1만 원대면 언제 어디서든 무제한으로 영화를 볼 수 있는 시대다. 이런 상황에서 영화 한 편을 보려고 월 구독료 수준의 가격을 지불하는 건 사실 비합리적 선택이 맞다. 게다가 현재 영화관에서 개봉한 영화들 또한 몇 달만 지나면 구독 중인 OTT에서 볼 수 있다.

이제 영화관에서 관람을 할 수 있는 영화는 IMAX 혹은 4D로 볼 만한 블록버스터 영화와 지금 꼭 보지 않으면 친구와의 대화에 끼지 못하는 소수의 인기작밖에 남지 않았다.

가수 성시경이 운영하는 유튜브 채널에 출연한 영화배우 하정우와 주지훈은 그들이 출연한 〈비공식작전〉의 예상 밖 흥행 부진에 대해 이야기했다. 하정우는 '밋밋하다', '장점도 단점도 없다'는 관객 평이 많은데 원래 이러한 평은 좋은 평가라고 말했다. 무난하게 모두가 즐길 수 있는 영화라는 뜻이기 때문이다. 그럼에도 불구하고 흥행은 어려웠다. 이에 주지훈은 "박스오피스가 너무 안 나오는데 이유를 못 찾겠다. 평단의 평이 안 좋거나 실관람객 평이 안 좋으면 '우리가 이래저래 해 이렇게 됐구나' 할 텐데 감이 안 잡히니까"라고 호소하기도 했다. 결국 손익분기점이 500만 명이었던 영화 〈비공식작전〉의 공식 관객 수는 100만 명에 그치고 만다.

하지만 이와 반대로 호불호가 극명하게 갈리는 영화가 성공하는 것도 아니다. 〈비공식작전〉과 같은 날 개봉한 제작비 280억 원의 대작 〈더 문〉의 경우 CG의 기술적 완성도 측면에서는 역대 한국 영화 최고 수준이라는 평을 받았다. 반면 노골적인 한국적 신파에 높은 거부감을 보이는 관객층도 있었다. 즉 호와 불호가 극명하게 갈리는 영화였던 셈이다.* 하지만 〈더 문〉의 경우도 손익분기점 600만 명의 10분의 1에도 못 미치는 최종 관객 수 51만 명을 기록했다.

결국은 장점과 단점이 명확하게 나뉘든, 장점과 단점 모두 없

---

* 호와 불호가 극명하게 갈린다는 것은 멀티플렉스 3사 평점으로 확인할 수 있는데, 〈더 문〉의 메가박스 평점은 8.4점으로 8.6점인 비공식작전과의 차이가 크지 않은데 반해 호평과 혹평으로 구분되는 CGV 골든 에그 지수는 84%로 95%인 〈비공식작전〉과 비교해 유독 낮은 편이다.

든 코로나 팬데믹 이후로는 높아진 영화 관람료로 인해 확실히 관람할 가치가 있는 영화가 아닌 '적당히 괜찮은 영화'는 외면받게 되었다. 이와 같은 현상은 일반 소매 시장에서도 동일하게 일어나고 있다.

내가 살고 있는 홍은동에는 포방터 시장이 있다. 평소 조용했던 이 시장이 한동안 시끄러워졌던 적이 있다. SBS 〈백종원의 골목식당〉에서 홍은동 포방터 시장을 방송하고 난 이후였다. 방송을 통해서 포방터 시장에 있는 여러 음식점이 소개가 되었지만 그중에서 가장 큰 이슈몰이를 한 것은 한 돈가스집이었다.

방송에서 이 돈가스집을 방문한 백종원 씨는 돈가스와 카레를 맛본 후, "여긴 (내가) 솔루션을 할 게 없겠는데?", "장담하는데 우리나라 돈가스 끝판왕이에요"라며 극찬을 쏟아냈고, 방송 최초로 주방 점검을 하지 않았다. 방송 후 유명 연예인과 유튜버를 비롯해 수많은 손님들이 몰려들었고 호평을 쏟아내면서 돈가스집은 단숨에 전국구 맛집으로 등극했다. 포방터 시장도 전국에서 몰려드는 사람들로 인해 문전성시를 이루게 됐다.

나는 이 식당에 방문한 적이 없다. 왜냐하면 같은 동네에서도 나름 훌륭했던 돈가스집이 많았기 때문이다. 하지만 그로부터 몇 년 지난 시점에서 딱히 나쁘지 않았던 돈가스집들은 모두 폐업했다. 인기몰이를 했던 식당은 제주도로 사업장을 옮기고 난 지금까지도 문전성시를 이루고 있다. 이 말은 외식 시장에서도 이와 같이 적당한 맛과 가격을 갖춘 식당들은 대부분 위기를 겪고 있다는 말이다. 수많은 소비자들이 이슈로 떠오른 인기 음식점과 신규 팝업 스토어 앞에서 줄을 서고 있는 사이, 흔히 이용할 수 있었던 '적당히 괜찮은 식당'은 하나둘씩 사라지고 있다.

이제 업계를 막론하고 일종의 공동화空洞化 현상이 일어나고 있다. 흔히 도심 공동화는 '도시의 중심부에 상주인구가 줄어들어 텅 비게 되는 현상'을 의미한다. 이런 현상이 영화산업과 같은 콘텐츠 시장뿐만 아니라 일반 소비 시장에서도 나타나고 있는 것이다. 물론 승자와 패자가 극명하게 갈리고 그 격차가 벌어지는 양극화 현상은 이전에도 존재했다. 하지만 지금처럼 적당한 수준의 성과를 내던 다수의 플레이어가 무너지지는 않았다.

도심 공동화는 도심의 텅 빈 그래프의 모습이 마치 도넛과 닮았다고 하여 '도넛 현상'이라고 부르기도 한다. 만약 지금의 '소비 공동화' 현상이 도심 공동화처럼 나름의 좌우 균형을 이루고 있었다면 큰 문제는 없었을 것이다. 하지만 초합리적 소비의 결과로 그 균형은 깨졌다. 초합리적 소비가 만들어내는 것은 극소수의 승자와 절대다수의 패자일 뿐이다. 그 결과 시장의 도넛은 무너지고 있다.

공동화는 단순히 무언가가 비어 있다는 의미를 넘어, '마땅히 있어야 할 것이 사라진다'는 의미도 포함된다. 산업을 지탱하고 있는 주요 플레이어들의 미래는 불투명해졌다. 국내 영화산업에서 대다수의 영화가 손익분기점을 중간도 넘기지 못하게 되면서 투자도 줄어들고 있다. 많은 영화의 수익이 주저앉았고, 이에 이

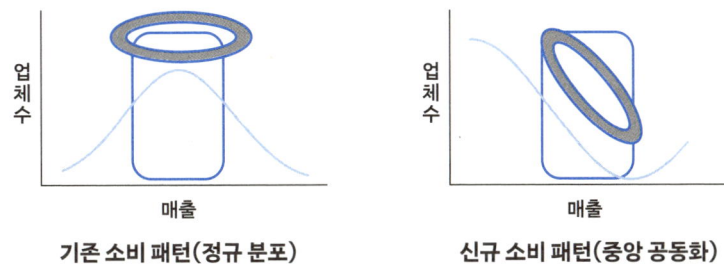

무너지는 도넛

기존 소비 패턴(정규 분포) / 신규 소비 패턴(중앙 공동화)

미 수십억 원의 돈이 들어간 한국 영화 90여 편이 개봉도 못하고 잠들어 있다. 이렇게 장기간 투자금 회수가 안 되자 자연스럽게 신작 투자도 끊겼다. 초합리적 소비로 인해 투자배급사의 대규모 투자가 투자금 회수로 이어지는 선순환의 고리가 깨지는 중이다.

〈도둑들〉과 〈암살〉을 만든 최동훈 감독은 2023년 3월 한국 영화감독조합 주관행사에서 "현재가 두려운 게 아니라 미래가 두렵다. 관객은 오지도 않고 시장이 쪼그라든 산업에 리스크는 더 올라갔는데 가능성 희박한 흥행을 목표로 투자할 기업은 전 세계 어디에도 없다"라며 우려를 표했다.[40]

투자도 이뤄지지 않고 개봉을 해도 중간 이상의 성공을 담보하지 못하는 상황이니 배우는 물론 감독, 작가, 스태프 모두가 OTT로 빠져나가고 있다. 시장이 무너지자 IPTV 등 2차 시장에서의 판매도 덩달아 줄어들고, 그나마도 홀드백(극장 상영 뒤 다른 플랫폼에서 영화를 상영하기까지의 기간) 기간은 더 짧아지고 있다.

가장 장기적인 악영향은 이렇게 되면 영화산업의 미래인 신인들의 발굴과 육성이 어려워진다는 점이다. 영화산업의 침체가 길어지면 길어질수록 독립 영화에 대한 관심도 사라지고 있다.[41] 상업 영화의 제작 편수가 급속도로 줄어드는 상황에서 신인 배우와 감독, 작가가 작품을 할 기회도 급속도로 사라지고 있다. 넷플릭스와 같은 OTT 플랫폼에서는 오리지널 콘텐츠들이 쏟아지고 있지만, 그 무대에 서는 사람들은 대부분 기존에 활발하게 활동했거나, 이미 연기력이 증명된 배우와 감독들이다. 이들에게는 이러한 시장의 변화가 또 다른 기회가 되겠지만, 신인들이 설 자리는 더 줄어들고 있는 것이다.

지나치게 합리화된 소비 패턴은 여러 부작용을 낳고 있다. 하지만 그 개개인을 탓할 문제는 아니다. 그들은 단지 최선의 선택지를 날카롭게 고르고 있을 뿐이며, 앞으로도 이 선택이 무뎌질 가능성은 없다. 단지 모두의 합리적인 선택이 모두의 위기를 초래했을 뿐이다.

결국 남겨진 선택지는 둘 중 하나다. 이겨내거나 사라지거나.

8장
두 번째 특징: 초개인

2000년대생은 개인주의자인가

2020년 인터넷 방송인들이 해군 특수전전단 훈련과정 체험 프로그램을 제작했다. 프로그램의 이름은 MBC 〈진짜 사나이〉를 패러디한 〈가짜 사나이〉였다. 이 프로그램은 2020년 최고의 인기 유튜브 콘텐츠가 되면서 많은 유행어를 만들어냈다. 그중에는 '개인주의'도 있었다.

> 4번 놀고 있지. 4번은 팀워크가 없어. 4번은 개인주의야. 4번은, 혼자밖에 생각하지 않아.

1기 훈련교관 이근 전 대위는 소형 고무보트 훈련 중 성실하게 훈련에 임하지 않는 한 훈련생에게 '개인주의'라며 비난한다.

하지만 팀 모두가 힘을 합쳐야 하는 상황에서 도움을 주지 않은 행위는 개인주의가 아니라 이기주의다.

개인주의individualism는 말 그대로 개인을 중시하는 입장이고, 이기주의egoism는 다른 사람이나 사회의 이익을 고려하지 않고 오로지 나 자신의 이익만을 추구하는 사고방식이다. 개인주의는 오로지 나 자신이 아니라, 타인을 포함한 모든 개인을 중요하게 생각한다. 따라서 타인에 대한 이해와 타인을 수용하는 자세가 개인주의의 본질이다. 이기주의를 굳이 개인주의로 설명하자면, 다른 사람들의 권리를 무시하며 자기 하고 싶은 대로 하는 '가짜 개인주의'인 셈이다.

문제는 우리 일상에서 개인주의와 이기주의를 구분하기가 말처럼 쉽지 않다는 점이다. 개인주의가 권리와 의무, 그리고 행위와 책임의 주체의 기본 단위가 개인임을 알고 그에 초점을 맞추는 것임에도 불구하고 '개인주의가 심하면 이기주의가 된다'는 식의 사고방식은 흔하게 자리 잡고 있다.

또한 전통적인 대한민국의 기업문화가 개인의 이익이나 목표보다는 집단의 이익이나 목표를 우선시하는 관점인 '집단주의'에 가까웠던 것에 비하면, 기업에 새롭게 유입되고 있는 세대들은 집단의 이익보다 자신의 이익을 중시하는 것처럼 보일 수 있다. 그러니 기성세대 관점에서는 더욱 이들이 개인주의인지 이기주의인지 구분하기 어렵다.

한국의 젊은 세대가 이기적이고 기성세대가 집단주의적이라는 통념은 지금까지 강화되고만 있다. 기존에 당연하게 받아들였던 관행들, 이를테면 상사가 먼저 자리를 뜨기 전에는 퇴근하지 못한다거나 회식 자리에서 막내 사원이 고기를 굽는 문화에 젊은 직원들은 하나둘 반기를 들고 있다. 이에 젊은 세대는 조직을 생각하지 않는 이기주의자로 치부되고 갈등이 증폭되게 된 것이다. 여기에 마법의 단어 'MZ세대'가 등장하면서, 부정적인 통념을 쏟아내기 좋은 프레임도 만들어졌다. 그래서 세대 갈등과 관련한 강연 자리에서 가장 많이 듣는 질문은 "요즘 젊은 애들은 너무 개인주의자 아닌가요?" 류의 것들이다.

지금 당장 누군가가 "2000년대생은 개인주의자인가?"라고 묻는다면, 나는 주저 없이 "그렇다"라고 대답할 것이다. 하지만 나는 추가로 다음과 같은 질문을 던질 것이다. "그러면 나머지 기성세대들은 개인주의자가 아닌가요?"라고 말이다.

개인의 가치를 중시하고, 개인의 권리와 자유를 존중하는 사고방식은 본래 1970년대생인 X세대의 주요 특징이었다. 또한 1980년대의 86세대로 대표되는 수많은 민주화 운동, 반전 운동 역시 개인주의를 토대로 자라난 것이라고 볼 수 있다. 개인주의는 집단의 이익 때문에 개인이 희생되는 것을 당연하게 여기는 전체주의 사상에 대한 반발로 생겨난 근대의 발명품이다. 그러니 근대 이후를 사는 모든 이는 개인주의자일 것이다.

기자: 남의 시선을 느끼지는 않습니까?

여성: 아니요, 전혀 신경 쓰지 않습니다. 제가 입고 싶은 대로 입구요, 이렇게 입으면 기분이 좋거든요.

1994년 9월 17일 MBC 뉴스데스크 인터뷰에서 나온 장면이다. 이는 X세대를 대표하는 '기분이 조크든요' 밈을 만들어냈다. X세대는 흔히 개성을 중시하고, 남의 시선을 신경 쓰지 않고, 자신의 자유와 권리를 중시하는 세대로 알려져 있다. 이 세대가 2020년대에는 기업의 중역 자리에 있는 나이가 됐다. 사회 초년생 시절에 이들은 집단보다 개인을 중시하는 이들 중 한 명이었을 것이다.

하지만 이러한 X세대의 개인주의는 '20세기 회사'라는 존재 앞에서 막혔다. KBS 〈크랩〉이 공개한 '지금은 상상도 못 할 90년대 신입공채 면접 클라스'라는 콘텐츠 속에는 X세대들의 치열한 모습을 볼 수 있다. 면접에 합격하기 위하여 장기자랑을 하고 디스코를 추는 이들도 등장한다. 가장 충격적인 모습은 확실한 인상을 심어주기 위해 면접장에 들어서자마자 면접관에게 큰절을 올리는 모습이다.

회사의 일원이 되기 전에 이들은 무엇보다 개인의 개성과 권리를 중시했다. 그리고 실제로는 빠르게 조직의 집단주의에 순응할 수밖에 없었다. 하지만 의지의 문제나 진정성 차원의 문제가 아니었다. 단지 당시의 시대적 분위기가 압도적인 힘을 발휘했기 때문이었다. 지금의 기성세대 역시 개개인들은 개인주의자에 가까울 것이겠지만, 그 가치를 구현하고 펼쳐 보이기에는 시대가 무르익지 못했다. 개인의 생각을 그대로 회사에서 펼쳐 보였다가는 갖은 압력을 견디지 못했을 것이기 때문이다.

이는 내가 커리어를 시작했던 2000년대 후반도 마찬가지였다. 개인들은 조직의 이익이라는 명분 앞에서 자기의 권리를 공개적으로 요구하거나 가치를 피력할 수 있다고 생각조차 못 했다. 나는 사람들의 개인주의 성향이 예나 지금이나 다르지 않다고 생각한다. 다만 우석훈 작가의 책 제목 『민주주의는 회사 문 앞에서 멈춘다』처럼, 개인주의 역시 회사 문 앞에서 멈출 뿐이다. 아니 멈췄었다.

이제 시대는 무르익었다. 우리 옆에 2000년대생이 오는 이 시점에 드디어 세대라는 분침과 시대라는 시침이 만났다. 우리는 개인이 중심이 되는 시간대를 살아가는 중이다.

개인 보호주의의 탄생

tvN 토일 드라마 〈우리들의 블루스〉의 등장인물 중 한 명인 최한수(차승원 분)는 40대 후반을 지나는 중년 남자이자 한 가정의 가장이다. 술이나 담배도 안 하고 집안 살림도 잘하고 누가 봐도 선한 웃음에 푸근하고 성실한 샐러리맨이다.

아내와 딸을 끔찍하게 사랑하는 그는 골프에 재능을 보인 딸

보람의 꿈을 지켜주고 싶어 한다. 그리고 딸의 골프 유학을 위해 기러기 아빠가 되는 길을 선택한다. 미국에 간 보람은 중학교 때는 승승장구하더니, 고등학교에 들어서서 성적이 곤두박질쳐 프로 2부에 있다. 포기하기에는 아깝지만 계속 가기에는 코칭비, 체류비, 대회 경비 등 돈이 너무 많이 든다. 19년 전 집을 사느라 퇴직금을 70%나 당겨 썼고, 2년 전엔 서울에서 살던 아파트까지 팔았지만, 그 돈마저 바닥이 나고 있다. 그즈음 그는 고향인 제주도 은행지점장 자리로 발령을 받았다. 그는 퇴사하고 싶었지만 가당찮은 일이었다.

최한수는 아이의 추가 유학 자금인 2억을 구하기 위해 자존심을 버리고 고향 친구에게까지 손을 벌리려 한다. 그때 아이에게서 영상 통화가 걸려 온다. 딸은 그동안 아빠에게 숨겨놨던 마음을 털어놓는다.

아빠… 나 골프 그만둘래. 이제 골프하는 게 안 행복해.

애지중지 키워온 자식이 평생의 꿈을 포기하려고 할 때, 혹은 자신이 다니던 소중한 직장을 그만두려 할 때 대한민국의 부모들은 어떤 대답을 해줄 수 있을까?

과거 들을 수 있었던 전형적인 대답은 "어떻게 들어간 회사인데", "조금만 더 참고 버텨 봐", "세상에 힘들고 어렵지 않은 일 어디에도 없어", "조금만 참고 버티면 좋은 날이 올 거야" 같은 말들이다.

하지만 지금 2000년대생이라면 다른 대답을 들을 수 있을 것이다. "너 힘들면 그만둬", "네가 원치 않으면 굳이 하지 않아도 돼", "네 마음이 중요한 거야"와 같은 표현이다. 드라마에서도 한수와 아내 역시 딸에게 "힘들었지… 그래, 고생했어"라며 위로한다.

2000년대생의 탄생에 즈음하여 대한민국에서 새롭게 생겨난 교육 방식이 있다. 바로 자존감 교육이다. 자아존중감의 줄임말인 자존감은 자신에 대한 긍정적이거나 부정적인 태도, 자신에 대한 만족이나 호의 정도, 혹은 타인과의 비교를 통해 느껴지는 자신에 대한 가치감 등으로 정의되는 개념이다.[42] 우리 사회에서는 흔히 '자기 스스로를 가치 있는 존재로 여기고, 자기 자신을 사랑하는 감정' 정도로 인식한다.

자존감 교육을 중요한 가치로 본 것은 서구 사회가 먼저였다. 1970~1990년대 가정의 따뜻한 지지가 아동의 높은 자존감에 영향을 미친다고 보고되면서 정부와 가정에서는 자존감에 주목하기 시작했다. 이에 자존감 운동 self-esteem movement도 크게 확산되었고, 서구의 많은 가정에서는 '우리 아이 자존감 키워주기'가 화두로 떠올랐다.

20세기 대한민국 사회에서도 자존감은 중요했을 것이다. 그러나 '자존감 교육'이 정부 정책과 학교 교과 과정에서 중요하게 다뤄지기 시작한 것은 2000년대 초반이 되어서였다. 2000년대 정부는 청년층의 자살률과 우울증 증가를 우려하고 정신 건강과 복지 증진을 위한 정책을 시행하기 시작했다. 이러한 노력의 일환으로 2015년 개정 교육 과정에는 자아존중감을 기르고, 자아 정체성을 가진 학생을 육성하는 것이 범교과적 교육 목표로 편입되게 되었다.

하지만 자존감 교육의 확대에 결정적으로 기여한 것은 '자아존중감이 높은 학생의 학업 성취도가 높다'는 다수의 연구 결과였을 것이다. 즉 내 아이를 자존감이 높은 아이로 키운다는 것은 대한민국 모든 부모의 마음속에 숨겨진 목표인 공부 잘하는 아이로 키우는 일과 맞아떨어졌다.

여기에 더해 2002년생을 기준으로 초저출산 세대가 생겨났고 다자녀 가구(2명 이상 출산)가 줄어들고 외동의 비중도 높아졌다.* 위와 같은 21세기의 변화가 만들어낸 것은 "자기 자신의 몸과 마음을 스스로 지켜야 한다"는 굳건한 믿음이었다. 그래서 2000년대생의 개인주의는 실제로 '개인 보호주의'라는 개념에 조금 더 가깝다.

가정과 사회에서 경험한 전반적인 성장 과정은 '나 자신을 지키는 일'이 무엇보다 중요하다는 사실을 각인시킨다. 하지만 이것이 이기적으로 자기 자신만을 생각한다는 뜻은 아니다. 자존감 교육 속에 성장한 세대는 그 보호의 대상에 자기 또래의 또 다

---

* 1990년까지만 해도 한 집에 2명의 자녀가 있는 다자녀 가구는 90.1%였다. 그러다 2000년 이후 다자녀 가구 비중이 큰 폭으로 감소한다. 즉, 외동의 비중이 늘었다는 의미다.

른 개인을 포함시킨다.

그래서 이들은 자신이 당한 일이 아님에도 불구하고, 부당한 대우를 받은 같은 세대에게 공감을 잘한다. 타인이 받은 부당한 피해는 내가 운이 좋아서 피했을지 모르는 것이고, 이러한 시스템이 유지된다면 언젠가 나도 같은 피해자가 될 수 있는 일이다. 이와 같은 행태는 사실 개인주의의 본질과 닮아 있다. 앞서 설명했듯이 개인주의는 오로지 나 자신이 아니라, 타인을 포함한 모든 개인을 중요하게 생각하는 개념이기 때문이다.

최근까지 우리 사회의 기성세대들은 이러한 세대의 변화를 전혀 이해하지도 못했고, 제대로 감지하려 하지도 않았다. 가령 2018년 평창 동계올림픽에서 여자 아이스하키 남북단일팀의 무리한 추진 과정을 젊은 세대들이 비판했을 때, 정치권에서는 '통일 교육을 제대로 받지 않아서 급격히 보수화가 된 MZ세대' 정도로 치부해버렸다. 단지 이들은 국가대표가 되기 위해 노력해 온 선수들을 보호하지 않는 결정에 항의하고 싶었을 뿐인데도 말이다. 이는 회사에 입성하는 2000년대생들의 마음에도 그대로 적용된다. 이들에게는 '부당한 일을 당해서는 안 된다'는 일종의 방어 본능이 그대로 각인되어 있다.

하지만 조직의 관점에서 봤을 때 개인이 중심이 되는 조직은 여전히 낯설지 않다. "널 위해 팀이 있는 게 아냐. 팀을 위해 네가 있는 거다"라는 『슬램덩크』 안한수 코치(안선생님)의 대사처럼 회사는 궁극적으로 조직원을 위해 봉사하는 존재가 될 수 없기 때문이다.

바로 이 지점에서 2000년대생과 조직의 갈등이 발생한다. 개인 보호주의로 무장한 2000년대생과 기업은 항상 보이지 않는 갈등의 씨앗을 품고 있는 셈이다. 이 과정에서 가장 필요한 것은 개인 보호주의라는 입장과 실제 조직 사회에 피해를 입히는 이기주의를 구분하는 일이다.

F&B 분야에서 일하면서 2000년대생과 많은 업무 교류를 하는 이목스모크다이닝(전 유용욱 바비큐 연구소) 소장 유용욱 씨는 업무에서 개인주의와 이기주의를 철저히 구분하여 대처하려 한다. 그는 젊은 세대의 개인주의적 성향을 그대로 받아들인다. 직원들에게 사명감이나 충성심도 기대하지 않는다.

하지만 업무에서 보이는 태도는 냉정하게 평가한다. 적극적이지 않거나 성실하지 않거나 모난 행동으로 조직 커뮤니케이션에 부정적 영향을 끼치는 경우에는 단호하게 제지하고 그에 상응하는 불이익을 준다. 이처럼 그는 개인적인 권리 행사와 일이라는 의무 수행을 철저히 구분함으로써 새로운 세대와 업무의 합을 맞추고 있다.

관계주의적 집단주의자와 관계주의적 개인주의자

비교문화심리학cross-cultural psychology에서는 문화를 크게 개인주의와 집단주의로 구분한다.[43] 이 구분 안에서는 개인주의를 개인의 자유, 권리, 선호 등을 중시하는 서양 문화로 보고, 그 반대로 한국과 일본, 중국과 같은 동아시아 국가들을 집단주의 문화의 대표로 본다.

상당수 연구들은 서양과 동양이라는 이분법적인 관점에서 벗어나지 않는다.[44] 이는 과거 서구 심리학자의 눈에 두 문화가 상대적으로 극명한 차이를 보였기 때문일 것이다. 하지만 같은 동양권 문화라고 해도 한국과 일본, 그리고 중국은 서로 다른 특징을 가지고 있다.

고려대학교 허태균 교수는 tvN 〈어쩌다 어른〉에 출연해 한국인들의 문화는 집단주의가 아닌 '관계주의'라고 말한다. 한국인에게는 조직 그 자체보다는 그 안에 얽힌 관계가 더 중요하다. 조직이나 회사 같은 거대 시스템보다는 바로 내 앞과 옆에 앉아 있는 동료와 상사, 부하직원과의 관계가 훨씬 중요한 것이다.

이와 같은 그의 분석은 타당하다. 우리나라 문화에서는 밀접하게 관계를 맺고 있는 주위 사람들로부터 큰 영향을 받는다. 누군가가 어떤 회사를 다니고 있다고 인식할 때, 그 회사의 위상이나 경영 방침, 오너의 성향보다는 자기가 속한 팀의 리더에 대한 생각이 더 중요한 것처럼 말이다. 우리가 회사를 그만두는 이유를 봐도 그렇다. 회사가 형편없어서 그만둔다고 말하더라도, 실제로는 사람 때문에 그만두는 경우가 더 많을 것이다.

지금까지 한국인들에게 회사는 단순히 '일정 시간 동안 근로를 제공하고 반대급부로 돈을 받는 곳' 이상의 존재였다. 그 이유도 관계의 중요성에서 발견할 수 있을 것이다. 회사원들은 가족과 집에서 보내는 시간보다 회사에서 팀 동료와 보내는 시간이 더 긴 경우가 많다. 주 52시간 근로제도가 정착되기 이전에 그 시간은 더 길었다. 과거에 '가족 같은 회사'라는 표현이 흔하게 사용됐던 것도 회사 동료끼리 더 많은 시간을 보냈기 때문이다.

이러한 관계주의는 한국 사회만이 가진 특유의 집단주의를 구축하기에 이르렀다. 보통 비교문화심리학에서 말하는 집단주의는 개인의 자유나 독립, 권리보다는 집단과의 조화를 중시하고 집단을 위한 의무와 책무, 희생이 강조되는 문화라고 설명한다. 하지만 한국 직장인들에게는 회사라는 집단 전체의 조화보다, 자신이 소속된 팀 안에서의 조화가 더 중요하다.

가령 눈에 보이지 않는 회장님의 퇴근 여부는 나와 크게 상관없지만, 우리 팀 상사가 퇴근을 안 하고 자리를 지키고 있다면 눈치를 볼 수밖에 없다. 또한 회식 자리에서 술잔을 마주하며 "우리가 남이가?"를 외칠 때도, 그 의미는 "회사 모두가 우리와 함께다"가 아니라 "이 자리에 있는 우리는 남이 아니다"라는 의미다.

동료들이 모두 일하고 있을 때, 자기 일을 끝내고 퇴근하는 지금의 젊은 세대 사원을 타박한다면 그것은 업무나 규칙에 대한 지적이 아니다. 사실은 같은 팀에서 얼굴을 맞대고 일하는 사이에서 먼저 퇴근하는 게 서운하다는 표현에 가깝다.

그렇다면 동료들에게 일이 남아 있을 때, 자기 일이 끝났다고 퇴근하는 2000년대생이 있다면 그는 한국 특유의 '관계주의적 성향'이 없는 것일까? 그렇지 않다. 지금의 2000년대생들도 대한민국 특유의 관계주의적 문화에서 자유롭다고 할 수 없다. 그들도 기성세대와 똑같이 주변의 관계를 중요시하고 상호교류를 통해 남에게 인정받는 것을 중요하게 여긴다.

현재 대한민국 축구 선수 중 가장 유명하고 중요한 자리를 차지하고 있는 두 인물이 있다. 그것은 바로 공격수 손흥민과 수비수 김민재다. 이 둘은 2022년 FIFA 카타르 월드컵에서 대한민국이 16강에 오르는데 혁혁한 공을 세웠고, 지금도 각자의 클럽에서 세계 최고의 공격수와 수비수 역할을 톡톡히 하고 있다.

그런데 이 두 선수는 언젠가 불화설에 시달린 적이 있었다. 그 이유는 단순했다. SNS 상에서 김민재가 손흥민을 '언팔로우(unfollow)'했기 때문이다. 2023년 3월 국가대표팀 평가전에서 패하고 난 후 김민재는 취재진 인터뷰에서 "힘이 들고, 당분간 대표팀 경기보다 소속팀 경기에 집중하고 싶다"라고 대답했다. 이 인터뷰가 논란이 된 시점에 손흥민은 자신의 SNS에 "대표팀에 소집돼 영광"이라는 일상적인 소감을 남겼다. 그리고 언젠가 김민재가 손흥민을 언팔로우했는데, 한 네티즌이 이를 발견하면서 이슈가 커졌다.

언팔로우는 말 그대로 누군가의 SNS 계정을 구독하다가 취소하는 행위다. 대단한 절차가 필요하지도 않다. 단순히 버튼을 터치하는 것만으로 끝난다. 하지만 한국 사회에서는 이 단순한 행동에 큰 주의를 기울여야 한다. 관계를 끊는다는 극단적인 의미로 받아들이기 때문이다.

외국에서 이러한 언팔이 논란이 되는 경우는 거의 없다. 유독 한국에서만 언팔에 집착하고 과민한 반응을 보인다. 유명인 사이 혹은 가까운 지인 사이에서 언팔은 후폭풍을 불러일으킬 수 있다.

이는 한국인 특유의 관계주의가 오프라인뿐만 아니라 온라인 관계로까지 확장된 결과다. 사실 언팔뿐만이 아니라 맞팔(서로 팔로우하는 행위)에 집착하는 것도 동일한 맥락이다. 내가 상대를 팔로우했는데도 불구하고, 그가 나를 팔로우하지 않는다는 것은 한국식으로 따지면 '예의가 없는 행동'에 해당한다. 물론 이러한 문화도 전 세계에서 대한민국에만 존재한다.

회사라는 공간에서의 관계는 한정된 오프라인 집단에 해당한다. 기성세대에게는 이 공간에서 보내왔던 시간의 비중이 절대적이고, 유일한 관계의 범례일 수 있다. 하지만 같은 회사에 다니고 있는 2000년대생에게 회사 안에서 이뤄지는 관계는 상대적으로 덜 중요한 관계일 수 있다. 결국은 범위와 비중의 문제인 것이다.

누군가에게 회사는 평생의 충성을 바칠 수 있는 곳이지만, 누군가에게는 단지 하루 8시간의 노동을 제공하고 돈을 받는 장소에 그칠 수 있다. 나아가 평생 고용에 대한 기대가 없다면 회사 내 관계에 집착할 필요가 없어진다. '가성비'가 떨어지는 행위이기 때문이다.

하지만 내가 공을 들여 구축한 SNS에서의 관계는 24시간 끊어지지 않으며, 상하 권력 관계 없이 오랜 기간 편하게 유지되는 관계일 수 있다. 게다가 SNS에서 관계를 구성하는 숫자들은 관심 경제 안에서 미래의 수익원이 될 수도 있다. 그들이 팔로우하고 있는 수많은 인물들은 주류 미디어에 등장하는 셀럽이 아니더라도 인플루언서라는 이름으로 수익을 내는 중이다. 바로 이것이 그들에게 SNS 관계의 중요성을 더 높게 만든다.

실제로 《조선일보》가 틸리언에 의뢰하여 성인 2,925명을 대상으로 설문 조사를 진행한 결과에 따르면 'SNS에서 알게 된 인맥이 실제 인맥보다 중요하다'고 답한 비율은 20대(21.2%), 30대(16.4%)가 40대(13.7%), 50대(9.2%)보다 높았다.[45]

이러한 변화가 꼭 새롭게 관계를 설정해야 한다는 의미는 아니다. 다만 회사라는 조직 안에서 관계의 경중이 과거와 같지 않다는 현실은 받아들일 필요가 있다.

개인주의와 이기주의를 구분할 수 있는 안목과 더불어, 온라인에서 관계의 비중이 점차 높아지고 있음을 파악할 수 있다면, 지금의 시대와 세대의 변화를 조금 더 날카롭게 감지할 수 있을 것이다.

초개인주의가 초이기주의로 변할 때

초개인적인 성향을 가진 2000년대생은 사회에서 관계를 기본적으로 대등하게 본다. 특히 성인이 된 2000년대생은 자신보다 나이가 많은 이들과도 성인 대 성인의 관계로 자신들을 인식한다.

워크맨의 〈단식원〉에피소드에서 르세라핌의 멤버 김채원이 출연했을 때, 진행자 장성규는 오프닝 멘트 중간에 다음과 같은 양해의 말을 던진다. "우리 재미있게 일해야 하니까 앞으로 말 좀 편하게 할게요." 그런데 여기에 수락을 한 김채원이 다음과 같이 요청한다. "그럼 저도 말 편하게…." 여기에 잠시 당황한 장성규가 "어 편하게! 뭐라고 하게?"라고 되물으니, 김채원은 간단히 대답한다. "야!"

예능 속의 작은 에피소드를 진지하게 받아들일 필요는 없다. 하지만 중요한 변화는 감지할 수 있다. 성인끼리 함께하는 자리에서 오로지 연장자만이 '말을 편하게 하는 행동'은 더 이상 상대방의 허락 없이 용인되지 않는다는 것이다.

상하 관계가 분명하거나, 갑을 관계가 성립되는 상황에서는 다르지 않을까? 다음의 사례를 보자.

2020년 강남구에서 70세 A씨가 담배를 사기 위해 한 편의점에 들어갔다. 그가 짧게 제품명을 짧게 말했다. 그러자 이 말을 들은 20대 아르바이트 직원 B씨는 똑같이 단답형인 "2만 원"이라고 답했다. 이에 A씨가 "어디다가 대고 반말이야? 내가 너희

아버지보다 나이가 많아"라고 따졌다. 그러자 B씨는 이에 지지 않고 "네가 먼저 반말했잖아"라고 응수했다. 격분한 A씨의 욕설이 이어졌고, B씨는 경찰을 불렀다. 검찰은 A씨를 '모욕' 혐의로 재판에 넘겼다.

이 재판의 결과는 어떻게 되었을까? 1심과 2심 모두 '공연성'이 인정되어 A씨에게 50만 원 벌금형이 선고되었다.[46] 70대 피고인 A씨는 사회적으로 사람들한테 존경도 받고 부하직원도 거느려 보고 살았다며, 물의를 일으켜 죄송하지만 자신의 심정을 참작해달라고 호소했다. 변호인 또한 어른에게 반말을 하는 것을 훈계하다가 이뤄진 격한 표현인 만큼 사회상규에 위배되지 않는다고 변론했지만 무죄를 받아내지 못했다.

사실 우리가 주목해야 할 것은 모욕죄의 성립 여부가 아니라, 재판부의 '맞 반말'에 대한 평가에 있다. 해당 1심 재판부는 "피고인이 피해자로부터 존중받기 위해서는 피고인도 피해자를 존중하는 태도를 가져야 한다"라며 "나이가 훨씬 많다는 이유로 반말을 한다거나, 반말에 반말로 응대했다고 폭언에 가까운 말을 여과 없이 표출하는 것은 건전한 사회 통념상 당연히 허용될 수 있는 표현이 아니다"라고 질책했다. 이 말은 나이나 직급이 자신보다 낮더라도 성인에게 반말을 하는 건 존중하는 태도가 아니라는 것이다. 그러니 '성인에게도 존댓말을 해야 한다'는 것은 단순한 예의 문제가 아니라 사회에서 통용되는 일종의 원칙이 된 셈이다.

하지만 문제는 역시 지나침이다. 2020년 인터넷 커뮤니티에는 '신입생의 뒤틀린 패기'라는 제목의 게시물이 올라왔다. 이 게시물은 대학교 온라인 커뮤니티인 에브리타임에 올라온 사진으로, 한 단톡방에서 교수와 학생이 나눈 대화를 캡처한 것이었다. 핵심은 이렇다.

단체 카톡방에서 질문이 올라오자 교수는 짧은 반말로 답변을 했다. 여기에 학생 역시 "응"이라고 대답했다. 이에 당황한 교수가 "응? 나 교수다"라고 재확인까지 했지만, 문제의 학생은 "응. 알아. 그런데 왜 반말해?"라고 맞받아쳤다.

진심이 담긴 반응에 당황한 교수가 약 11분간의 긴 고심 끝에 "자네는 교수가 학생에게 반말을 하는 게 잘못됐다고 생각하는가?"라고 최대한 화를 참으며 답변했지만, 학생은 여기에 담담한 태도로 "저도 학생이기 전에 성인이라서 존중받을 필요는 있다고 생각합니다. 그리고 교수님은 제 담당 교수님도 아니시고, 저랑 전에 알고 지내지도 않았잖아요"라고 받아쳤다.

개인의 권리를 최우선으로 생각하는 초개인 사회는 안타깝게도 개인의 권리만을 모든 것으로 생각하는 심성의 소유자들을 탄생시켰다. 이들은 극단적인 디지털적 사고방식을 가진 사이보그형 인간에 해당한다.

이들은 정당한 개인주의를 이기주의로 오해하지 않는다. 반대로 이기적인 신념을 개인주의라고 주장한다. 우리가 마주하는 여러 갈등 상황에서는 종합적으로 사고해야 하고, 전체 맥락도 고려해야 한다. 하지만 이들은 단 하나, '자기의 손해'만을 생각한다.

SNS에서 유행하는 '사이다썰'도 비슷한 맥락으로 볼 수 있다. 사이다썰에 지나치게 중독된 사람들은 자신의 이기심을 일종의 정의감으로 환원한다. 이들은 타인의 이익과 권리는 아랑곳하지 않고 오로지 상대방에게 자기 입장만 관철시키는 데 혈안이 돼 있다. 하지만 이런 식의 뒤틀린 정의감을 구현하는 일은 당장은 시원하게 느껴지더라도, 장기적으로는 손해가 될 것이다.

초이기주의자들에게는 '하나만 알고 둘은 모른다'는 속담이 잘 어울린다. 그들이 알고 있는 '하나'는 경제적인 이익이다. 이들을 움직이는 유일한 힘은 돈이기 때문에 당장 경제적 손해가 발생하지 않는다면 무슨 일이든 상관없다고 생각한다. 위 대학교에서 발생한 사례에서도, 교수에게 반말을 한 학생은 이 사건으로 F학점을 받거나 퇴학당할 걱정을 하지는 않았을 것이다. 게다가 팬데믹 상황이었으니 한 학기 동안 강의실에서 마주할 일도 없었을 것이다.

하지만 세상에는 오직 경제적인 이득만 존재하는 것이 아니다. 사람이 살아가기 위해서는 다양한 종류의 자본이 필요하다. 초이기주의자들은 당장 경제적 손해를 보지 않더라도, 장기적으로는 홀로 남겨질 가능성이 높다.

커뮤니티엑스 전정환 대표가 쓴 『커뮤니티 자본론』이라는 책이 있다. 커뮤니티 자본이란 개인과 커뮤니티, 그리고 커뮤니티와 커뮤니티가 서로 관계를 맺고 가치를 창출하며 선순환하는 자본이다. 넓은 의미에서 사회적 자본과 유사한 점이 있다. 다만 사회적 자본이 네트워크와 관계 그 자체를 말하는 반면, 커뮤니티 자본은 다양한 커뮤니티들이 끊임없이 능동적으로 발견되고 연결과 융합으로 생성되는 역동적인 개념이다.[47]

커뮤니티 자본은 기본적으로 사람들 사이의 신뢰와 먼저 주기(Give First)를 통해 구성된다. 그러나 초이기주의자들은 이것이 불가능하다. 신뢰 자본이 쌓이지 않는 것이다. 결국 이들의 커뮤니티 범위는 점차 좁아지고, 최후에는 어느 커뮤니티에도 속하지 못하게 된다.

9장
세 번째 특징: 초자율

주체성에서 자율성으로

에드워드 데시Edward L. Deci와 리처드 라이언Richard Ryan이 1975년 수립한 자기결정성 이론Self-determination theory, SDT에 따르면, 인간은 누구나 자율성과 관계성, 그리고 유능감이라는 세 가지 기본 욕구가 있으며 이것이 충족되었을 때 만족스러운 인생을 살 수 있다. 특히 세 가지 욕구 중에서 가장 핵심적인 욕구는 자율성으로 이것이 훼손되거나 충족되지 않을 때 인간은 누구나 불행할 수밖에 없다.

한국인에 대한 전통적인 평가는 자율성보다 주체성이 높다는 것이었다. '자율성'이 자기 스스로의 원칙이나 결정에 따라 어떤 일을 하거나 자기 자신을 통제하는 것을 의미한다면, '주체성'이란 내가 타인으로부터 영향을 받는 대상이 아니라 타인이나 사회에 영향을 주는 주체가 되고자 함을 뜻한다.

문화심리학자 한민 박사 등이 지난 2009년 한·중·일 3국 대학생들을 대상으로 '자기관'을 구성하는 심리적 요소를 비교한 연구에 따르면, 한국인은 중국인과 일본인에 비해 자기 결정에 따라 행동하는 자율성보다는 자신의 존재감과 영향력을 확인하고 확대하는 주체성이 두드러지게 높은 것으로 나타났다.[48]

자율성과 주체성의 공통점이라면 결정권과 통제감에 대한 욕구를 가지고 있다는 것이다. 하지만 자율성이 높은 이는 자기 결정에 따라 행복하면 충분한 데 반해, 주체성이 높은 이는 자신의 존재감과 영향력을 계속해서 뽐내고 확대해야만 한다.

이런 주체성이 가장 잘 드러내는 건 앞서 보았던 한턱내기다. 이것은 단순히 '내가 돈을 내겠다'는 말이 아니라, 내 영향력을 과시하려는 행위라고도 볼 수 있다. 실제로 과거에는 이러한 행동을 보이는 이가 적지 않았다. 오른손이 하는 일을 왼손이 모르게 하는 건 한턱 내는 이들에게 미덕이 아니었다.

2000년대생들에게는 그렇지 않다. 그들이 남에게 음식을 절대 사지 않는다는 의미가 아니다. 단지 굳이 남이 먹은 음식값을 대신 내는 행위를 통해서 자신의 존재가치를 확인하려 들지 않는다는 것이다. 만약 실제로 한턱을 쏘는 일이 있더라도, 눈앞에서 자기가 낸다고 으스대기라도 한다면 유치한 행동으로 비치기 쉽다. 이들에게는 차라리 사람들 몰래 계산하고 사라지는 것이 더 쿨한 행동이다. 물론 이들에게 과시욕이 없다는 말은 아니다.

다만 이를테면 SNS에 "나 BMW 샀어!"라며 정면 사진을 올리기보다는, 살포시 핸들에 박힌 BMW 마크를 보여주는 식으로 변한 것이다.

이제 젊은 세대들은 "내가 누군지 알아?"라는 말로 자신의 존재감을 내세우려 하지 않는다. 지금의 2000년대생에게 필요한 것은 내 인생과 행복을 스스로 결정하는 '자기 결정권'이다. 자신이 어떤 사람인지 과시하고자 하는 욕망이 줄어든 반면, 스스로 무언가를 결정하고 행동하는 것에 더 집착하는 경향을 보인다.

이는 현대사회를 사는 이들이 삶에서 스스로 결정할 수 있는 일이 극도로 줄어들었기 때문일 수 있다. 이들은 불확실성의 세상에서 얼마 남지 않은 확실한 선택지에 집착한다. 그래서 삶의 많은 부분에 있어서 중요한 것은 어떤 일을 내가 통제할 수 있고 어떤 일을 내가 통제할 수 없는지 사전에 판단하는 것이다. 일종의 '통제 가능성'이다.

물론 이전에도 자기 인생을 자기가 결정하는 게 행복의 척도였을 수 있다. 달라진 것은 상황을 내가 통제할 수 있는지 여부를 판단할 가늠좌가 좀 더 촘촘해지고 민감해졌다는 것이다. 이러한 변화는 0과 1로 정확히 구분할 수 있는 디지털 환경이 만들어 냈을 수도 있고, 그 디지털 환경으로 사회의 투명성이 강화되었기 때문일 수도 있다.

이제 통제 가능성은 전보다 행복과 더 직결되는 변수가 됐다. 지금의 세대들은 내가 충분히 결정할 수 있는 일에 대한 결정권을 빼앗기는 것에 민감할 수밖에 없다. 여기서 '충분히 결정할 수 있는 일'이라는 단서가 중요하다. 이를테면 지금의 청년들에게 부잣집에서 태어나는 것은 애초에 결정할 수 있는 일이 아니다. 어느 집에서 태어난 것은 '운', 그중에서도 '천운'이기 때문에 받아들일 수밖에 없다.

현세대의 초자율적 의식은 로널드 드워킨Ronald Dworkin이 주창한 '운 평등주의'와 닮아 있다. 운 평등주의는 운을 선택하지 않은 운brute luck과 선택한 운option luck으로 구별한다. 그는 태어나면서부터 얻게 된 장애나 천재지변으로 얻은 피해에 대해서는 사회가 나서서 도와도 되지만, 주식투자 등 자신이 스스로 선택한 결과에 대해서는 자신이 책임지는 사회가 정의로운 사회라고 생각한다.

이렇게 개인의 선택의 결과를 중요시하는 사회 분위기에서 탄생한 말이 바로 '누칼협(누가 칼 들고 협박함?)'이라는 표현이다. 이 말은 누가 칼을 들고 협박하는 것과 같은 불가항력적인 상황이 아니었다면 자신이 스스로 결정한 일에 대해서는 책임을 져야 한다는 것이다. 이 표현은 원래 온라인 커뮤니티 등에서 쓰이는 속어였지만, 이제는 '절이 싫으면 중이 떠나라'라는 의미로 변질되고 확장됐다.

문제는 이 말을 단순하게 개인의 선택을 강조하는 의미로 사용하는 것을 넘어, 어떤 문제를 제기하거나 개선을 요구할 때 조롱하고 묵살하는 용도로 사용되기 시작했다는 점이다. 사회와 개인 모두에게 책임이 있는 문제에서 개인에게만 모든 책임을 뒤집어씌우거나, 건전한 비판과 토론을 막는 수단으로도 사용되고 있다.

주식 열풍과 통제 가능성

2019년 코로나19 팬데믹 이후 젊은 세대 사이에서 코인과 주식을 비롯해 자산 투자 열풍이 불었다. 특히 주식을 시작한 사람들이 이때 많이 유입됐다. 2020년 3월에는 주식 거래 활동 계좌 수가 사상 처음 3,000만 개를 돌파했고,[49] 2021년에도 주식 열풍이 이어지며 주식 거래 계좌 수는 5,000만 개를 넘어섰다.[50]

2009년 말에 증권 계좌 수는 1,600만 개 정도였다. 2012년과 2014년을 제외하면 2017년까지 그 수가 매년 100만 개 이상 증가하는 추이를 보였다. 2018년과 2019년에는 증가세가 더욱 늘어 각각 200만 개 이상 늘어나기도 했다. 하지만 2020년과 2021년에 각각 약 1,000만 개 이상 신규 계좌가 개설된 것은 상당히 이례적이다.

젊은 층을 중심으로 신규 주식 투자자들이 늘어나는 현상에 대해 투자 전문가들은 다양한 의견을 내놓았다. 우선 코로나19 이후 정부가 자본을 많이 풀어 시장의 유동성이 증가해 투자 심리가 늘었다는 것이다. 개인들이 손쉽게 주식 거래를 할 수 있는 스마트폰 MTS의 등장도 주식 시장의 신규 고객 유입을 도왔다. 특히 증권사들이 주식 거래 위탁 수수료를 받지 않는 등 고객 유치 경쟁에 열을 올린 것도 주요 원인으로 지목된다. 해외 주식과 공모주 열기도 빠질 수 없다.

하지만 자산 투자 열풍의 중심에도 통제 가능성이라는 심리는 강하게 작용하고 있다. 주식 시장에 새롭게 유입된 투자자들을 부르는 별칭이 이를 대변한다. 바로 주식과 어린이를 합성한 '주린이'다. 이들의 기본적인 특징은 주식 시장에 들어올 때 공부를 하면서 들어온다는 것이다.

물론 기존 시장의 주식 보유자들이 모두 주식에 문외한이라서 묻지마 투자를 했다는 것은 아니다. 다만 2019년 이후 경제경영 부문 베스트셀러 중 다수가 주식 투자의 마인드나 실질적인 투자 방법을 가르치는 도서였다는 점은 주식 공부 열풍을 상징한다. 또 같은 시기에 주식이나 투자 관련 유튜버들이 공중파 TV를 비롯한 제도권 방송으로 진출한 것도 그러한 분위기를 잘 보여준다. 특히 주식 전문가들은 주식을 장기 보유하면 언젠가는 우상향의 흐름을 탈 것이라는 믿음을 설파했다.

주식 열풍의 분위기 속에서 주린이들은 기본적인 주식 투자 방법과 기술적 분석 등을 철저히 학습하면 주식 투자를 해야 하는 최적의 타이밍을 파악하고 견고한 실적을 갖춘 가치주와 성장주를 골라 투자할 수 있다는 믿음을 갖게 됐다. 그들은 적어도 자신이 가진 주식 매매에서 통제 가능성을 보게 된 것이다. 물론 주린이들의 믿음이 실제로 실현될지는 알 수 없다. 하지만 주식 공부 열풍과 소위 '투자의 신'이라 불리는 주식 전문가들이 주린이들의 투자 심리를 상승시킨 것만은 분명하다.

그렇다면 비트코인과 같은 가상 자산 투자의 경우는 어떠한가? 많은 수의 투자자들은 '가상 자산은 가치 평가를 내릴 수 없다'며 이 때문에 자신은 가상 자산에 투자하지 않는다고 말한다. 그들의 평가는 타당하다. 비트코인과 이더리움 그리고 기타 알트코인에는 미래에 가치를 만들 수 있는 평가 지표가 존재하지 않는다. 그럼에도 코인을 움직이는 힘이 있다면 그것은 바로 '소문'이다. 이 코인의 가격이 오르거나 떨어질 것 같다는 소문, 혹은 NFT의 유행으로 이 코인이 오를 것이라는 소문만이 이 코인의 유일한 가치다. 그렇다면 사실상 통제 가능성이 전무한 가상 자산 투자에 자신의 전 재산을 거는 현상은 어떻게 설명할 수 있을까?

이 역설적인 상황을 이해하기 위해서, 지난 시절 인류가 아무런 정보가 없었던 자연에서 어떻게 효과적으로 생존해왔는지를 살펴보면 좋겠다. 인간은 모방과 패턴화에 익숙한 동물이다. 성공적인 결과를 보인 누군가를 자동적으로 모방하고 패턴화하는 것은 생존에 도움이 되었다. 하지만 그것이 항상 좋은 결과만을 낸 것은 아니있다. 왜냐하면 인간은 수많은 인지 편향과 의사결정 편향을 가지고 있는 동물이기 때문이다. 그것은 인간의 자율의지가 영향을 미치지 못하는 대자연에서 사냥과 농사와 같은 활동을 할 때 나타났다.

캐나다 래브라도반도에 사는 나스피족은 순록을 사냥할 때 어디로 갈지 방향을 정해야 했다. 상식적으로는 사냥에 성공했던 곳이나 친구나 이웃이 최근에 순록을 발견했던 곳을 방문하는 쪽이 좋을 것이었다. 하지만 이것은 단지 사냥꾼의 입장에서만 옳은 결정이었다. 순록은 전에 인간을 보았던 곳을 피하려 할 것이기 때문이다. 그래서 나스카피족 사냥꾼들은 점을 쳤다. 이러한 의례는 원시적으로 보일 수 있겠지만, 실질적으로는 사냥꾼의 의사결정 편향을 피하기 위한 장치였던 셈이다.51

이는 특이한 관행이 아니었다. 전 세계적으로 다양한 곳에서 이렇게 점술을 통해 의사결정을 한 증거를 확인할 수 있다. 농사에 있어서도 마찬가지다. 인도네시아 칼리만탄섬의 칸투족은 농사지을 땅의 위치를 선택할 때 새점을 이용했다. 이것은 도박에서 줄곧 잃기만 하던 사람이 이번에는 반드시 딸 것이라고 생각하는 '도박꾼의 오류'를 피하는 데 도움을 주었다. 결국 새점은 보르네오 지역의 농경 개체군 전체로 퍼졌다.52

위의 사례들은 인간이 자연을 정확하게 파악하기 어렵고 정보가 충분하지 않은 상황이라면 직관을 활용하기보다 무작위 장치를 이용하는 것이 더 좋은 결과를 가져올 수 있다는 점을 보여준다. 때로 우리의 인생의 가장 좋은 전략이 무작위화인 셈이다.

코인과 같은 가상 자산 시장을 공부한 사람들도 이 시장에 합리적인 상승 혹은 하락 패턴이 없다는 점을 깨닫는다. 그러니 아무리 많이 공부해도 알 수 없는 것이다. 주식 시장에서 이루어지는 기술 분석도 이 시장에서는 통하지 않는다. 무작위 투자는 아이러니하게도 이러한 상황에서 가장 효과적일 수 있는 것이다. 야수의 심장을 가지고 주술사처럼 "가즈아"를 외치던 데에는 이런 이유가 있다.

초자율적 세대가 선호하는 근무제도

1980년생 오현우 씨는 2007년 입사한 후 줄곧 한 회사에서 근무를 해왔다. 그는 평소 싹싹한 업무 태도로 선배들의 사랑을 받아왔다. 연휴가 있을 때면 짧은 연차를 사용해 실속 있게 국내외 여행을 즐기면서 일과 삶의 균형을 맞추기도 했다.

이런 그가 충격을 받았던 적이 있다. 2010년의 일이었다. 그는 평소와 같이 금요일 하루 연차를 내고 2박 3일 제주도 여행을 다녀오려 했다. 그런데 그 모습을 지켜보던 직속 임원이 그를 따로 불러내 이렇게 말했다.

> 자네는 왜 주중에 연차를 쓰는거지? 요즘에는 토요일에도 쉬지 않던가?

오현우 씨가 놀랐던 것은 임원이 그의 연차 계획을 지적했다는 것이 아니라, 그가 '왜 주중에 연차를 쓰는지' 진심으로 궁금해했기 때문이다. 하지만 그때까지 25년 넘게 회사 생활을 해왔던 그 임원에게는 주 5일제보다 주 6일제가 더 익숙했다. 오현우씨는 이 사실을 나중에야 깨달았다. 실제로 그 임원은 일요일도 쉬는데 토요일까지 쉴 필요가 없다고 생각하고 있었다.

하지만 이제 오현우 씨도 어느덧 17년 차 베테랑이자 한 팀의 리더가 되었고, 자신과 20년 차이가 나는 2000년대생과 함께 일하는 시절을 맞이하게 되었다. 그리고 그는 얼마 전 2000년생 인턴사원과 이야기를 나누다가 아래와 같은 질문을 받았다.

> 팀장님. 어떻게 사람이 일주일에 5일을 일할 수 있어요? 중간인 수요일에 하루 정도 쉬어야 균형이 맞다고 생각하지 않으세요?

대한민국에 주 5일제가 전면적으로 도입된 지도 어느덧 20여 년이 다 되어간다.* 이제 그 흐름은 자연스럽게 주 4일제의 도입 논의로 이어지고 있는 상황이다.

물론 이전에도 주요 선진국을 필두로 주 4일제를 도입한 사례

---

* 대한민국에서는 오랫동안 주 6일 근무 제도가 시행되었다. 1990년대 들어서 사기업에서 격주 주 5일제를 시행하는 경우가 늘어나기 시작했고, 1996년부터 중앙 관공서에서 격주 주 5일제가 시행되었다. 그러다 김대중 정부가 주 5일 근무 정책을 적극 추진하면서 2002년 7월부터 전국의 모든 은행이 일제히 주 5일 근무제를 실시했으며, 이후 2004년 7월부터 2011년 7월까지 차례대로 실시하였다.

는 간헐적으로 있어왔다. 가장 주목을 끌었던 것은 2022년 6월부터 12월까지 6개월간 영국 61개 기업 2,900명이 참여한 세계 최대 규모의 주 4일 근무제 실험이었다.

이 실험의 핵심은 월급 삭감 없이 주 4일제를 진행하면서, 생산성이 종전과 같이 유지되는지 확인하는 데 있었다. 이 실험의 결과는 긍정적이었다. 월급을 그대로 보전하는 조건에서 근무 일수를 하루 줄였음에도 평균 매출은 떨어지지 않았다. 실험에 참여한 대다수의 기업과 근로자 모두 만족감을 표시했으며, 참여 기업의 92%인 56곳이 주 4일 근무제를 지속할 의사를 보였다.*[53]

이에 영국 싱크탱크인 사회시장재단SMF의 아비크 바타차리아 국장을 포함한 많은 수의 전문가들은 해당 실험 결과를 "액면 그대로 받아들일 수 없다"라고 반박했다.[54] 그가 이 결과를 받아들이지 못한 가장 큰 이유는 실험이 '임금 보전'을 전제로 진행되었기 때문이었다.

하지만 해당 실험처럼 주 4일제를 실시할 경우 임금을 반드시 보전해야 할까. 일부 임금을 삭감한 형태의 주 4일제도 충분히 성과를 보일 수 있지 않을까. 이게 가능하다면 어느 정도가 적정한 수준일까.

---

* 기업 23곳의 실험 시작 시점과 종료 시점의 매출을 비교한 결과, 매출 증가율이 평균 1.4% 증가했다. 또, 실험 시작 6개월 전 자료를 제공한 24곳의 실험 기간 매출은 6개월 전보다 평균 35% 증가한 것으로 분석됐다

2022년 8월부터 1년간 시범사업으로 진행된 세브란스 병원의 주 4일제는 임금을 10% 삭감하는 조건이었음에도 불구하고 업무 성과와 참여자 만족도 모두 긍정적인 피드백이 돌아왔다. '의료서비스 질이 향상되고 있다'는 응답은 시범사업 전 55.4%에서 66.3%로 늘었으며, 일과 삶의 균형 만족도도 시범사업 시행 전 10점 만점에 3.7점에서 시행 뒤 6.2점으로 두 배 가까이 늘었다.[55] 그 결과 병원 노사는 주 4일제 시범사업을 1년 연장하는 내용에 합의했다.

    하지만 이런 긍정적인 신호에도 불구하고, 우리 사회에서 주 4일제가 자리 잡을 확률은 희박하다. 이러한 정책은 정부나 사업자의 장기적이고 강한 의지가 수반되어야 하는데 양측 모두에서 움직일 가능성이 적기 때문이다.

    코로나19 팬데믹 즈음에 있었던 일이다. 주 4일제와 주 4.5일제를 시행하며 격주 '놀금제도'를 자랑으로 내세웠던 에듀윌과 카카오 같은 기업들은 제도를 폐지시키거나 축소했다. 물론 앞으로도 일부 기업에서는 주 4일제를 활용해 원하는 인재를 끌어들이려 하겠지만, 주 4일제가 전반적으로 확대되려면 근로자층의 대규모 인구학적 변화와 정부의 의지가 반영되어야 할 것이다.

    하지만 꼭 주 4일제를 전면 도입하지 않더라도 회사로 새로 진입하는 세대의 초자율적인 성향을 적절히 활용할 수 있다면 업무 만족도를 높일 수 있을 것이다. 지금의 2000년대생들은 주 52시간 근로제를 일률적으로 시행하는 기존의 기업에 얽매이려

하지 않는다. 이들은 초단기 노동 형식의 긱 워커Gig Worker를 하나의 대안으로 염두하고 있다.

긱 워커란 고용주의 필요에 따라 단기로 계약을 맺거나 일회성으로 일을 맡는, 초단기 노동을 제공하는 근로자를 의미한다. 긱워커의 노동력 중개가 디지털 플랫폼에서 이뤄진다는 점에서 기존의 단기 근로 형태와는 차이가 있다. 우리 주변에서 흔히 볼 수 있는 대리기사, 쿠팡맨, 배달 라이더와 같은 이들이 여기에 해당한다. 특히 코로나19의 여파로 자연스럽게 이런 일자리가 늘어났다. 긱 워커가 떠오르는 이유는 바로 시간의 자율성이다. 즉, 내가 원하는 시간에 일을 할 수 있다는 점이 가장 큰 장점이라는 것이다.

뿐만 아니다. 전문 배달 라이더로 활동 중인 2002년생 전남수 씨는 자신의 직업에 대해 다음과 같이 말했다.

> 라이더로 일하면서 가장 좋다고 생각하는 점은 서울에서 일할 수 있다는 거예요. 예전에 원하는 직장을 얻으려면 대부분 지방에서 생산직으로 일해야 했거든요. 저는 지금까지 살아온 이 서울을 떠나고 싶지 않았어요.

이런 긱워커의 업무 형태는 시간의 자율성과 공간의 자율성을 동시에 추구할 수 있는 흔치 않은 직종이 되었다.

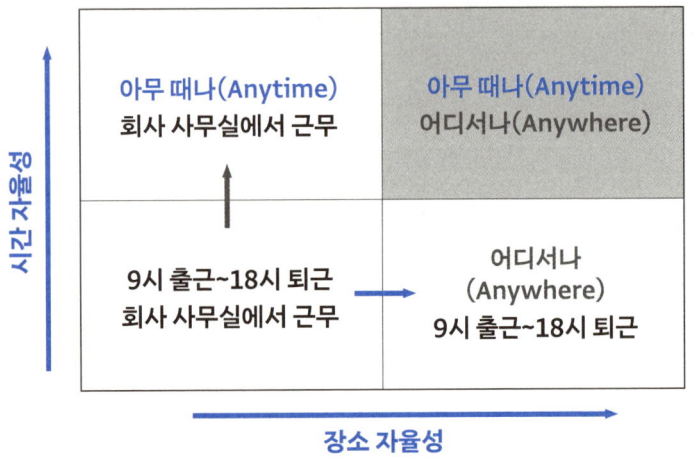

시간 자율성과 장소 자율성에 따른 일의 분류

이제는 기업도 이런 욕구를 반영한다. 카카오와 같이 단축 근무 형태를 중단하고 기존의 근무 체제로 돌아간 기업은 팀과 직무별로 자신들에게 가장 맞는 방식의 업무 형태를 짜는 '자율성'을 부여했다. 가령 100% 재택근무를 진행하던 일부 팀의 경우는 격주 1회 사무실 출근으로 절충하게 된 것이다.

같은 보상이 주어진다면 누구나 더 짧은 근무 시간을 원할 것이다. 하지만 무조건 주 4일제처럼 짧은 근무 형태만 선호하는 것은 아니다. 주 5일제를 유지한다 하더라도, 시간 자율성과 공간의 자율성이 보장된다면, 그 선택을 스스로 할 수 있다면 그들은 보다 적은 임금이나 긴 근무 시간에도 만족할 수 있는 것이다.

모두가 다른 자율성을 가진 세상의 비극

코로나 팬데믹이 가장 깊은 상흔을 남기고, 가장 큰 과제를 가져다준 곳은 아마도 학교일 것이다. 이는 단지 초중고뿐만 아니라 고등교육 기관에서도 마찬가지였다. 특히 2020년부터 비대면 강의를 실시했을 때 다양한 갈등들이 등장했다.

서울의 K대학교 경영학과에 오랜 기간 재직한 A교수는 비대면 강의를 진행해야 했다. 익숙하지 않은 방식에는 적응할 수 있었지만, 참을 수 없었던 것은 자신의 수업을 듣는 학생들이 화면에 보이지 않는 것이었다. 그는 2021년 봄학기 강의 첫 번째 시간에 "내 수업에서 카메라를 켜지 않을 사람은 수업을 듣지 말라"라고 공지했다. 하지만 이 베테랑 교수의 호기는 그렇게 오래가지 못했다. 30명이 넘었던 학생 대부분은 정정 기간을 활용해 수강을 취소했고, 해당 수업은 폐강 위기에 처했다. 결국 A교수는 화면 설정을 학생 자율에 맡기는 것으로 긴급 변경했고, 그렇게 겨우 폐강 위기를 면할 수 있었다.

Y대학교 행정학과에 재직 중인 B교수는 A교수와 마찬가지로 학생들의 얼굴을 봐야 한다는 생각을 가지고 있었지만, 강압적이지 않은 형태로 제안했다. 그는 수업에서 카메라는 꼭 켜되, 부담이 되는 사람은 정수리만 나와도 좋다고 했다. 다행히 B교수의 수업은 폐강의 위기를 겪지는 않았다. 하지만 강의가 진행되자 그는 혀를 찰 수밖에 없었는데, 상당수의 학생들이 화면에 정수

리만 비추고 있었기 때문이다.

이 두 사례는 초자율적 세대를 마주하는 과정에서 겪을 수 있는 일상적인 갈등 양상을 보여준다. 누군가는 이들의 자율성을 억지로 제한하는 과정에서 갈등을 겪을 수 있고, 또 누군가는 최대한의 자율성을 보장하기로 했다가 실제 상황을 마주하고 당황할 수 있다.

이 모든 것은 초자율성의 양면을 보여주는 것이다. 자율성은 보장되어야 하는 것이지만, 각자가 가진 자율성의 기준과 한도가 다르기 때문에 아무런 장치가 없이 무조건적인 자율을 부여한다면 질서가 깨진다.

자율성과 관련한 갈등은 각자의 권리의 투쟁으로 이어지기도 한다. 최근 KTX와 고속버스에서 일어나고 있는 승객 간의 의자 등받이 갈등이 대표적이다. 사실 대중교통의 좌석의 등받이 논란은 예전에도 있어 왔고 한국에서만 일어나는 일도 아니다. 영어에도 등받이 논쟁Recline Gate이라는 표현이 있을 정도니 말이다.

사실 여기에도 규칙은 있다. '도로운송차량보안규칙'에 따르면, 승합차의 앞좌석 등받이 뒷면과 뒷좌석 등받이 앞면의 거리는 65cm 이상이어야 한다. 하지만 실제 많은 운송 수단은 그 규정에 미치지 못하고, 등받이를 젖히는 순간 불편을 야기할 수밖에 없는 구조다. 결국 이를 해결하는 방법은 개인의 매너나 배려심, 혹은 융통성에 의지할 수밖에 없는 것이다. 그러나 융통성에 의지하는 곳일수록 오늘날에는 갈등이 수반된다.

이 문제를 어떻게 받아들이는지에 따라 해결 방식도 차이가 날 것이다. 자율성이 중요한 세대라면 원칙을 이야기할 것이다. 등받이는 젖히라고 있는 것이고, 그 각도를 적절한 수준으로 제한해야 한다고 말이다. 물론 민폐와 권리를 가르는 '각도'는 존재하지 않는다.[56] 아무리 조금이더라도 뒤에 앉은 사람은 권리를 침해받았다고 생각할 수 있기 때문이다.

그렇기 때문에 지침이 무엇보다 중요하다. 이를테면 비행기에서는 위와 관련한 오랜 경험치가 녹아있다. 비행기 이코노미 클래스에서는 애초에 등받이 각도를 아주 미세하게만 조절할 수 있게 해두었다. 이착륙 시간과 식사 시간에는 모든 승객이 등받이를 제자리로 해놓도록 안전 수칙도 정해져 있다. 또한 앞 승객이 등받이를 젖히더라도 뒷좌석 승객의 선반과 모니터 각도를 조절할 수 있도록 설계해두었다.

이렇게 사소한 대책들로 모든 갈등을 해소할 수는 없을 것이다. 하지만 그렇다 할지라도 갈등을 최소화하기 위한 구조적 장치 없이 이 문제를 각자의 융통성과 시민의식에 맡겨만 두어서는 곤란하다. 자율성을 어디까지 발휘할 수 있는지 명확하게 한 뒤에야 한 사람의 태도가 발휘될 수 있기 때문이다.

10장
세대적 특징으로 보는 저출산 문제

칵테일 효과와 저출산 문제

앞서 대한민국 2000년대생에게 나타나는 특징들을 초합리, 초개인, 초자율로 나누어 설명했다. 사실 이와 같은 개념은 독립적이긴 하지만 동떨어져 있지 않다. 이들은 서로 뒤섞이고 주변의 기술과 환경적 변화에 맞춰 계속 변화하고 진화한다. 이러한 상호작용은 예기치 못한 현상도 만들어낸다.

칵테일 효과Cocktail Effect라는 표현이 있다. 이는 개별적으로는 인체에 안전한 화학물이 혼합됐을 때 유해한 효과를 나타내는 현상을 나타낸다. 영국 학술지 《네이처커뮤니케이션Nature Communication》에 발표된 연구에 따르면 건강에 예기치 못한 영향을 미칠 수 있는 화합물이 15만여 개 존재한다고 한다.[57] 첨가물 등과 같은 화학 물질이 개별로 존재할 때는 독성이 미미하거나 낮지만, 두 가지 이상의 물질이 만났을 때에는 화학 반응을 일으켜 독성이 커지는 경우가 있다는 것이다.

우리가 앞서 살펴본 초합리, 초개인, 초자율이라는 현세대의 특성은 개별적으로만 보면 크게 문제 되지 않아 보인다. 그들의 지나침을 뛰어넘음으로 유도할 방법도 있다. 하지만 이 세 가지 특성이 서로 만나 만들어내는 부작용은 감당하기가 훨씬 어려워진다.

다시 전 세계에서 가장 심각한 저출산 문제를 말해보자. 통계청 인구 동향에 따르면 2022년 0.78명을 기록한 대한민국의 합계출산율은 계속해서 하락하고 있다. 2023년 2분기에는 0.7명까지 떨어지면서 0.6명대로 진입할 우려도 나오고 있다. 이 우려가 현실이 될 가능성이 높은 것은 이미 서울의 합계출산율이 0.53명까지 떨어졌기 때문이다.[58]

대한민국의 합계출산율이 1명대로 추락한 지도 이미 오래전이기 때문에 0.6명이라는 수치는 별 차이가 없어 보일 수도 있지만 긴 시각에서 보면 그렇지 않다. 만약 현시대 부모 100명을 한 세대라고 했을 때, 이들은 50쌍의 부부를 이룰 것이고 총 30명의 자녀를 출산할 것이다. 이렇게 태어난 2세대 남녀는 15명의 부부를 이룰 것이고, 이들이 낳는 자녀는 9명이 된다. 즉, 합계출산율 0.6명의 시대에서는 단 두 세대만에 100명이 9명으로 줄어드는 것이다.

하지만 우리 사회의 진정한 위험은 현재의 낮은 출산율 그 자체가 아니라, 이 문제를 해결할 방법이 보이지 않는다는 데에 있다. 지금까지의 저출산 대책에 대한 주요한 비판은 지난 15년간 약 280조 원이라는 천문학적 재정을 투입하고도 출산율 반전에 실패했다는 것이다. 하지만 앞으로 정부가 앞선 예산과 대책을 뛰어넘는 특단의 조치를 취한다 할지라도 저출산 문제를 해결하기는 어려울 것이다. 왜냐하면 아직도 우리나라 정부는 대한민국의 초저출산 현상이 현세대의 세 가지 특징이 낳은 칵테일 효과라는 점을 인지하지 못하고 있기 때문이다.

출산은 합리적이지 않다

지금의 세대, 그리고 앞으로의 세대에서 아이가 태어나지 않을 이유는 수없이 많겠지만, 그 모든 것을 아우르는 한 문장은 '아이를 낳고 키우는 것이 합리적이지 않아서'다.

출산과 육아란 본래부터 수지타산이 맞는 행위가 아니었다. 역사적으로도 글을 읽을 수 있고 교육 수준이 높은 여성일수록 아이들을 더 적게 낳아 소수의 인원을 더 건강하고 부유하게 키우는 경향이 있다.[59]정도의 차이가 있을 뿐 선진국이 공통적으로 저출산 문제를 겪는 이유가 여기에 있다. 그런데 왜 대한민국 저출산 문제는 유독 이렇게 심각할까? 대한민국이 정말 아이를 키우기 힘든 나라이기 때문일까?*[60]

진화생물학자 최재천 이화여대 석좌교수는 2021년 자신의 유튜브 채널 〈최재천의 아마존〉에서 우리나라의 저출산 문제를 "예전보다는 지나치게 현명해진, 똑똑해진, 계산을 할 줄 아는 세대의 불행"이라고 말한다. 결혼을 해서 아이를 낳는 행위가 본래 현명한 일이 아니고, 현시대의 저출산이 당연한 진화적 적응 현상이지만, 너무나도 합리적인 계산이 역설적으로 오히려 아무것도 못 하는 세대로 만들었는지도 모른다는 설명이다.*

이 말은 곧 앞서 살펴본 초합리성의 역설, 그러니까 구성의 오류와 같은 맥락이다. 개인의 합리적 선택이 모여 비합리적인 결론에 이르는 것이다. 그렇다면 출산이 개인에게도 합리적인 선택이 될 수 있도록 정부에서 파격적인 비용을 지원해서, 아이를 낳을 여건을 만들어주면 되는 일 아닐까? 그렇지 않다. 아이를 낳을 만한 정부의 충분한 지원은 영원히 불가능한 일이다. 왜냐하면 애초에 정부 차원에서 아이를 낳으라고 독려하는 가장 큰 이유가 미래에 예고된 재정 파탄을 막기 위해서이기 때문이다. 미래의 재정을 위해 아이가 필요한데, 이를 위해서 지금 그 이상의 재정을 투입할 수는 없다. 그렇기 때문에 항상 '1인당 1억 원 파격 지원 고려' 같은 정책들이 말로만 끝나는 것이다.**

---

* 2020년 미국의 비즈니스 전문 잡지 《CEO 월드 매거진》에서는 신생아 사망률과 병원 보유율과 같은 복지 관련 점수, 학교 진학률과 문맹률과 같은 교육과 삶의 질 관련 점수를 합해 대한민국을 전 세계에서 가장 아이 낳기 좋은 나라로 선정했다.
** 오히려 속빈 강정 같은 출산지원책들은 출산 유도책이 되기보다는 아이러니하게도 '지원책 없이도 출산을 하려던 이'와 '애초에 출산을 할 꿈조차 못 꾼 이'와의 새로운 격차를 만들어내고 있다.

결국 남은 것은 '당신들이 아이를 낳지 않으면 우리나라가 망해요'라는 감정적인 호소밖에 없다. 하지만 MBC 〈PD수첩-우리가 아이를 낳지 않는 이유〉편에서 《경향신문》 최민지 기자가 말한 것처럼 "당신이 애를 낳지 않기 때문에 우리나라가 망할 것이라는 이야기는 요즘 젊은 사람에게는 1도 타격이 없는 말"이다. 자율적인 선택으로 비출산을 택한 이들에게 출산을 강요하는 일은 반발심만 사는 일이다.

개인 보호주의와 출산 사이에서

2013년 KBS의 예능프로그램 〈해피투게더〉의 MC였던 유재석은 "결혼한 다음에 장단점이 어떤 것이 있나요?"라는 질문에 "수많은 장점이 있지요. 많은 것을 얻어요"라고 담대하고 모범적인 답을 내놓는다. "그래도 단점도 있을 것 아니에요"라고 몇 번을 보채자 그는 유머 섞인, 하지만 핵심적인 하나의 단점을 말한다. "단지, 나를 잃었어요."

초저출산의 상황에서 태어난 2000년대생에게 나를 지키는 개인 보호주의는 그 무엇보다 중요하다. 기혼자들이 결혼의 수많은 장점을 이야기하고, 아이를 낳기 전에는 알 수 없을 거라며 기적과 같은 희열을 아무리 강조하더라도 그들은 나를 지킬 수 없는 선택지에 쉽사리 손을 내밀 수 없다.

하지만 아이를 낳을 생각이 없다고 말하는 이들이 오로지 부모로서 자신만의 안위를 생각한다고 생각하면 오산이다. 그들이 이야기를 하는 '나'는 부모로서 나 자신이기도 하지만, 준비되지 않는 상황에서 태어난 '나의 아이'일 수도 있다.

중국어에는 남살무고濫殺无辜라는 표현이 있다. 무고한 사람을 마구잡이로 죽인다는 뜻으로, 전쟁과 살육이 이어졌던 중국 역사에서 사람을 함부로 죽였던 흉악한 통치를 표현하는 말이다. 2023년에는 새로운 표현이 등장했는데, 바로 남생무고濫生无辜다. '무고한 사람을 마구잡이로 태어나게 한다'는 뜻이다. 이 단어는 《차이나 디지털 타임즈》가 2023년 6월 이달의 새로운 단어로 뽑았다.[61] 중국인 장 아이링 씨는 다음과 같이 말한다.

> 아이가 자신의 수고, 공황, 빈곤을 물려받기 위해 태어난다면, 출산하지 않는 것도 일종의 친절입니다.

지금 한국은 전무후무한 초저출산을 넘어 국가의 소멸을 걱정하고 있다. 출산은 절대적으로 수지타산에 안 맞는 일이 됐고, 산부인과와 소아청소년과는 집단 폐업을 시작했다. 이 시점에서 무사히 태어나고 성장해도 초고령화 사회에 맞춰 살아남은 이들을 부양해야 한다. 이 상황에서 과연 누가 아이를 낳는 것이 좋은 선택이라고 생각할까?

11장
이해하지 않아도 된다

고역을 피하는 가장 확실한 방법

어느 시기를 막론하고 세대 간의 갈등은 존재해왔다. 기원전 4세기 수메르 점토의 기록부터 동서양 모든 곳에서 세대 간의 갈등은 필연적이었다. 지금 시대는 개인이 따라갈 수 없을 만큼 빠르게 변하고, 그 갈등의 양상 또한 다채로워졌다. 그 깊이 또한 깊어지고 있는 것이 사실이다. 게다가 디지털 사회를 넘어 인공지능 사회로의 빠른 전환은 심연 속의 갈등을 사회 표면 위로 끌어올리는 데 일조했다.

이를 해결하기에는 크나큰 노력과 긴 시간이 필요하다고 생각할 수 있을 것이다. 하지만 우리 한국인들은 그런 시간을 참고 견딜 만한 성격을 가지고 있지 않다. 그런 의미에서 나는 여기에서 가장 빠르고 확실한 방법 한 가지를 제시하고자 한다.

"피할 수 없으면 즐겨라"라는 말이 있다. 이 말은 미국의 심장 전문의 로버트 엘리엇Robert S. Eliet의 저서 『스트레스에서 건강으로』에서 나온 문구로, 매사를 긍정적으로 받아들여 삶의 스트레스를 줄이고 적극적으로 살라는 뜻을 지니고 있다. 이 말이 개인의 정신 건강에는 도움이 될 수 있을 것이다. 하지만 세대 갈등의 해소에는 크게 도움이 되지 않는다. 오히려 이 말을 반대로 하는 것이 더 근본적 해결에 가깝다.

즐길 수 없으면 피하라.

마음이 안 맞는 누군가와 함께하는 일만큼 고역이 없다. 특히나 무려 하루의 3분의 1인 8시간 이상을 함께해야 하는 회사 구성원이라면 두말할 나위 없다. 그렇기 때문에 궁합이 맞지 않고 서로의 생각과 행동거지를 받아들일 수 없는 사람 때문에 자신을 내려놓을 필요까지는 없다.

따라서 도저히 즐길 수 없는 상황은 피하는 것이 상책이 될 수 있다. 즉 세대 갈등을 받아들이는 것이 버겁다면 신입사원을 뽑지 않는 것도 고려해볼 수 있는 대안이라는 것이다.

2015년 개봉한 할리우드 영화 〈인턴〉에서는 패션 스타트업에 70대 인턴(로버트 드니로 분)이 입사한다. 열정적이었지만 자기 중심적이었던 젊은 패션 리더(앤 해서웨이 분)에게 일과 삶의 가치를 담담하게 전달한다는 점에서 주목을 받았다.

실제로 미국에서는 50대 중반 이상 중장년층 직원에 대한 수요가 늘어나고 있다.[62] 미국 또한 전통적인 기업문화인 허슬 문화에 지친 젊은 세대들의 직업의식이 변화하고 있고, 이와 더불어 만성적인 구인난에 시달리다 보니 이에 대응하기 위한 방법으로 시니어층의 구인을 검토하는 것이다. 비록 시니어들은 젊은 세대에 비하여 상대적으로 기술·트렌드 변화에는 느리다고 평가받을 수 있겠지만, 이와 반대로 기존의 조직문화에 익숙하고 성실하며 대면 소통에 능하다는 점이 각광받고 있다고 《포브스》와 같은 여러 미디어 매체들이 분석했다. 이러한 선호에 따라, 10~20대 젊은이의 일자리로 여겨졌던 패스트푸드점 등 식당과 유통·물류 업체, 어린이·노인 돌봄 서비스, 법률 회사, 회계 등 전문직 분야까지 시니어 직원 채용에 적극 나서고 있다. 미 은퇴자협회에 따르면 '50세 이상 직원에게 공정한 채용 기회를 주겠다'는 서약에 참여한 회사는 지난해 뱅크오브아메리카와 마이크로소프트 등 대기업을 포함해 2,500여 곳으로, 전년도인 2021년에 비해 122%나 증가했다.

국내에서도 시니어를 고용하는 기업이 늘어나고 있다. 《매일경제》 보도에 따르면 국내 기업들이 시니어를 고용하는 이유 중 가장 큰 것은 '우수한 업무 태도(36.8%)'를 가지고 있고, 시니어들이 기존에 가지고 있던 '기술과 지식을 전수(33.3%)'를 전수 받을 수 있기 때문이었다. 기존에 노인을 채용하는 주된 이유였던 '인건비 경감(27%)'이나 '기업 평판 관리를 위한 사회공헌(7.9%)'

보다 실용적인 도움을 줄 수 있는 부분이 더 높은 평가를 받은 것이다.[63] 특히 제조업과 2차 산업 분야에서 시니어의 전문성을 찾는 비중이 높은 것으로 나타났다.

아예 55세 이상만 입사할 수 있는 기업도 있다. 《조선일보》 기사에 따르면 시니어에게 양질의 일자리를 제공하기 위해 설립된 사회적기업 에버영코리아의 직원 평균 나이는 64.9세로 280여 명 중 대부분이 60~70대 고령자다. 시니어 일자리가 보통 단기 알바 성격으로 운영되는 것에 반해 이곳에서는 평균 근속 연수가 6년 2개월에 달하는 것으로 나타났다.[64]

갈등이 없을 뿐, 문제는 그대로

나는 여러 강연 자리에서 "세대 갈등을 피할 수 있는 가장 원초적이면서 확실한 방법은 젊은 사원들을 애초에 뽑지 않는 것"이라고 말한 적 있다. 이 생각은 지금도 여전히 유효하다. 이 방식은 세대 간의 접촉을 원천 차단한다는 의미에서 갈등을 유발시키지는 않는다. 하지만 과연 이 방식을 언제까지 유지할 수 있을까?

실제로 사람을 뽑지 않았던 한 중견기업의 사례는 우리에게 경각심을 일깨워줄 수 있다. 한때 연 매출이 1,000억 원에 가까웠던 한 중견 수산식품 가공 업체가 있다. 이 기업에서는 십여 년 전부터 회사 안에서 심각한 세대 갈등과, 한 사람이 일당 백을 해야 하는 열악한 상황이 펼쳐졌다. 이에 젊은 구성원들의 요구를 들어주기 어려운 상황이 지속되자 아예 20~30대 청년 신입사원을 뽑는 일은 중단하고, 40대 이상의 사원들로만 기업을 꾸려가기로 결정했다.

이 방식으로 1~2년을 운영했을 때 특별한 문제점은 없었다. 오히려 불필요한 세대 갈등이 사라졌다고 느꼈기에, 경영진들 또한 본인들의 선택에 만족감을 표했다. 하지만 4~5년이 지나자 여러 가지 문제점들이 발생하기 시작했다. 인건비의 문제도 있었지만, 기술과 지식을 전수할 사람이 없어진 것이다. 결국 6년 만에 10여 명 수준의 신입 공채를 진행하게 되었다. 하지만 단 반년만에 이렇게 뽑은 인원의 80%가 자진 퇴사했다. 청년 세대를 뽑지 않는 기간 동안 이들과 조화롭게 일하는 습관을 전혀 들이지 않은 탓이었다.

진심으로 세대 갈등을 피하고 싶다면 나는 그쪽을 추천한다. 하지만 냉정하게 말해 시니어 인력만으로 유지될 수 있는 기업은 극히 일부에 불과하다. 도저히 피할 수 없는 현실이 있는 것이다. 게다가 이 부분이 꼭 채용에만 해당하는 것도 아니다. 우리가 현재 함께 일하고 있는 일터에서 '회피 전략'이 늘어난 탓에 서로 다른 세대 사이에서 기본적인 소통조차 제대로 이루어지지 못하는 경우가 많다.

나는 몇 년 전 지인의 부탁으로 고등학교 학생들을 대상으로

'진로 특강'을 진행했다. 당시 나는 20여 년의 나이 차이가 나는 2002년생 학생들에게 친근하게 다가서 볼 요량으로 "안녕하세요 고딩 여러분?"이라고 인사를 던졌다. 그러자 이 첫인사를 듣던 한 학생은 나에게 "고딩은 저희 고등학생을 무시하는 단어 아닌가요? 작가님 맞으세요? 사과 부탁드립니다"라고 되받아쳤다. 나는 바로 사과를 할 수밖에 없었다.

미세차별microaggression이라는 말이 있다. 눈에 잘 띄지 않을 정도로 미세하고 만연한 차별을 의미하는 단어다.* '아주 작은(micro)'과 '공격(aggression)'의 합성어로, 말 그대로 미세하지만 공격적인 차별을 뜻한다.[65] 무심코 하는 말이라도 그것이 누군가를 불편하게 만든다면 그것은 미세차별적 언어일 수 있다.

가령, 장애인 인권단체에서는 당사자를 비하하고 차별하는 언어에 개선을 촉구한다. 인종차별주의적인 표현이나 성별 이분법을 전제로 한 표현 역시 뭇매를 맞는다.[66] 뿐만 아니다. '저출산'이라는 일반적인 표현은 사람을 아이 낳는 기계로 본다는 비판에 직면했다. 그 결과 적지 않은 언론은 그 불편한 순간을 피하기 위하여 '저출산'이 아닌 '저출생'이라는 언어로 대체했다. 누군가에게는 '유모차' 또한 불편한 단어다. 왜냐하면 아이의 어머니가 타는 것이 아니라, 아이가 타는 이동 기구이기 때문이다. 이들은 대신 '유아차'로 쓰기를 권한다. 이러한 기준에 따르면, 내가 언

---

* 2018년 이를 국내에 처음 소개한 BBC Korea에서는 이를 '먼지차별'이라는 단어로 소개했다.

급했던 '고딩'이라는 단어 역시 어린이와 청소년을 무시하는 언어가 된다.

남녀, 인종, 나이, 장애 등으로 차별을 조장하는 언어 사용은 지양해야 맞다. 문제는 이 중에서 적지 않은 표현이 수년 전까지는 '그냥 무심코 내뱉어도 큰 문제가 없었던 말들'이었다는 데 있다. 차별적인 단어는 철폐되어야 하겠지만, 그 급격한 변화에 따라가지 못하는 사람도 많고, 그 결과 부작용도 적지 않다.

판교의 게임 회사에서 기획팀장으로 일하는 85년생 김태민 씨는 얼마 전 화려한 옷을 입고 출근한 팀원에게, 지나가는 말로 "옷 멋진데? 오늘 무슨 소개팅이라도 있나 봐?"라고 말했다. 반응은 싸늘했다. 그는 직장 내 괴롭힘에 해당할 수 있는 말이니 앞으로 주의해달라는 대답을 들었다. 이후 그는 팀원들에게 필수적인 업무 이야기 외에는 말을 꺼내지 않는 것이 좋겠다고 판단했다.

실제 비즈니스 현장에서 그와 같이 불필요한 갈등을 줄인다는 명목으로 새로운 세대와 말하기 자체를 꺼리는 중간 관리자들이 늘고 있다. 이들은 말꼬투리나 잡힐 바에는 아예 이야기를 나누지 않는 쪽이 편하다고 말한다. 서로가 불쾌한 상황을 마주할 바에는 피하는 게 낫다고 판단하는 것이다.

하지만 이렇게 불편해질 수 있는 상황을 피하려고 소통을 거부하는 건 업무에 있어서도 나쁜 영향을 끼친다. 불필요한 세대 갈등의 싹을 자르고자 젊은 세대를 뽑지 않거나, 불편한 상황을 타개하고자 소통 자체를 하지 않는 것은 단기적으로는 편한 상황을 만들 수는 있지만, 그건 미봉책에 불과하다. '즐길 수 없으면 피하라' 전략은 궁극적인 해결책이 되지 못한다.

인공지능이 이야기하는 세대 갈등의 해법

전 세계인에게 충격을 안겨준 대화형 AI 챗GPT는 세대 갈등의 해법에 대해서 어떠한 생각을 가지고 있을까? 챗GPT가 세대 차이를 어떻게 해결할 수 있는지 한 번 직접 물어봤다. 그러자 다음과 같은 답이 나왔다.

> 세대 차이를 다루는 것은 어려울 수 있지만, 다음과 같은 몇 가지 단계가 있습니다. 첫 번째 단계는 '오픈 커뮤니케이션', 즉 서로 다른 세대 간의 개방적이고 정직한 의사소통을 장려하고, 적극적으로 경청하며, 서로의 관점을 이해하려고 노력하는 것입니다. 두 번째 단계는 '공감'. 다른 사람들의 입장이 되어 그들의 경험과 세계관을 이해하려고 노력하는 것입니다. 세 번째는 '차이점 존중', 네 번째는 '서로 배우기', 다섯 번째는 '타협', 마지막 여섯 번째는 '공통 목표에 집중하기'입니다.
> 세대 차이는 자연스러운 현상이며 이해와 존중, 열린 소통

꼭으로 극복할 수 있다는 것을 기억하세요.

    무척이나 원론적인 답변이다. 하지만 이와 같이 마음을 열고, 서로에게 공감하며, 차이점을 존중하라는 원론적인 방법이 지금의 새로운 갈등을 맞이한 우리가 들으려 했던 조언은 아니다.

    특히, 챗GPT가 마지막에 재차 강조한 내용을 보자. 이해와 존중, 열린 소통은 아주 중요한 일이다. 특히 마음을 열고 누군가를 존중하는 태도를 보이는 것은 세대 차이 해결을 넘어 모든 인간관계에 있어서 중요한 소통의 열쇠다. 다만 나는 이 해법에서 한 단어에 의문이 생겼다. 바로 '이해'다.

    이해한다는 뜻의 영어 understand는 상대방의 밑(under)에 서야(stand) 진정으로 그 사람을 이해할 수 있다는 의미를 지닌다고 알려져 있다. 이 어원의 해석을 그대로 받아들이고 활용하려면 상대방에 대한 양보가 전제되어야 하는 것이다.

    그렇다면 세대 차이 혹은 세대 갈등 해결에 있어서, 우리는 기본적으로 한 발자국 뒤로 물러나거나 상대방의 아래에 서서 그들의 이해하는 태도를 보여야만 하는 것일까? 나는 그렇지 않다고 생각한다. 누군가에게 아래에 서서 상대를 이해하려는 태도가 그 자체로 나쁘지는 않을 것이다. 하지만 일방적으로 양보하는 태도는 또 다른 갈등을 부추기게 마련이다.

    지난 수년간의 강연 현장에서 『60년생이 온다』나 『70년생이 온다』 같은 책을 써달라는 요청은 적게 잡아도 수백 번 넘게 들어봤다. 이렇게 요청하는 사람들은 젊은 세대도 기성세대를 한 번쯤 이해해줬으면 좋겠다고 호소했다.

평소 이러한 하소연 섞인 요청을 듣다 보면 기성세대의 마음이 십분 이해가 된다. 이 글을 쓰는 나 역시도 오래전 청년기를 마무리하고 중년의 관리자로 넘어왔다. 꼭 다른 사람의 이야기라고 치부할 수 없는 입장이기도 하다.

하지만 이러한 대응이 과연 문제 해결에 얼마나 실용적인 효과를 발휘할지에 대해서는 의문이 든다. 내가 쓰지는 않았지만, 기존의 세대의 마음을 헤아리는 내용의 『70년생이 온다』와 같은 책들이 출간됐다. 하지만 눈에 띌 만한 갈등의 해결 혹은 해결책을 얻어 가지는 못했다. 이런 식의 해결책은 마음을 다독여주는 효과 이상을 발휘하기는 힘들 것 같다.

나는 이번 책에서 많은 분들의 마음속의 부담을 조금 덜어드리려 한다. 그것은 바로 "다른 세대를 이해할 필요는 없다."는 것이다. 이해理解라는 말은 사전적으로 여러 가지 뜻이 담겨 있지만, 주로 남의 사정을 헤아려 너그럽게 받아들인다는 뜻으로 받아들인다. 영어 understand와 같은 의미로 해석하는 것이다. 그러한 의미에서 나는 굳이 다른 세대의 누군가를 너그럽게 받아줄 필요가 없다고 말하고 싶다.

그 대신 우리는 알 필요가 있다. 마음으로 받아주려 하지 말고, 알아간다는 마음으로 다른 세대를 바라보면 충분하다고 본다. 이 또한 포괄적인 이해의 개념으로 볼 수는 있지만, 마음으로 이해하는 것과 머리로 알아채는 것의 차이는 있다.

누군가의 사정을 헤아려 너그럽게 받아들인다는 일은 쉬운 것이 아니다. 거기에는 마음을 써야 한다. 하지만 머리로 알아채는 것은 사실에만 기반하는 것이다. 무엇이 같고 다른지 구분하고, 무엇을 원하고 원하지 않는지 파악하는 것은 큰 정신적 고통을 수반하지 않고도 가능하다.

2019년 8월 제19대 대한민국 문재인 대통령은 『90년생이 온다』를 청와대 전 직원에게 선물하면서 다음과 같은 메시지를 남겼다.

> 새로운 세대를 알아야 미래를 준비할 수 있습니다. 그들의 고민도 해결할 수 있습니다. 누구나 경험하는 젊은 시절, 그러나 지금 우리는 20대를 얼마나 알고 있을까요?

이 역시 너그럽게 이해하고 받아들이기를 권하기보다, 그들을 제대로 알아야 한다는 메시지가 담겨 있었다. 누군가와 입장의 차이를 명확하게 인지하고 객관적인 입장에서 사안을 바라볼 수만 있으면 충분하지 않을까. 그래서 나는 세대 갈등을 해결하는 키로 '가슴으로 이해하기'가 아니라 오히려 '머리로 알기'를 다시 한 번 강조한다.

리더십으로 해결되지 않는 영역

2000년대생과 기성세대 사이에는 서로 다른 점이 상당 부분 존재한다. 게다가 같은 세대 안에서도 개별성이 강조되고 있는 지금 시대에서는 서로 다른 세대를 아우르고 타협하기가 쉬운 일이 아니다. 하지만 이 갈등이 만나는 지점이 회사라는 조직이라면 이야기는 조금 쉽게 풀릴 수 있다. 회사는 공동의 목표로 움직이는 조직이기 때문에 일의 효율성과 형평성을 함께 고려하는 '원칙'이 갈등 해결의 실마리가 될 수 있을 것이다.

많은 사람들이 한 국가에 모여 산다. 이 국가는 권력에 의해 강제되는 규범을 만들어 사회를 운영한다. 바로 법이다. 큰 틀에서 봤을 때 회사라는 조직도 마찬가지다. 회사법과 노동법이라는 토대 안에서 개별 회사는 취업 규칙을 만들고, 다시 개인과 회사는 계약서를 통하여 노동력을 제공하고 그 대가를 받는 합의를 이룬다. 그렇기 때문에 회사에서의 갈등은 개인 간의 타협이 아니라, 개별 회사가 정하는 합의의 틀 안에서 이뤄지는 것이 가장 깔끔하고 빠른 해결의 길이다.

아직도 많은 기업에서는 실제로 발생하고 있는 세대 갈등 문제를 관리자의 리더십 역량으로 해결하려는 경향이 있다. 회사가 아니라 팀장의 개인기에 의지하는 것이다. 물론 이것도 나쁜 방식은 아니다. 단지 개인기에 의존할 경우, 같은 조직에서도 큰 편차가 발생할 수 있다는 것이 문제다. 때문에 이러한 해결 방식은 근본적 해결책이 되지 못한다. 회사에서 일어나는 문제는 간단하게 법과 원칙, 그리고 상식에 의거하여 해결하면 되는 것이다. 원칙은 정치 단체만의 구호가 아니다. 회사 조직문화에도 그대로 적용될 수 있다.

하지만 오늘날 조직의 진짜 문제는 법과 원칙대로 해결할 수 없는 일이 점차 많아지고 있다는 데 있다. 원칙대로 진행을 하기 위해서는 먼저 투명하게 규정하는 일이 선행되어야 한다. 하지만 조직 안에서 모든 것을 투명하게 규정하기란 매우 어렵다.

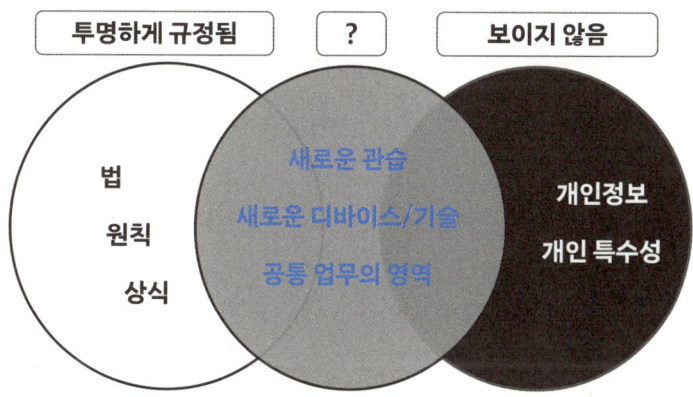

법과 원칙 그리고 상식 같은 것들은 사회의 일반적 기준에 따라서 비교적 투명하게 규정되어 있다. 그래서 조직 차원에서 규정을 정하면 그대로 따르게 할 수 있다. 반대로 회사 조직원이 가지고 있는 개인정보나 개인의 특수성은 개인 정보 보호 이슈 등과 맞물려 함부로 침범할 수 없다. 문제는 그 사이에 등장하고 있는 애매한 회색 영역이다. 거기에는 새로운 시대에 맞는 관습, 무선 이어폰과 같은 새로운 디바이스 사용, 공통 업무 영역 등이 있다.

일례로 '헤어롤'과 관련한 이슈를 살펴보자. 일반적으로 사람들은 헤어롤이라는 정식 명칭보다는 일본어에서 유래한 '구루프'라는 단어가 더 익숙하다. 2017년 대통령 탄핵 심판 선고일에 이정미 헌법재판소장 권한대행이 서두르던 중 머리에 헤어롤을 그대로 말고 헌법재판소에 들어가는 모습이 한동안 화제가 되기도 했다. 이제는 젊은 세대를 중심으로 지하철과 같은 공공장소에서도 헤어롤을 말고 다니는 모습을 심심치 않게 볼 수 있다.

하지만 회사에서 근무를 하면서 머리에 헤어롤을 말고 있는 것은 괜찮을까? 이는 근무시간 내 이어폰 착용과 같이 새롭게 떠오르는 대표적인 이슈다. 이렇게 회사에서 발생하는 새로운 이슈들은 곧잘 특정 세대의 업무 태도와 결부된다. 그리고 이런 이슈는 다시 〈MZ오피스〉 같은 세대 갈등을 묘사하는 콘텐츠에 소재를 제공하기도 한다.

나는 이러한 논란을 태도 문제로 귀결시키는 것에 대해 회의감을 느끼는 편이다. 이어폰이나 헤어롤 이슈를 '태도가 올바르지 못한 세대 탓'으로 돌리는 것은 아무런 소득 없이 갈등만 부추기고, 실제 문제를 해결하는 데 큰 도움도 되지 않기 때문이다.

그렇다면 이러한 문제를 어떻게 해결해야 할까? 이와 같은 이슈들을 해결하기 위해서 이해와 타협 같은 방식을 사용해서는 곤란하다. 보통 타협이란 갈등이 있는 누군가의 편에 서거나, 혹은 반대편에서 상대를 이해하고 양보하는 과정이 수반된다. 이는 결국 '배려'라는 결론에 다다른다. 하지만 그 과정에서 원칙이라는 대의는 온데간데없다.

여기서 2022년에 서울 소재의 한 대학교 강연에서 들었던 사례를 소개하고자 한다. 이 학교에서는 수년 전부터 논술 고사를 실시할 때 한 가지 이슈가 있었다. 바로 논술 시험을 치르러 온 고등학교 3학년 학생들 중 간혹 헤어롤을 하고 시험을 보는 학생들이 있었다는 것이다. 감독관은 이를 수험생으로서 옳지 못한 태도라며 지적했고, 학생에게 헤어롤을 풀라고 지시했다. 그리고 이를 거부하는 학생과 논쟁이 붙었다. 이런 갈등은 몇 년간 계속됐다.

그러다 몇 년 뒤 대학 측에서는 논술 시험 감독 지침을 한 가지 만들었고 그 뒤로는 갈등이 사라졌다. 바로 수험자의 헤어롤 착용 여부를 상관하지 않겠다고 발표한 것이다.

면접은 면접자의 말투부터 옷차림, 태도까지를 모두 판단하는 자리이므로 일부러 헤어롤을 착용하는 사람은 없을 것이다. 따라서 헤어롤 착용이 논란이 되거나 금지할 이유도 없을 것이다. 하지만 논술 시험을 볼 때는 머리 모양이나 헤어롤 착용 등은 제약을 둘 사항이 아니다. 2023년 대학수학능력시험 당시, 모히칸 헤어 스타일을 한 채로 시험을 본 수험생을 두고 주변에 민폐를

끼쳤다는 논란이 일었던 적도 있었다. 하지만 마찬가지로 이를 두고 제도적으로 문제를 삼을 수는 없다.

문제를 해결하는 포인트는 누군가의 태도를 문제 삼는 것을 넘어서, 명확하게 그 행동을 허용할 것인지 금지할 것인지를 정하는 것이다. 특정 행위가 우리 조직의 업무 성격, 특수한 상황에 맞춰서 허용이 되는지 정하고 사전에 고지하면 된다. 그리고 이를 따르기로 합의했다면 그대로 이행하기를 요구하면 된다.

새 술은 새 부대에 담아야 한다. 그 과정에서 젊은 세대나 기성세대에게 배려와 양보를 요구해서는 곤란하다. 억울한 상황이 나오지 않도록, 규칙과 규율이면 충분하다.

그렇다면 여기서 또 한 가지 사례를 들어보자. 내가 2022년 강연 자리에서 듣고 깜짝 놀랐던 말이다.

점심때 맥주 한잔 정도 마실 수 있는 것 아닌가요?

회사에서 근무를 하면서 낮술을 허용해달라는 말인가? 나는 그저 당황스러웠고, 아마 상당수의 직장인들이 나와 같은 반응일 것이다. 하지만 예전에도 간간이 인터넷 커뮤니티 등에 점심시간에 술을 마시는 행위에 대한 질문이 올라온 적이 있었다. 역시나 대부분의 반응은 부정적이었다. 적어도 우리 사회에서는 낮부터 술을 마신다는 것이 농사를 지을 때 새참에 막걸리를 반주로 하는 경우를 제외하고는 사실상 터부시되었기 때문이다.

특히 오늘날 사무직이 낮에 술을 마시고 오후 일과를 계속 한다는 것은 상상하기 어렵다.

하지만 2022년 블라인드의 한 국내 대기업 게시판에 같은 내용이 올라왔을 때 반응은 조금 달랐다. 글쓴이는 점심을 먹을 때 맥주 한잔 정도를 마셔도 괜찮은지 질문하고 하단에는 설문을 올렸다. 보기 1번은 "그래도 술은 안 된다", 2번은 "1잔 정도는 괜찮다"였다.

나를 더 놀라게 했던 건 이 설문의 결과였다. 193명이 참여한 설문에서 의견이 거의 5대5로 나왔기 때문이다. 나는 한번 근원적으로 왜 이러한 설문 결과가 나왔는지 생각해봤다. 예전에 비해서 지금의 젊은 직원들이 술을 특히나 더 좋아하게 된 걸까? 그렇지는 않을 것 같다. 그렇다면 술 한 잔 정도는 괜찮다는 사회적 합의가 새롭게 생겨난 것일까?

우리는 여기는 또 다시 세대가 아닌 시대의 변화상으로 눈을 돌릴 필요가 있다. 이와 같은 변화는 특정 세대의 태도 문제가 아니라, 환경의 변화가 반영되었다는 말이다.

2010년대 후반부터 스타트업들을 중심으로 기존의 단독 오피스가 아닌 위워크와 같은 공유 오피스에서 근무를 하는 형태가 늘어났다. 그때 많은 공유 오피스에서는 물과 커피 외에 수제 맥주도 제공했다. 실제로 위워크를 포함한 많은 공유 오피스가 24시간 맥주 무제한 제공을 공유 오피스 근무의 장점으로 내세웠다.

물론 시간이 지나 몇몇 공유 오피스에서는 맥주 제공이 실제 근무에 도움이 되지 않고 클레임의 원인이 된다는 이유로 중단했다. 하지만 기존의 업무 형태에서는 상상도 하기 힘들었던 오피스 내 맥주가 하나의 근무 문화로 등장했다는 사실은 부정할 수 없다. 결국 이 이슈의 핵심은 술 자체가 아니라, 그 알콜이 업무에 긍정적인 효과를 내는지 아니면 부정적인 효과를 내는지에 있다.

만약 "술 한잔해도 되나요?"가 아니라 "술 한 방울만 마셔도 되나요?"로 질문으로 바꾸면 어떨까? 말장난을 하려는 게 아니다. 내가 말하고자 하는 바는, 안 된다면 '어디까지' 안 되는지에 대해 생각해보자는 것이다.

결론적으로 헤어롤이나 에어팟 이슈와 마찬가지로, 상식적으로 허용하기 힘들었던 술 역시 우리 조직의 특성에 따라서 허용 여부가 결정될 수 있는 것이다. 근무 특성에 맞는 기준을 합당하게 설정하고 이를 사전에 공유하는 것으로 불필요한 세대 갈등을 줄일 수 있다는 것이 내 생각이다.

여기에 얼마든지 반론을 제기할 수 있을 것이다. 여기서 분명히 짚고 넘어갈 것은, 근무 특성에 맞춰서 허용 여부를 결정해야 한다는 것이다. 이를테면 대민 업무를 보는 부서와 직무는 그에 합당하게 '음주 금지'를 분명히 사전에 적시하고 이를 이행하는 것만으로 충분하다.

가령 경찰 같은 경우는, 아래와 같은 경찰공무원 규정에 따라서 근무 중 음주를 제한하고 있다.

제9조(근무시간중 음주금지)

경찰공무원은 근무시간중 음주를 하여서는 아니된다. 다만, 특별한 사정이 있는 경우에는 예외로 하되, 이 경우 주기가 있는 상태에서 직무를 수행하여서는 아니된다.

그러니 근무 중에 이어폰을 착용하거나 맥주를 마시는 것은 그 자체로 태도의 문제나 도덕의 문제가 아니다. 상황에 맞게 이를 제한하거나 허용하는 규칙만 만들고 사전에 공지하면 된다.

한 기성세대 임원은 내게 "이어폰을 착용한 직원은 자르겠습니다"라고 했다. 상황에 따라서 그 방법이 꼭 나쁘지는 않을 것이다. 하지만 그전에 이어폰 사용에 대한 규정을 만들어보면 어떨까. 그리고 그 규정을 따르기로 합의한 직원을 채용하는 것부터 시작해보면 어떨까. 어쩌면 세대 갈등은 젊은 세대가 제멋대로라는 편견이 더 키우고 있는지도 모른다. 효율성과 형평성을 함께 고려한 원칙을 제시할 수 있다면 그들이 동의하지 않을 이유는 없을 것이다.

12장
겉과 속을 같게 하라

제도는 복지가 아니라 업무 효율을 위한 것

국내 A기업의 사장은 회사의 젊고 유연한 조직문화를 위해 자율복장제를 도입하기로 결정했다. 그는 손수 전 직원에게 이를 알리는 메일을 썼고, 조직에 긍정적 변화가 일어나기를 바랐다. 하지만 그는 제도가 시행된 다음에도 직원들의 복장이 그리 자유롭게 변했다는 느낌을 받지 못했다. 사실 여기에는 사장을 제외한 모든 직원이 아는 사실이 하나 있었다. 바로 부사장이 사장의 메일 다음에 하나의 메일을 덧붙인 것이다. "차월부터 자율복장제 시행. 단 바지는 회색·남색·검은색만 허용."

B기업은 기업문화 혁신을 위해 기존의 과장님, 부장님과 같은 직급이 아니라 이름에 '님'을 붙여 부르는 호칭 파괴를 시도했다. 김 대리는 처음에 부장님을 ○○님으로 부르는 것이 어색했지만

이내 익숙해졌다. 하지만 그는 여전히 회의에서 기계처럼 부장님이 하는 말을 받아 적고 있는 자신을 발견했다. 호칭을 파괴했지만 회사의 위계질서는 여전했던 것이다. 그리고 얼마 전에는 친한 후배 사원이 본인을 'ㅇㅇ님'이 아닌 '형님'으로 부르기 시작했다. '형님과 누님도 님'이라는 말을 덧붙이면서 말이다.

자율복장제와 호칭 파괴, 그리고 유연근무제 등이 기업문화 혁신이라는 이름으로 많은 기업에 퍼지고 있다. 하지만 위의 사례로도 알 수 있듯이 제도의 변화가 실제 기업문화의 개선으로 이어지는 일은 생각만큼 쉽지 않다. 자율복장제를 도입한 A기업은 사장 본인의 '선한 의지'가 있다 하더라도 경영진과 관리자가 이를 왜곡할 수 있음을 보여준다. 호칭을 파괴한 B기업은 회사의 상명하복 문화가 그대로인 상태에서 명칭만 바꾼다면 제도가 유명무실해질 수 있음을 보여준다. 개인의 취향과 가치관이 다양해진 사회에서 조직은 '합의된 원칙'으로 문제를 사전에 조율하는 것이 중요하다. 이 원칙을 만들 때 반드시 유의해야 할 점은 '원칙의 겉과 속이 같아야 한다'는 점이다.

그렇다면 국내 기업들이 구글과 메타 같은 글로벌 IT기업의 조직문화를 벤치마킹하는 것은 불가능한 일일까? 여기서 중요한 것은 글로벌 IT기업의 제도들이 직원을 위한 복리후생의 개선 차원으로 시행되는 것이 아니라는 데에 있다. 그들은 제도를 노동자의 권리 향상이나 삶의 질을 개선하는 수단이 아니라 일의 효율을 높이고 업무를 최적화하는 도구로 활용할 뿐이다. 직원들에게 혜택을 주는 것이 아니라, 철저하게 일을 잘하게 하기 위해 시행하는 제도라는 것이다. 이를테면 카페테리아에 무료 간식을 비치하는 것은 단순히 그들의 배고픔을 해결해주기 위해서가 아니라, 간식을 제공함으로써 직원들이 자연스럽게 만나 소통하도록 하기 위해서다.

겉과 속이 같은 기업의 대표적인 사례로는 구글의 복장 제도를 들 수 있다. 구글은 심플한 복장 원칙으로 유명하다. 그 원칙은 구글의 전 CEO였던 에릭 슈미트Eric Schmidt의 저서 『구글은 어떻게 일하는가』에 기술되어 있다. 한 인터뷰 자리에서 기자는 에릭 슈미트에게 "구글의 복장 제도는 어떻게 되나요?"라고 질문한다. 그는 다음과 같이 답한다. "그래도 뭔가를 입고는 있어야 하겠죠?"

이 말은 발가벗지 않고 어떤 옷이든 걸치면 된다는 말이다. 우스갯소리로 들릴 수 있겠지만, 우리는 왠지 구글이라면 아무거나 입고 있어도 될 것 같다는 느낌을 받는다. 적어도 구글의 본사가 있는 미국 캘리포니아에서는 말이다.

하지만 구글은 동방예의지국인 한국에도 들어와 있다. 과연 한국에서도 자유분방한 복장을 유지하는 것이 가능할까? 다음은 2019년 내가 'Google Talk' 강연을 위하여 구글코리아를 방문했을 때 실제로 들었던 사례다.

하루는 구글코리아에 입사한 한 신입 구글러가 선배에게 한 가지 질문을 했다. "내일 고객사 미팅이 있는데, 신을 것이 마땅치 않아요. 집에 있는 삼선 슬리퍼를 신고 가도 될까요?" 여러분이 선배 구글러였다면 뭐라고 답변했겠는가? 아마도 "여기는 고등학교가 아니라 회사야"라고 했을지도 모른다. 그런데 놀랍게도 대답은 "마음대로 신고 가서도 돼요"였다. 비꼰 것도 아니었다. 실제로 구글코리아에서 복장은 처음부터 문제도 되지 않았다. 단지 그에 따른 책임만이 있을 뿐이다. 그렇다면 복장 제도에 한해서는 구글은 겉과 속이 같다. "아무거나 입어도 된다"는 말을 따랐기 때문이다.

강연 현장을 다니다 보면, 많은 기업 CEO들이 자랑스럽게 "우리 회사도 자율복장제를 실시합니다"라고 말하는 것을 듣곤 한다. 그러면 나는 "그러면 레깅스를 입고 와도 상관이 없나요?"라고 되묻는다. 진심으로 자율복장제를 실시하고 있다면, 레깅스나 짧은 치마, 혹은 트레이닝복을 입고 와도 상관이 없어야 한다. 만약 안 된다면? 그래도 괜찮다. 단지 그 회사의 복장 제도는 자율복장제가 아니라 '비즈니스 캐쥬얼'인 것이다.

여기서 중요한 것은 제도를 정확하게 하는 것이다. 그리고 시행하기로 한 제도를 확실하게 지키는 것이다. 2000년대생을 비롯한 젊은 세대들이 주 4일제나 자율복장제 등을 절대적으로 선호할 것으로 생각할 것 같지만 실제로 꼭 그렇지만은 않다. 그들이 원하는 것의 핵심은 지키기 어려운 제도를 무리해서 실행하기보다, 이를테면 법으로 정해진 주 52시간 제도라도 제대로 지켜달라는 것이다.

가장 최악의 상황은 시행하려 했다가 주워 담는 것이다. 실제로 주 4일제를 업계 최초로 시행했다고 대대적으로 광고까지 한 교육 기업이 코로나19 이후, 실적 악화를 핑계로 주 4일제를 포함한 복리후생 제도를 철폐했다. 기존의 직원들은 대거 퇴사했다. 이런 사례를 보면 멋져 보이는 제도를 새로 만들기보다 기존의 시스템이 제대로 운영되고 있는지부터 점검하는 게 나아 보인다.

예를 들어 많은 기업은 '360도 피드백'이라 불리는 다면평가 제도를 시행하고 있다. 360도 피드백은 조직 구성원을 평가할 때 직속 상사에 의한 평가뿐만 아니라 같이 일하는 동료들, 그리고 부하직원까지 다각도로 평가해 공정성과 객관성을 높이려는 제도다.

하지만 이 제도는 어렵게 도입되고도 실제로는 제대로 돌아가지 않는 경우가 많다. 회사에서 연말에 360도 평가제도 실시 공지를 내리면, 팀 내 주무를 비롯한 중간 관리자들이 조용히 팀원들을 부른다. 그리고 "팀장님의 평가 결과가 나쁘면, 그 결과가 우리에게 돌아온다"라고 엄포를 놓는 경우가 허다하다.

젊은 직원들은 이와 같이 겉과 속이 다른 제도에 더 크게 실망한다. 그들은 "우리를 위해 더 좋은 제도를 만들어주세요"라고 말하기보다 "이미 정해 놓은 제도라도 제대로 실행해 주시죠"라고 말하고 싶을 것이다.

규칙을 만드는 기준으로서 하이라키

최근 서울 소재 한 기업에 다니는 92년생 A대리는 근무 중에 말문이 막히는 경험을 했다. 그가 나에게 들려준 이야기를 요약하면 다음과 같다.

그는 업무를 보던 중 자신의 출력물을 찾기 위해서 공용 프린터로 갔다가 자신의 출력물 밑에 옆 자리 팀장의 출력물이 나와 있다는 것을 확인했다. 그는 특별히 점수를 따려는 게 아니라, 그저 자리로 돌아가는 김에 바로 옆에 있는 팀장의 출력물을 가져다주었다고 한다. "팀장님 출력물이 나와 있길래요"라는 그의 말에 팀장 역시 고마워했다고 한다.

문제는 그다음이었다. 이 상황을 곁눈질로 지켜보던 바로 옆 신입사원 B가 자기에게 조용히 "대리님, 다음에는 제 출력물도 좀 부탁드립니다"라고 말했다는 것이다. A대리는 이 이야기를 듣고 어처구니가 없어 아무 말도 못 했다고 한다. 그는 "이게 지금 가능한 일인가 하는 생각이 들어서 말문이 막혔습니다. 정말 이런 아이들을 보면 선배들이 MZ라고 비꼬는 것도 이해가 된다니까요"라는 말도 덧붙였다.

위의 사례에서 B사원의 말을 어떻게 해석해볼 수 있을까? 기존 조직의 위계를 기본적으로 생각하지 않고, 선임인 A대리에게 자신도 똑같은 배려를 받고 싶다는 의견을 제시한 것으로 볼 수 있겠다. 물론 이는 많은 경우 상사에 대한 배려를 하급자가 받으려 했다는 점에서 '눈치 없는' 행동 정도로 치부될 것이다. 하지만 우리는 여기서 반대로 생각해볼 필요도 있다. 자신의 업무 범위가 아닌 배려를 오로지 '상사'에게만 하는 것을 우리는 '아부'라고 부르지 않았던가? 만약, A대리의 말대로 순수한 호의로 같은 팀 사람들을 배려한 것이라면 왜 같은 팀 구성원인 B사원에게는 같은 배려를 하는 것을 이상한 요구라고 생각하는 것일까?

이 문제를 글로벌 조직문화 관점에서 생각해보자. 만약 A대리가 동일한 행동을 외국 소재 기업에서 했다고 가정하면 된다. 그렇다면 A대리의 행동은 '배려심이 있는 행동'이라기보다는 그 반대로 '사려 깊지 못한 행동'이라며 지적받았을 가능성이 높다. 흔히 미국 기업의 조직문화에서는 상대방으로부터 사전에 요청을 받지 않았는데 도움을 준 경우 무례하다고 본다.

현재 미국 뉴욕 공립학교 간호사로 재직 중인 노경희 씨는 과거 뉴욕 시립 병원에서 근무한 경험이 있다. 그는 "3개월간 오리엔테이션을 받을 때나 실제 업무에 투입되었을 때, 하이라키Hierarchy를 수없이 강조했다"라고 회고했다.

하이라키는 흔히 '조직 내의 위계질서' 정도로 이해되곤 하지만, 정확하게는 '조직이나 집단 내 계층적인 구조'를 의미한다. 그리고 노경희 씨가 일한 조직에서 반복적으로 강조했던 하이라키란 자신이 '할 수 있는 일과 할 수 없는 일'을 구분 짓는 것이었다.

이 하이라키를 A대리의 사례로 적용하자면, 팀 내 대리라는 직급에 위치하고 있는 그가 할 수 있는 일은 업무적인 권한과 책임이 있는 일부의 일에 한정되고, 나머지는 그가 할 수 없는 일이다. 즉, 타인의 출력물을 대신 가져다주는 행위는 '별도의 요청이 있지 않았다면' 그가 해야할 일도 아니고, 해서도 안 되는 일이다.

만약 업무 영역이 철저하게 구분되어 있는 글로벌 기업이었다면 A대리는 팀 리더에게 "이런 허드렛일을 하라고 A씨에게 임금을 지급하는 것이 아닙니다. 앞으로 자신의 일에만 집중하세요"라는 소리를 들었을 것이다.

해외 기업의 문화가 반드시 옳다는 이야기를 하려는 건 아니다. 그보다는 유연한 세상에서 규칙의 세상으로 변하고 있는 이 시점에서 각 조직에 맞는 새로운 규칙을 만들어야 한다고 말하려는 것이다. 이와 같은 변화를 단순히 '젊은 세대의 문제'로 치부하고 무시하기에는 변화의 속도와 폭이 너무도 크다.

그렇다면 새로운 규칙은 어떻게 만들어가야 할까? 여기에 정답은 없다. 다만 자신이 속한 조직의 문화에 맞춰서 상호 합의를 이루는 것이 최선이라고 할 수 있다. 가령 어떤 팀은 "공용 프린터기에 우리 팀 출력물이 있으면 가져다주는 배려를 합시다"라고 정할 수 있고, 어떤 팀은 "자기가 맡은 업무 외에 부수적인 일을 신경 쓰지 맙시다"라고 정할 수도 있을 것이다. 두 사례가 서로 다른 방향으로 가는 것 같더라도, 결국 '업무의 효율'을 위한 방향으로만 합의가 된다면 문제가 될 건 없다. 중요한 건 개별 조직의 특성이 다르기 때문에 그에 맞는 옷을 입고 소통하는 것이다.

2000년대생이 원하는 조직의 방향은 '일'의 본질에 주력하는 곳이다. 정해진 역할을 제대로 수행하는 것에 방점이 찍혀 있는 이들은, 업무 성과 외의 것들을 부차적으로 생각한다. 이들은 업무와 관계없는 자신의 개인적인 일을 회사 상사와 공유하거나, 회사 근무 시간을 지나서도 선후배와 친밀한 관계를 지녀야 한다고 생각하지 않는다.

그러한 생각을 가지고 있다고 해서 일이 안 되는 것은 아니다. 회사 구성원들의 대부분이 20대인 엔터테인먼트 스타트업 커먼스타즈의 공동 창업자이자 운영을 맡고 있는 이상환 대표는 젊은 세대와 일을 어떻게 하냐는 질문에 "철저하게 일만 한다"라고 답했다. 일을 하러 온 곳에서 '일에만 집중하는 것'이 당연하다고 말하는 그를 보면, 웹툰 〈미생〉의 오 차장이 떠오르기도 한다. 하지만 이 대표가 일에 집중한다고 해서, 회사 구성원들과 인간적인 교류를 원천 차단한다는 말은 아니다. 단지 그는 회식을 하더라도 구성원들이 원하는 시기에 원하는 장소에서 진행할 뿐이다.

권리는 따지고 의무는 하지 않으려 한다면

KBS 예능 〈사장님 귀는 당나귀 귀〉는 '일할 맛 나는 일터를 만들기 위한 대한민국 보스들의 자발적 자아 성찰 프로그램'을 지향한다. 보스라고 불리는 기업의 대표와 지금 시대의 구성원들이 일터에서 함께 일하며 나타날 수 있는 여러 갈등들을 소통으로 풀어보고자 하는 기획 의도로 만들어졌다.

여기에 나온 에피소드 중에는 '입사한 지 5일 만에 연차 사용을 질문하는 신입사원'에 대한 이야기가 나온다. 에피소드에 등장하는 신입사원이 "연차 사용 관련해서는 혹시…"라며 조심스레 문의를 하려고 하자, 대표는 "5일 차인데 벌써?"라며 어이없어한다.

여의도 증권회사 인사팀에서 일하고 있는 85년생 김영민 씨도 최근에 간담이 서늘했던 일화 하나를 들려줬다. CEO의 요청으로 인사팀이 주최한 '신입사원과 CEO의 간담회'에서 신입사원들의 질문이 일이나 직무에 관련된 이야기가 아니라 월급과 복지에 집중되어 있었기 때문이다. "우리 회사는 법정 휴가 말고 여름휴가가 따로 있나요?"라는 질문에서부터 "요즘 다른 회사는 출산 장려 정책으로 아이를 낳으면 500만 원씩을 주기도 한다는데, 우리 회사는 그런 계획 없나요?"라는 이야기까지 나왔다.

기성세대들이 젊은 세대를 보면서 당황스러워하는 지점이 바로 여기다. 제대로 일을 시작하기도 전에 자신이 받아야 한다고 생각하는 연봉이나 성과급 같은 금전적 보상, 혹은 법정 휴가 이외의 휴가 등 복리후생부터 궁금해하는 모습에 염불에는 마음이 없고 잿밥에만 마음이 있다고 느낀다. '돈만 따지는 이기적인 것들'로 보는 셈이다. 그래서 입사하기 전에 월급이나 근무 조건 등을 꼬치꼬치 캐묻는 세대에게 입사 취소 통보를 했다는 무용담도 인터넷에 떠돌곤 한다.

하지만 이러한 보상과 처우의 문제를 특정 세대의 태도와 관련된 문제로 봐서는 곤란하다. 본질적으로 이 문제는 인사 관리의 문제다. 임금과 근로시간, 연차와 같은 유급 휴가는 근로기준법에 따라 근로계약서에 명시해야 한다. 그밖에 기업이 제공하는 복리후생 사항 역시 해당 기업을 선택하는 데에 주요하게 고려되는 사항이기 때문에 사전에 충분히 고지해야 한다.

만약 이를 사전에 충분하게 설명했고, 업무와 관련한 논의가 이뤄져야 할 자리였다면 복리후생과 관련해 질문하는 직원의 태도를 문제 삼을 수 있을 것이다. 하지만 계약 시점까지도 이를 충분히 설명하지 않았거나, 일을 시작한 뒤에도 궁금증을 남겼다면 이는 분명한 인사 관리의 문제다.

웹드라마 〈좋좋소〉에 나오는 회사 정승 네트워크에서 일어나는 일도 이에 해당한다. 근로자가 근무를 시작하기 전 사업장과 근로계약서를 쓰는 것은 기본이며, 아르바이트로 잠시 일할 때도 근로계약서를 작성해야 한다. 하지만 이 회사는 아니다. 결국 신입사원이 사장에게 질문하자 "아이 그런 건 믿음으로 가는 거지"라고 대답한다. 그렇다면 혹시 〈사장님 귀는 당나귀 귀〉에 나온 대표에게도 역시 신입사원은 연차에 대해 논하면 안 된다는 암묵적인 믿음이 있었던 것은 아닐까?

강연 현장에서 "권리만 따지고, 의무를 다하려 않는 젊은 세대를 어떻게 해야 하나요?"라는 질문을 자주 받는다. 자기가 맡은 일은 제대로 수행하지도 못하면서, 회사에서 제공하는 혜택만 누리려고 한다는 말이다.

당연히 일을 제대로 하지 않고 대가만 받으려 한다면 문제가 될 수 있다. 오히려 일을 제대로 하지 않았다면 대가를 '치러야' 할 것이다. 하지만 이것을 일이라는 의무를 다하지 못했다면 권리를 누릴 자격이 없다는 말로 받아들여서는 곤란하다. 일이라는 의무를 다하지 못했다면 권리를 박탈할 것이 아니라, 의무를 할 자격을 박탈하는 것이 맞지 않을까?

우리는 종종 권리와 의무가 서로 동일한 가치를 지니고, 서로 교환이 가능한 관계라고 인식한다. 하지만 그렇지 않다. 권리는 권리이고, 의무는 의무일 뿐이다. 가령 대한민국 국민들은 헌법에서 정한 5가지 권리와 4가지 의무를 가진다. 누군가가 납세의 의무를 다하지 못했다고 해보자. 그때 국가는 그의 기본 권리인 참정권을 박탈하지 않는다. 단지 의무를 다하지 않았다는 데에 상당하는 처벌을 부과할 뿐이다.

일에 있어서도 마찬가지다. 일이라는 의무를 다하지 못한 자에게 '휴가를 가지 말라'고 한다면 그건 엇나간 대응이다. 그에게 의무를 할 기회를 주지 않아야 하는 게 맞다.

그래서 대규모 인력을 여유롭게 운영할 여력이 부족한 기업에서는 무엇보다도 수습 기간을 적극적으로 활용하는 전략이 필요하다. 4년간 스타트업을 운영하고 많은 수의 인원을 뽑고 보내본 어반랩스의 김선현 대표는 이렇게 말한다.

우리는 3개월이라는 수습 기간을 단순히 직원을 수련하거나 월급을 적게 줘도 되는 것으로 여기지 않습니다. 그래서 저희는 3개월의 수습 기간 동안 월급을 적게 주지는 않습니다. 단지 우리는 이 기간을 직원과 회사가 서로 핏(Fit)이 잘 맞는지 판단하는 시간이라고 생각합니다. 3개월 정도면 충분한 시간입니다. 그 시간이 지나면, 정이 들었어도 업무가 맞지 않는 이에게는 정확하게 이유를 알리고 '함께 할 수 없겠다'고 명확하게 관계를 정리합니다.

이 말은 앞서 언급했던 '즐길 수 없으면 피하라'는 조언과 일맥상통하는 부분이다. 해고가 능사라는 의미가 아니다. 단지 냉정하더라도 서로가 맞지 않는 부분이 있다면 가급적 빠르고 확실하게 관계를 정리해야 한다는 의미다. 그렇다면 수습 기간이 지나서 이 관계를 정리하기 어려운 단계라면 어떻게 해야 할까?

모두가 받은 만큼 일하려 한다

이서기 작가의 소설 『딱 1인분만 할게요』의 표지에는 다음과 같은 문구가 적혀있다. "200도 못 버는데 왜 2인분 하라고 하세요? 받은 만큼만 일하겠습니다." 아마도 이만큼 선배 직장인들을 화내게 만드는 문장은 없을 것이다. 이 문장의 구조는 단순히 '일한 만큼 받겠습니다'라는 문장을 뒤집어놓았을 뿐이지만, 일을 하기 싫다는 강렬한 감정을 전달한다. "1인분만 하겠습니다"와 같은 말도 마찬가지다. 그러다 보니 이러한 발언을 들은 선배들의 감정도 함께 격해지기 마련이다.

나는 이와 같이 신입사원들의 경계가 강화된 이유 중 하나로 그들이 학창 시절에 겪은 '팀플'을 꼽는다. 20세기에 학창 생활을 한 기성세대라면 모르겠지만, 2000년대생들에게는 조별 과제가 가장 흔한 수업 방식이자, 가장 꺼리는 활동이기도 하다.

특히 2000년대생의 경우 대학교 학부뿐만 아니라 중학교나 고등학교 때부터 조별 과제를 한다. 이 과정에서 대다수가 무임승차자와 함께하는 경험을 하게 된다.

본래 조별 과제를 학습의 방식으로 넣는 이유는 여럿이 협력하여 최선의 방안을 찾고, 그 과정에서 협동심을 높이라는 의도에서다. 향후 사회에 나가서 팀으로 협동해서 문제를 해결하는 연습을 하는 것이다. 하지만 현실은 그와 반대로 흘러간다. 실제로 조별 과제에서는 '공동책임은 무책임이다'라는 격언을 실감하게 마련이다. 통상 조장으로 대표되는 일부가 온갖 일을 도맡아서 하고, 과실은 공통으로 나누게 된다. 따라서 팀에 무임승차자가 있다면 손해를 볼 수밖에 없는 것이다. 이 과정을 경험하면서 내 몫이 아닌 일을 나서서 하면 손해를 자초하는 호구가 된다는 생각을 자연스럽게 학습하게 된다.

문제는 이러한 경험을 통해 체득한 경계심을 그대로 사회로

가지고 갈 때 생긴다. 회사에서 다른 팀과의 협업을 진행할 때 나, 일시적인 프로젝트 완수를 위한 크로스-테스크포스Cross-Task Force, CTF와 같은 협업 조직으로 차출될 때면 경계심이 드러나는 경우가 많다.

루틴 업무에 협업이나 새로운 일이 추가되는 건 조별 과제에서 갑자기 조장을 맡는 상황과 유사하다. 그리고 경계심이 발동되어 다음과 같은 말을 하게 되는 것이다. "그건 제 일이 아닌데요?"

이것이 바로 '일 잘하는 놈에게 일 하나 더 맡기는' 기존 세대의 방식과 충돌을 일으키는 지점이다. 지금의 2000년대생은 일을 잘하면 일을 더 받고, 그만큼 미래에 보상이 주어진다는 선순환 과정을 선뜻 받아들이지 못한다. 오히려 이를 암묵적인 불공정이라고 여긴다. 그러니 이들에게 추가적인 업무를 부과하기 위해서는 그 일에 따르는 보상이 사전에 확약되어야 한다. 하지만 세분화된 보상 프로세스가 활성화된 조직은 현실에서 찾아보기 힘들다. 그러니 자연스럽게 일을 받지 않는 게 현명한 선택이 되는 것이다.

하지만 현명한 생각을 입 밖으로 내뱉는 것이 진짜로 현명한지는 한 번쯤 생각해볼 필요가 있다. 우연히 식사를 함께하게 된 10대 그룹 CEO는 받은 만큼 일하겠다고 외치는 일부 젊은 세대의 문제를 태도의 문제로 치부하면 안 된다고 조언했다. 그는 이러한 발언들은 '태도의 문제가 아니라 지능의 문제'라고 단언했다.

> 눈앞의 일을 내 일이 아닌 것처럼 말하는 사람이 스스로를 똑똑하다고 생각할지 모르겠지만, 반대로 그런 언행은 어리석어요. 선배들이 바보여서 속에 있는 말을 삼킨 게 아니에요. 사실 많은 선배들이 정도만 다를 뿐, 이미 받는 만큼 일하고 있습니다. 단지 본심을 보였다가는 상대를 적으로 만들 수 있기 때문에 말하지 않을 뿐이죠.

과연 무엇이 현명한 선택일까? 여기서 고전 게임 이론인 죄수의 딜레마Prisoner's Dilemma의 결론을 참조할 필요가 있겠다.

죄수의 딜레마는 다음과 같은 조건으로 이뤄진다. 공범으로 의심되는 두 명의 용의자를 따로 조사실로 불러 자백할 기회를 준다. 둘 다 자백하지 않으면 징역 1년(무슨 일이 있었는지 모르므로), 둘 다 서로의 죄를 자백하면 징역 3년(자백의 효과가 없으므로), 둘 중 한 명은 자백하고 다른 한 명이 자백하지 않는다면, 자백한 쪽은 석방, 자백하지 않은 쪽은 징역 10년에 처하게 된다. 여기서 용의자는 자백하는 것이 이득인지, 아니면 자백하지 않는 것이 이득인지 따질 것이다. 여기서 자백은 공범을 배신하는 것이 되지만, 공범만 배신하고 내가 배신하지 않는다면 나만 손해를 보게 된다.

여기서 하나의 조건이 더 있다. 나의 선택에 대하여 상대방이 어떠한 보복도 행사할 수 없다는 것이다. 이때 결과는 자명하다. 두 공범 모두 자백을 선택하는 것이다. 두 사람이 각자의 이익을 위해서 이성적으로 행동한다고 가정하면, 상대방이 취하는 행동과 무관하게 자백하는 것이 이득이기 때문이다.

하지만 여기에는 중요한 함정이 하나 숨어 있다. 이 결과를 만드는 데에는 '일회성'이라는 조건이 결정적이라는 것이다. 이 게임을 반복적으로 하게 된다면 이번 게임의 결과가 다음 게임의 결과에 영향을 준다. 이번 게임에서 내가 상대방을 배신한다면 다음 게임에서 상대방이 내게 보복을 할 수 있는 것이다. 때문에 서로 이익을 보는 방향인 '침묵'이라는 선택이 가능해진다.

죄수의 딜레마는 집단행동 문제Collective Action Problem의 대표적 예다. 여기서 개인적 최선의 합은 사회적 최선과 불일치한다. 죄수의 딜레마는 사회적 최선을 위한 개인의 양보를 이끌어내기 위해 사회가 개인을 어떻게 유도해야 하는가에 관해 많은 시사점을 준다.

여기서 우리는 학창시절의 조별 과제와 사회생활에서 협력의 근본적인 차이를 확실하게 해둘 필요가 있다. 학창시절의 조별 과제가 많은 경우 일회성 게임이라고 한다면, 사회생활에서 협력은 대부분 반복적인 게임이라는 것이다. 그러니 "그거 제 일은 아닌데요?"라고 회피한다면 당장은 이득을 볼 수 있을 것이지만, 조직 안의 '평판'이라는 시스템을 고려한다면 장기적으로 손해를 볼 수 있는 것이다.

그렇다면 지금 같은 상황에서는 공통의 업무를 어떻게 처리하는 것이 좋을까? 여기에는 두 가지의 선택이 가능하다. 첫 번째는 포기하는 것이다. 'MZ세대들은 빡빡하게 군다'며 기성세대가 공통의 업무를 나눠서 처리하는 경우가 의외로 많다. 답답해서 직접 뛰는 것이다. 이런 방법은 당장은 편하겠지만 지속 가능하지 못하다. 아니, 늘어나는 업무에 당장 편하다고 보기도 어렵다. 눈앞의 갈등을 피할 수 있을 뿐이다.

두 번째는 어떻게든 그들이 직접 뛰게 하는 것이다. 과거 나는 여러 직무를 경험한 뒤에 브랜드 마케터로 일했던 경험이 있다. 브랜드 마케터란 자신이 맡은 제품의 매출과 손익으로 평가를 받는 직무이기 때문에, 각각의 브랜드 마케터들에게 팀 공통의 업무를 나눠 주기가 쉽지 않았다. 하지만 우리는 답답하다고 직접 뛰지 않았다. 오히려 공통의 업무가 생겼을 때 공식적으로 회의를 잡았다. '모두가 하기 싫어하는 공통의 업무'를 최대한 세분화하여 모두에게 나누어주었다. 이것으로 완벽하게 공평한 배분이 이루어졌다고 보기는 어렵다. 하지만 중요한 것은 뒷말이 나오지 않는 것이었다. 적어도 모두가 함께 있는 자리에서 합의를 이루었기 때문에 추후에 불만이 제기되는 일은 없었다.

정당한 요구와 부당한 요구를 구분하라

갑질이란 차례나 등급을 매길 때 첫 번째를 이르는 말인 '갑甲'과 어떤 행위를 뜻하는 접미사 '질'을 더해 만든 용어다. 흔히 사회적으로 유리한 위치에 있는 자가 자신의 지위를 악용해 약자에게 횡포를 부리는 것을 의미한다. 한국의 갑질은 워낙 악명이 높다 보니, 간혹 외신에서는 우리말 그대로 발음한 'Gapjil'*이 그대로 표기되기도 한다.[67]

갑질의 형태는 다양하지만, 전통적인 갑질은 손님의 횡포다. '나 누군지 몰라?'나 '사장 나와!'로 대표되는데, 보통 이런 경우는 목소리가 크면 이긴다고 생각하는 것이 특징이다.

21세기에 들어오면서 이러한 갑질의 행태는 많이 줄어들고 있다. 도처에 CCTV와 카메라가 있고 스마트폰과 인터넷도 발달해 있다 보니 아무래도 갑질하기가 전보다 어려워졌기 때문이다.

하지만 반대로 새로운 형태의 갑질이 등장하고 있다. 이 '신종 갑질'의 무기는 목소리의 크기가 아니라 완벽한 논리다. 이 신종 갑질**의 특징은 자신의 논리가 완벽하니까 상대가 반박할 수 없다고 여기고, '나는 맞고 너는 틀리다'는 것을 증명하여 상대를 굴복시키려 하며, 인터넷에 올려 망신을 주겠다고 협박하는 등의 형태로 나타난다.

이들이 정말 철두철미하게 빈틈없는 논리와 정당한 원칙을 내

---

* 《뉴욕 타임스》는 이를 "마치 봉건영주들처럼 행세하는 경영자들이 부하직원이나 하도급업자들을 학대하는 것"이라고 정의한다.

** 간혹 이러한 신종 갑질이 20~30대 젊은이들에게서 나타난다며, '젊은 진상'이라고도 부르기도 한다. 하지만 이 신종 갑질이 반드시 젊은 세대에게만 나타난다는 확실한 증거는 없기에 이 표현은 적절하지 않다.

세운다면 막아 세우기 힘들 것이다. 하지만 그렇다면 신종 갑질이 아니다. 이들이 따지는 논리를 들여다보면 자신만의 이익을 추구하면서, 그 주장이 전체의 이익인 척 구는 경우가 대부분이다. 이들은 앞뒤가 안 맞는 주장임이 드러나더라도 자기 말이 맞다고 착각하곤 한다.

그러니 조직에서 이러한 신종 갑질에 대처하는 방법은 일차적으로 그들이 정말로 정당한 요구를 하고 있는지, 아니면 부당한 요구를 하고 있는지 파악하는 것이다. 아래에 두 가지 사례를 준비했다.

첫 번째 사례는 대기업 C사에서 실제로 발생했던 일이다. 해당 회사의 한 마케팅팀에서 신제품 출시를 앞두고 최종적으로 대표이사의 결재만을 남겨둔 상황이었다. 하지만 대표는 이미 여러 일정이 가득 차 있어 보고 시간을 잡기가 어려웠다. 결국 오전 6시 30분으로 보고 시간을 잡게 되었는데, 이때 보고에 20대 실무 담당 주니어 마케터, 30대 시니어 마케터, 40대 팀장이 들어갔다. 다행히도 보고는 5분만에 끝이 났고 신제품 출시 승인이 떨어졌다.

그런데 보고를 마치고 나온 20대 마케터의 표정이 너무나도 좋지 않았다. 30대 시니어 마케터가 왜 그렇게 표정이 좋지 않은지 물으니, 그는 "저 원래 출근 시간이 8시 반인데, 지금 2시간이나 손해 보지 않았습니까?"라고 불만을 표시했다. 그러자 옆에서 이 말을 들은 40대 팀장은 화가 났다. "지금 너만 일찍 왔니? 왜

너는 이기적으로 너만 생각하니? 나도 원래 8시 반에 출근이야!"라고 쏘아붙였다. 갑자기 험악해진 분위기에 30대 마케터는 중간에서 난감해졌다.

위 사례에서 '보고 때문에 2시간을 손해봤다'는 것은 팀장의 말처럼 이기적이고 부당한 판단일까? 사실만 따져보면 그는 정규 근무시간보다 2시간 일찍 출근했기 때문에 2시간의 초과 근무를 했다. 자신이 맡은 제품의 보고 때문이었다고 해도 이 사실에는 변함이 없다.

이에 30대 마케터는 중간에서 이 둘을 조율하기로 했다. 그는 팀장에게 "팀장님. 우리가 1년에 대표이사 보고 같은 일이 한두 번 있을까 말까 한 것 같습니다. 그런데 솔직히 저 친구 2시간 빠진다고 해서 10명이 넘는 우리 팀 업무에 얼마나 공백이 생기겠습니까? 그러니 이 정도는 반반차를 쓸 수 있게 해주죠"라고 제안했다. 그리고 이 제안은 받아들여졌다. 그의 불만이 정당하니 적절한 조치를 해준 것이었다.

또 다른 사례는 대기업 S사에서 발생했다. 10명 단위의 팀을 운영하는 40대 A팀장이 팀원들의 업무를 조율하던 중이었다. 그때 한 20대 B사원이 팀장의 업무 조정을 받아들일 수 없다며 반기를 들었다. 그는 "저는 지금 제가 맡고 있는 일을 좋아하고, 이 일을 하기 위해서 회사를 들어왔습니다. 솔직히 진급은 안해도 좋은데, 제가 맡고 있는 일을 조정하려 한다면 정식으로 인사팀에 진정서를 내거나 이직을 고려하겠습니다"라고 말했다.

A팀장은 그의 요구를 받고 고민에 빠졌다. 사실 B사원의 요구를 들어주는 게 불가능한 건 아니었지만, 그렇게 했다가는 다른 사원들이 불만을 제기할 가능성이 높았다. 게다가 B사원의 업무 결과는 썩 좋지도 않았다. 하지만 퇴사까지 고려한다는 B사원의 강경한 태도에 A팀장은 며칠간 밤잠을 설쳤다.

이 사례에서 맡은 일을 계속하고 싶다고 주장하는 B사원의 태도는 정당한가 아니면 부당한가? 이를 따져보는 데 가장 중요한 건 그의 업무 결과다. 만약 B사원이 자신이 맡은 업무를 충분히 잘하고 있다면 다른 직원들을 설득해서라도 그에게 기존의 업무를 맡길 수 있을 것이다. 하지만 그는 그러지 못했다. 그러니 B사원의 요구는 부당한 것이다. B사원은 그러지 못했다. 그러니 그의 요구는 받아들여 질 수 없는 것이다.

13장
이 시대에 가장 필요한 능력

여전히, 혼자 살아갈 수는 없다

　디지털 트렌스포메이션Digital Transformation을 넘어 AI 열풍이 들이닥친 2020년대는 가히 개발자들의 전성시대다. 채용 시장뿐만 아니라 교육 시장에서도 코딩 열풍이 불고 있어서, 이제 '국영수'의 시대가 아니라 '국영수코' 시대라는 신조어도 생겼을 정도이다.

　그런데 이런 개발자에게 요구되는 역량은 무엇일까? 당연히 코딩 능력이라고 생각할 수 있다. 하지만 틀렸다. 설문 결과 개발자 채용 시 가장 중요한 요소로 뽑힌 1위는 바로 소통 능력이었다.

　2023년 HR테크 기업 원티드랩이 면접관으로 참여한 적 있는 개발자 249명을 대상으로 채용 시 가장 중요한 평가 요소를 조사한 결과, 개발자에게 가장 필요한 능력으로 '소통 능력'이

77.6%로 1위를 차지했으며, 뒤이어 '프로젝트 경험'이 75%로 2위에 올랐고, '성장 가능성'은 61.2%로 3위를 기록했다. '개발 경력'은 단지 58.6%로 4위에 머물렀다.

왜 이러한 설문 결과가 나온 것일까? 핵심은 바로 개발자도 회사라는 조직 안에서 협업으로 일을 처리하기 때문이다. 가령 한 종합 포털 사이트를 운영하는 회사가 영유아를 타깃으로 한 신규 서비스를 기획하고 개발을 진행한다면, 정확한 고객과 시장의 요구사항을 종합하여 서비스 개발과 운영에 반영해야 한다. 그러기 위해서는 해당 고객의 소리를 수집하고 분석하는 부서와 이 서비스를 총괄하여 관리하는 프로젝트 매니저, 세부적인 요구사항을 실제 서비스로 구현시킬 수 있는 개발자의 협업이 무엇보다도 중요하다. 아무리 보기 좋고 화려하고 쉬운 UI/UX를 갖춘 서비스라고 할지라도 타깃 고객의 이용률이 떨어지고 외면받는다면 올바른 서비스라고 할 수 없다. 이러한 서비스 개발 환경 때문에 개발자에게 가장 먼저 요구되는 능력이 소통인 것이다.

결국 인공지능시대에 인공지능 서비스를 만들고 이를 운영하는 개발자에게 요구되는 능력은, 디지털 방식으로 작업하면서도 아날로그 방식으로 원활하게 소통하고 협업하는 사람이 될 수밖에 없다.

챗GPT를 포함한 생성형 AI 생태계가 활발하게 만들어지고 공급되는 과정에서 사회 전반적인 체계와 회사에서 요구되는 능력도 변화를 맞이할 것이다. 특히 생성형 AI 기술의 발전은 회사에서 기획과 운영, 일반적인 문서 작성 등 전 영역에서 큰 변화를 이끌 것이다. 또한 작가와 기자, 법률 전문가와 같이 문서 생성과 깊이 연관된 직업군은 머지않은 미래에 AI에게 일자리를 내 줄 수도 있다. 일본은 2023년 5월 챗GPT를 활용한 무료 법률상담 서비스를 시작했다. 이와 관련한 윤리 문제도 새로운 이슈 중 하나다. 실제로 콜롬비아의 한 판사는 2023년 인공지능 챗봇 챗GPT를 판결문 작성에 활용했다고 밝혀 논란이 일었던 적이 있으며, 일반인들도 어떤 장애물 없이 챗GPT를 활용하고 있다. 문제는 챗GPT가 가져온 정보들의 원저작권을 어떻게 확인하고 처리할지에 따라 갈등이 커질 수 있다는 것이다.

이로 인하여 수많은 직종이 사라지고, 그 자리가 AI로 대체될 것이라는 의견에 점차 힘이 실리고 있지만, 지금 우리가 주목해야 하는 것은 다른 문제다. 먼저, AI가 대체하는 것은 인간이 아니라 동일한 AI다. 좀 더 나은 AI가 성능이 떨어지는 AI를 대체한다는 것이다. 또한 AI가 인간을 대체하기보다는 AI를 제대로 활용하는 인간이 이를 활용하지 못한 인간을 대체하는 흐름으로 이어질 것이다.

여기서 중요한 것은 좋은 답을 내기 위해 했던 수많은 노력들은 그 중요도가 희미해질 것이라는 사실이다. AI는 빠르고 능숙하게 답을 낸다. 짜증을 내지도 않고 오류도 빨리 고친다. 그렇기에 정해진 답을 찾고자 들였던 회사 차원의 시간과 노력은 줄어들 것이다.

하지만 오히려 강조될 능력이 있다. 그것은 바로 '제대로 질문하는 능력'이다. AI는 정해진 답을 찾는 것은 익숙하지만 세상에 존재하지 않았던 새로운 질문을 만들지는 못한다. 물론 AI끼리 서로 질문을 주고받는 신규 AI모델도 생겨나고 있다고 하지만, 그 질문도 결국 지금 현재에 나와 있는 언어 모델을 통해 경우의 수로 조합한 결과다. 때문에 생성형 AI가 가져올 미래에 필요한 건 디지털과 아날로그 모두를 잘 알고, 새롭고 독특한 질문을 하는 능력이다.

2016년 구글의 알파고가 한국의 이세돌 구단에게 압승을 거두면서 AI는 전 세계 대중들의 주목을 받았다. 당시 AI가 아무리 발전하더라도 무한한 경우의 수를 가진 바둑만큼은 인간을 앞서지 못할 것이라는 의견이 지배적이었다. 하지만 이와 같은 의견은 오래가지 못했다. 아무래도 인간은 AI의 적수가 되지 못하는 것 같았다.

하지만 이와 반대되는 경우도 있었다. 2023년 2월 미국 FAR AI연구소 켈린 펠린 연구원이 바둑 전문 AI 프로그램 카타고와 15판 승부를 벌여 14판을 이긴 것이다. 이세돌 9단 이후 7년 만에 인간 바둑 기사는 AI와의 바둑 대결에서 승리했다. 하지만 AI와 바둑 대결에서 승리한 켈린 펠린은 인간 중에 가장 강력한 바둑 기사가 아니었다. 심지어 그는 프로 기사도 아니었다. 단지 미국 아마추어 바둑 랭킹 2위의 실력을 가졌을 뿐이었다. 그렇다면 펠린은 카타고 AI를 어떤 식으로 이긴 걸까? 그 비결은 바로 차별화된 전략에 있다.

《파이낸셜타임스》에 따르면 펠린은 변칙 수법으로 카타고를 공략했다. 이를테면 귀퉁이에 두는 등의 변칙 수법으로 AI를 현혹시킨 뒤 상대의 대마를 포위하는 작전을 구사했다. AI는 익숙지 않은 상대 전법에 수읽기를 못 하고 무너졌다. 이번 승리를 이끈 FAR AI연구소의 애덤 글리브 최고경영자는 "카타고의 약점을 파악하기 위해 100만 번 이상 테스트를 진행한 뒤 전술을 짰다"라며 "AI의 약점을 파고드는 작업은 놀라울 만큼 쉬웠다"라고 했다.[68]

이 대결은 AI를 바라보는 인간의 관점에 많은 시사점을 던져줬다. 무엇보다 AI는 과거 데이터를 기반으로 학습을 하기 때문에 생소한 전략에는 제대로 대응하지 못했다. 또 펠린이 이번 대국에서 사용한 전략은 인간 바둑 기사라면 쉽게 눈치챌 수 있는 수준이었지만, 복잡한 연산에 능한 AI는 오히려 간단한 꼼수를 제대로 알아채지 못했다.

버클리대학교 컴퓨터과학과 스튜어트 러셀 교수는《파이낸셜타임스》와의 인터뷰에서 "AI는 과거 데이터 중 지극히 일반적인 상황만 응용한다"라며 "인간은 이를 지나치게 과대평가하는 경향이 있다"라고 전하기도 했다. 결국 앞으로의 업무 효율에서 AI는 상당한 도움을 줄 수 있겠지만, 그보다 더 필요한 창의성을 대체할 수는 없는 것이다.

디지털 숫자 뒤에는 '사람'이 있다

2022 항저우 아시안게임에서는 최초로 e스포츠가 정식 종목으로 채택됐다. 한국은 리그 오브 레전드League of Legend, LoL(이하 롤)와 스트리트 파이터 5Street Fighter V에서 각각 금메달을 획득했다.

특이한 점은 같은 e스포츠지만, 금메달을 목에 건 수상자의 세대가 달랐다는 것이다. 롤의 경우 선수단의 주축이 20대였던 반면 스트리트 파이터 5의 우승자는 게임 1세대로 불리는 70년대생, 40대였다. 온라인에서는 오락실 게임이었던 스트리스 파이터와 온라인 게임인 롤을 비교하는 내용이 이슈가 되기도 했다.

롤에서는 종종 '엄마 지켰다'는 표현을 쓴다. 플레이를 잘해서 자기 부모를 욕하는 상황을 막아냈다는 뜻이다. 실제로 오락실과 PC방에서 게임을 즐기던 전 세대가 롤에 적응하지 못했던 이유는 게임상에서 난무하는 욕설을 참지 못해서라는 이야기가 있다.

그렇다면 오락실 게임을 할 때는 욕설이 난무하지 않았는가? 놀랍지만 그렇다. 당시 오락실의 분위기를 알기 위해서는 스트리트 파이터 5 금메달리스트인 김관우 씨의 인터뷰를 참고할 필요가 있다.

> 어렸을 때부터 게임을 잘하는 편이었어요. 오락실에서 격투 게임을 계속 이긴다는 이유로 형들에게 끌려가서 혼나기도 했죠.

당시 오락실에서는 단순히 욕설이 아니라 더 과격한 수준의 응징이 이루어졌던 것이다.

유튜브 채널 〈중년게이머 김실장〉에 '우리는 아이들의 게임과 과몰입을 제대로 이해하고 있을까?'라는 콘텐츠가 올라온 적이 있다. 현직 교사를 초대해 인터뷰를 하는 이 영상의 주요 내용 중 하나는 오락실에서 예의와 존중을 배웠다는 것이다. 그 이유는 특별한 게 아니라 생존 본능이었다. 오락실에서는 대전 액션 게임을 하다가 졌다고 욕을 하거나, 이겼다고 상대를 조롱할 수도 없었다. 상대가 바로 맞은편에 있었기 때문이다. 출연진은 같은 이치로 오늘날의 온라인 게임에서 욕설이 난무하는 이유를 뒤에 사람이 있다는 것을 인식하지 못하기 때문이라고 분석한다.

이 말의 핵심은, 과거 오락실 세대가 지금의 온라인 게임 세대보다 예의 있는 세대라는 말이 아니다. 그때는 예의를 지킬 수밖에 없었던 환경이 있었다는 이야기다. 온라인과 디지털은 우리에게 편리함을 가져다주었지만, 모니터 뒤에 사람이 있다는 사실을 잊어버리게도 만들었다.

회사 역시 사람이 다니는 곳이다. 그렇다면 젊은 세대들이 사무실에서 보이는 당황스러운 매너는 사람을 눈앞에 두지 않아도 업무가 가능한 우리의 환경이 원인이지 않을까? 코로나19로 인해 재택근무를 하지 않더라도, 우리는 어느새 서로를 마주보지 않고 이메일이나 문자 메시지 등을 통해 일하는 게 익숙해졌다.

언젠가 정부 고위직 강의가 끝나고 Q&A 시간에 한 분이 나에게 "요즘 젊은 세대가 근무지에서 녹취를 하는 것에 대해서 어떻게 생각하나요?"라고 따져 물은 적이 있다. 물론 나는 사람이 일하는 곳에서 모든 것을 녹취하고 감시하는 문화를 반기지 않는다. 세상의 많은 것이 디지털화되었다고 해서 그에 대한 모든 해법도 디지털적일 필요는 없을 테니까 말이다. 모든 세세한 일에서 규칙을 운운하고, 모든 갈등을 법으로 대처해나가는 일은 우리 사회를 '소송의 나라'로 만드는 일밖에 되지 않는다.

만약 회사에서 누군가가 몰래 녹취하는 것을 막고 싶다면 그 방법은 하나다. 매일 회사 입구에서 출근하는 임직원 모두의 몸을 수색하고 소지품을 검사하는 것이다. 수색을 통해서 나온 카메라 렌즈를 테이프로 막고, 녹취를 할 수 있는 방법을 모조리 막을 수 있다. 애초에 모든 디지털 기기를 압수하는 방법도 있다. 놀랍겠지만, 보안이 최우선인 일부 연구소나 바이오 기업 등에서는 이미 그런 조치를 하고 있다.

하지만 대다수의 조직은 인권을 무시하지 않기에 이러한 조치를 취하지 않을 것이다. 동영상 촬영이나 녹취를 현실적으로 막을 수 있는 방법은 존재하지 않는다. 그렇다면 회사안에서의 모든 이야기는 녹취될 수 있다고 가정하고 서로 조심하는 방법이 남을 것이다. 하지만 보통 직장에 다니는 직장인이 일상의 모든 대화를 녹음하고 다니는 경우는 거의 없다. 누군가가 회사에서 폭력을 행사하거나 폭언을 일삼는 극단적인 경우를 제외한다면 말이다.

물론 예외적인 상황도 있다. 연말 성과 피드백 상담 같은 상황이다. 많은 조직은 성과중심주의를 채택하고 있다. 그에 따라 간헐적으로 있는 성과평가와 그 결과의 공정성에 주목하는 이가 늘고 있다. 평가의 방식을 신뢰하지 않는 사람들이 생겨나는 것이다. 이들이 녹취를 하고 문제를 제기하는 것을 경계하는 이들 역시 늘어나고 있는 상황이다.

내가 일하는 스타트업 조직에서는 양측의 입장을 솔직히 인정하고자 한다. 그래서 다음과 같이 말한다.

> 지금부터 상향·하향·동료평가가 포함된 다면평가 결과를 알려드릴 것입니다. 공정성을 기하기 위한 노력을 다해왔지만 부족할 수 있습니다. 그렇기에 불충분하다고 판단하시면 이 평가 면담을 녹취해도 됩니다.

보통 이렇게 말했을 때 신나는 표정으로 숨겨둔 녹음기를 꺼내드는 사람은 없다. 솔직하게 평가 시스템 자체의 한계를 인정하고, 문제를 제기할 수 있음을 알려줄 때 면담에 진지하게 임하는 경우가 대다수다.

회사원은 기계가 아니다. 일을 하다 보면 상대를 딱딱하게 대할 수 있지만, 어떤 계기를 통해 인간적인 면모를 회복할 수 있다. 우리에게는 이러한 순간들이 필요하다. 때로 일을 기계처럼 처리할 수 있겠지만, 인간과 인간의 관계로 서로의 말과 생각을 나눌 필요가 있는 것이다. 그것이 서로를 의심하고 경계하고 법이나 원칙으로 모든 문제를 해결하는 것보다는 훨씬 나아간 자세일 것이다.

실패할 수 있도록 도와주기

> 신입사원 모두에게 다시 경고하는데,
> 업무, 과제 등 회사 생활과 관련된 something을 할 때 일정을 준수하세요.
> Something의 결과는 딱 2개로 표현됩니다. 하나는 quality 나머지는 schedule.
> 냉정하게 신입사원 내에서는 상대적 차이가 있을 수 있으나, 회사 구성원 전체의 수준을 감안할 때 여러분들의 something은 상대적 quality가 낮습니다.
> 그러니 적어도 schedule이라도 지키세요. 웃고 인사 잘한다고 (+) 거의 없습니다.
> 6시 넘었다고 집에 가지 말고 할 일 하고 집에 가세요. 요즘은 공무원들도 이렇게 일 안 해요.

2019년 화제가 된 한 메일의 내용이다.[69] 한 회사의 팀장급 선임이 신입사원들에게 보낸 이 단체 메일은 블라인드를 비롯한 온라인 커뮤니티에 퍼지기 시작했고 상당한 논란이 일었다. 누리꾼들은 어색하게 쓴 영어, 공무원 업무에 대한 무지, 주 52시간 근무제의 무시, 기강을 잡으려는 태도 등을 비판했다.

하지만 이 메일은 태도뿐 아니라 내용에서도 문제가 있다. 회사 업무는 질과 일정 준수로 이루어져 있으니, 일정이라도 지키라는 부분 말이다. 실제로 글쓴이의 지시를 그대로 지키면 어떤 일이 일어날까? 아마도 십중팔구 일을 시킨 선임이 그 일을 처음부터 다시 해야 하는 참사가 벌어질 것이다.

요즘 팀장들의 불만도 이와 유사하다. 그들의 불만은 팀원들이 일을 제때 해오지 않는 것뿐만 아니라 원하는 수준만큼 해오지 않는다는 데에도 있다. 간단한 시장조사나 보고서 작성도 일정과 분량만 맞춰 오는 경우가 허다해서 자신이 직접 일을 해야 하는 경우가 많다고 토로했다. 이것은 물론 업무 숙련도와도 상관이 있지만, 이전과 일하는 분위기가 달라진 것이 더 크다. 바로 '정해진 업무 데드라인만 맞추면 일을 다한 것 아니냐'는 인식이다.

박정준 작가의 『나는 아마존에서 미래를 다녔다』에는 '기술적 채무'라는 표현이 등장한다. 아마존에서 자주 사용되는 이 단어는 쉬운 방식으로 대충 일을 처리하면 나중에 시간이 가면서 이자가 붙어 훨씬 큰 대가를 치르게 된다는 은유적 표현이다.

여러 교육을 받고 신입사원 입사 절차까지 거쳤다면 아마도 일정 수준까지 업무를 하는 데에는 어려움이 없을 것이다. 하지만 업무를 충분히 해내기 위해서는 업무를 지시한 사람의 의도와 수준을 알기 위한 끊임없는 소통과 그 일을 마치기 위한 정성이 요구된다. 그게 없다면 기술적 채무가 쌓여만 갈 것이다. 그리고 그 부담은 반드시 상사들에게도 돌아간다.

이 채무를 덜기 위해서는 '성장의 법칙'이 중요하다. 여기서는 주인공의 성장을 담은 만화 『슬램덩크』를 예로 들 수 있겠다. 이 작품은 풋내기 강백호가 진정한 바스켓맨(농구인)으로 성장하는 과정을 담았다. 농구의 기본도 모르던 강백호가 빠른 속도로 한 단계씩 기초를 다져가며, 마지막에는 고교 최강팀을 꺾는 데 결정적인 역할을 해낸다.

강백호의 특징은 믿기 어려울 정도의 빠른 성장 속도다. 시합 전에 배운 것을 실전에 빠르게 적용하는 센스를 가지고 있으며, 임기응변 능력도 뛰어나다. 하지만 이런 강백호가 실전에서 이루지 못하는 단 한 가지가 있다. 그것은 바로 수비다. 그런 강백호를 향해 이정환은 디펜스는 상대방의 움직임을 예측하는 것이며, 여기에는 동물적 감각이 아니라 경험이 핵심이라고 말한다.

2020년대에 비즈니스 현장에 있는 나의 선배들은 요즘 신입사원들이 정말 똑똑하다고 입을 모아 말한다. 초경쟁 사회를 이겨낸, 훌륭한 스펙을 지닌 이들에게 이는 분명 칭찬이다. 하지만 아무리 똑똑해도 경험이 쌓이지 않는다면 일을 온전하게 해내기가 어렵다. 그리고 그 경험은 보통 실패를 토대로 이루어진다.

하지만 지금의 똑똑한 2000년대생들은 실패에 익숙하지 않다. 그들이 나약한 세대라는 말이 아니다. 디지털에 익숙한 그들이 늘 '실패를 최소화하는 방향'으로 살아온 결과다. 그들은 살아오면서 실패하지 않아도 되는 환경에 노출될 수밖에 없었다. 그러니 이들에게 "실패는 성공의 어머니"라는 말은 그다지 설득력이 없다.

기성세대가 이들의 성장을 도울 수 있는 방법은 '실패할 수 있도록 돕는 것'이다. 그렇게 직접 겪은 실패는 그들에게 교훈이 되고, 성장할 수 있는 계기가 된다. 그렇다면 어떻게 실패를 돕고, 피드백은 어떻게 주어야 할까?

여기에는 두 가지 축이 있다. 첫 번째 축은 '냉정한 직접 평가'다. 피드백은 일차적으로 '평가'라는 프로세스가 요구된다. 이 평가는 정확하고 냉정하게 사실 위주로 진행이 되어야 한다. 두 번째 축은 '인간적 관심'이다. 따스한 관심이 수반되어야 하는 이유는 피드백의 목적이 상대를 깎아내리기 위함이 아니라 더 좋은 성과를 내기 위함이기 때문이다. 이 두 가지 축이 합을 이뤄야 진정성이 있는 피드백이 가능하다.

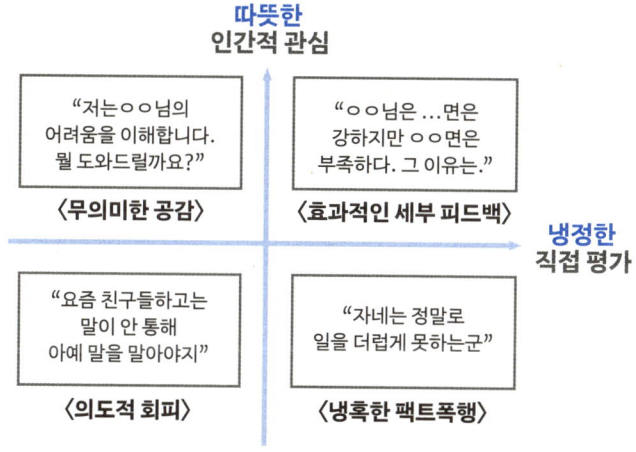

하지만 현실에서는 냉정한 평가도 따뜻한 관심도 없이 의도적으로 회피하는 경우가 많다. 피드백 자체를 꺼린다는 말이다. 직장 내 괴롭힘 방지법 시행 이후, 실제로 대화를 나누는 과정에서 꼬투리를 잡힐 수 있다고 생각하는 경향이 늘어났다. 피드백을 피하는 것은 조직 입장에서 최악의 경우다. 불필요한 충돌의 가능성을 줄이려다가 업무 개선도 이뤄지지 못하고, 극단적인 경우 기본적인 소통도 포기하게 된다.

* 이 도식은 『실리콘밸리의 팀장들』의 저자 킴 스콧이 제안한 '완전한 솔직함 프레임워크(Radical Candor Framework)'에서 착안했다. 하지만 그가 제시하는 완전한 솔직함이라는 제안은 국내 기업문화를 고려하면 그대로 반영하기 어렵다. 때문에 따뜻함과 차가움이라는 정서적 속성을 축으로 하여 분면을 나누는 것이 우리나라 조직문화에 더 적절하다고 보고 위와 같이 조정했다.

냉정한 평가가 어려워 따뜻한 관심만 건넨다면 어떨까? '요즘 젊은 세대들은 칭찬은 좋아하지만, 질책은 꺼린다'고 이야기하는 팀 리더들이 의외로 많다. 하지만 잘못된 결과에 대해 직접 조언을 하지 않고 업무 능력을 개선시키지 못한다면 그 짐은 고스란히 리더 자신에게 돌아온다. 조직에서 필요한 사람은 올바른 리더지, 좋은 선배가 아니다.

따뜻한 관심이 없이 냉정한 평가만 있다면 어떨까? 사실 이는 과거의 조직에서 흔히 볼 수 있었다. 거기에는 냉정한 평가가 아니라 냉혹한 평가만이 있었다. 감정을 배제하고 냉정하게 업무를 평가하기보다, 혹독하게 누군가를 밀어붙이는 일이 동반되곤 했다.

인간적 관심이 빠진 피드백은 살인적인 시스템을 낳을 수도 있다. 2021년 카카오에서 논란이 된 인사평가제가 대표적이다. 블라인드 카카오 게시판에 올라온 글에 따르면 당시 카카오에서는 매년 연말마다 다면평가를 시행하고 있었다. 동료평가 부분에서는 '이 동료와 다시 함께 일하고 싶습니까?'와 '회사에 뛰어난 성과를 내야 하는 프로젝트가 있을 때, 이 동료와 함께 일하시겠습니까?'라는 두 질문이 있었다. 협업한 동료들은 '함께 일하고 싶음', '상관없음', '다시 일하고 싶지 않음', '판단 불가' 등 객관식으로 답변할 수 있었고, 피평가자는 '당신과 함께 일하고 싶지 않다고 응답한 사람'의 비율만을 확인할 수 있었다.[70] 피평가자가 그 이유를 확인할 길은 없었다.

게다가 이 평가 결과는 전 직원에게 제공되고 전사 평균과도 비교했다. 공개적인 망신 주기에 이르렀던 것이다. 사측에서는 별도의 주관식 평가 결과도 있다고 했지만, 부정적 평가 문항을 만들어 공개한 것에 인간적 관심은 결여되어 있었다. 게시판에는 카카오의 인사평가가 살인적이라는 폭로가 이어졌고, 카카오는 해당 인사평가 문항을 제거할 수밖에 없었다.

물론 인사평가는 평가자 개인의 감정이 들어가 있지 않아야 한다. 하지만 위의 사례를 통해 알 수 있는 건 피드백이 수치만으로 이루어져서는 곤란하다는 점이다. 따뜻한 인간적 관심이 담긴 개인적이고도 직접적인 피드백이 필요하다. 공감이나 이해가 요구된다는 뜻이 아니라, 단지 피평가자를 한 명의 인간으로 보고 그의 긍정적인 발전을 위해 진행되어야 한다는 의미다. 그렇게 하면 따뜻한 인간적 관심과 냉정한 직접 평가가 담긴, 효과적이고 진정성 있는 피드백이 될 수 있을 것이다.

에필로그
지금의 세대를 보면 지금의 시대가 보인다

2017년 서태지가 V앱을 한다는 뉴스가 알려지자 반응은 정확히 둘로 나뉘었다. 한쪽은 서태지가 대체 누구인지 궁금해했고, 다른 한쪽은 V앱이 대체 뭔지 궁금해했다.

당시 10대와 20대의 상당수는 서태지가 누군지 몰랐다. 물론 서태지의 활발한 활동이 2000년대 중반까지 이어졌기 때문에, 90년대생 중 일부는 서태지가 누군지 알고 있었다. 하지만 많은 수의 2000년대생은 서태지라는 이름을 이때 처음 들었다고 했다.

반면 1990년대에 청소년기와 청년기를 보낸 사람이 서태지를 모른다는 것은 있을 수 없는 일이었다. 서태지는 대한민국 문화대통령이자 X세대의 대표주자였다. 하지만 서태지를 아는 사람 중 상당수는 V앱이 무엇인지 몰랐다. 분명히 어떤 방송 앱 같다고 짐작은 했지만 누가 주체가 되어 운영하는지, 어떻게 진행되는지 알 수 없었다. 본 적이 없기 때문이다.

이 책은 'V앱은 알지만 서태지를 모르는 세대'인 2000년대생에 대한 이야기를 담고 있다. 반대로 이야기하면 이 책은 '서태지는 알지만, V앱이 뭔지 모르는 세대'를 위한 책이다.

2000년대생은 2000~2009년에 태어난 사람을 뜻한다. 이 중에서 특히 2000년생은 새천년을 알리는 밀레니엄 베이비Millennium baby, 혹은 '천千'을 뜻하는 순우리말 '즈믄'을 붙여서 즈믄둥이라고 불렸다. 이 즈믄둥이의 나이가 어느덧 20대 중반이 되어 사회 진출을 앞두고 있다. 우리 사회에 '2000년생이 오는' 시점이 된 것이다.

글로벌시대에 성장한 대한민국의 2000년대생은 미국의 Z세대, 중국의 링링허우00後, 일본의 헤이세이세대平成世代와 여러 공통점을 지니고 있다. 하지만 이들은 그와 별개로 특정 세대로 묶이지 않는 자신들만의 개별성을 가진 존재이기도 하다. 이 모든 복합적인 특성을 균형 있게 파악하는 것이 중요하다.

하지만 불행하게도 한국의 2000년대생들은 기상천외한 'MZ세대'라는 이름에 묶여, 그저 '요즘 것들'로 언급되기 일쑤다. 하지만 진짜 문제는 MZ세대라는 용어가 아니라, 우리가 세대를 바라보는 나태한 방식에 있다. 독일의 저널리스트 카롤린 엠케는 『혐오사회』에서 "미움받는 존재는 모호하다. 정확한 것은 온전히 미워하기가 쉽지 않다"라고 했다.[71] 그의 지적처럼, 우리는 어느덧 우리 사회에 문을 두드리고 있는 세대를 정확히 볼 수 있어야 한다.

이 세대를 정확하게 보기 위해서는 X세대부터 이어져 온 '개성 넘치지만 철없이 되바라진 요즘 것들'이라는 판에 박힌 고정관념을 넘어설 필요가 있다. 이들이 가진 서로 다른 특성과 성향을 세밀하게 바라보고, 그들이 성장한 시대와의 상호 연관성을 종합적이고 섬세하게 살펴봐야 한다.

1990년대생들이 2010년대의 20대를 맡은 세대의 총아였다면, 2000년대생들은 2020년대에 새롭게 사회에 진입할 세대다. 90년대생 청년들에게 공무원은 가장 인기가 높은 직업 중 하나였다. 하지만 2020년대에 들어서자 언제 그랬냐는 듯이 공무원의 인기는 사그라들었다.

그렇다면 지금의 2000년대생은 도대체 어떤 직업을 선호하는 것일까? 안타깝게도 이 질문으로는 우리가 원하는 답을 구할 수 없다. 우리가 원하는 답을 구하기 위해서는 질문의 방점을 직업이 아니라, 일하고 싶어하는지에 두어야 한다.

얼마 전, 미국의 2002년생 인플루언서 브리엘 아세로Brielle Asero가 자신의 틱톡 계정에 "9시부터 5시까지 근무하는 것이 너무 힘들다"라며 눈물을 쏟는 영상이 조회 수 200만 회를 넘기며 화제가 된 적이 있다. 그는 최근 대학을 졸업하고 마케팅 분야에서 일하며 뉴저지에 있는 집과 뉴욕에 있는 사무실까지 편도 2시간 거리를 이동하고 주 40시간 일하느라 친구를 만나거나 저녁에 요리할 시간도 에너지도 남아 있지 않다고 말했다. 주 40시간 근무제가 시대에 뒤떨어진 제도라며 많은 공감을 받기도 했다.

과거 우리는 대기업이든 중소기업이든, 회사에 다니는 것을 당연하게 생각했다. 1990년대생이 사회초년생이었을 때에도 그들은 공무원을 선호했다는 차이가 있을 뿐, 그러니까 단지 고용주가 국가가 되었을 뿐 '일을 한다'는 전제는 변하지 않았다. 하지만 앞으로 사회에 진출하는 2000년대생들은 이러한 삶의 틀 안에 들어가려 하지 않을 것이다. 적어도 주 5일 혹은 주 40시간 일하는 전통적인 직업을 당연하게 여기지 않을 것이다.

이것이 바로 우리 사회의 새로운 숙제다. 실제로 현재 20대 초반인 2000년대생 취업자 중에서는 정규직 취업으로 볼 수 있는 주 36시간 이상 근무자가 크게 줄고, 단기 일자리에서 일하는 근무자가 급격하게 증가했다. 한 언론에서는 이를 두고 "2000년대생은 '늦게' 온다"라고 표현하기도 했다.[72] 하지만 2000년대생은 늦게 오는 것이 아니라 영원히 오지 않을 수도 있다.

지금 세대를 보면 지금의 시대를 볼 수 있다. 지금의 시대를 보면 지금의 세대가 보일 것이다. 한 나라의 젊은 세대는 그 사회가 가지고 있는 그대로의 모습을 보여주는 거울 같은 역할을 하기 때문이다. 이 책과 함께 앞으로의 시대를 살아갈 세대를 지켜보자.

주

1장

1 "'그냥 쉬는' 2030, 70%는 부모집에…60대 엄마는 일터로", 《중앙일보》, 2023.07.17.

2 "구직 않는 20대… 인구·취업자 주는데 '쉬었음'은 지속 증가", 《조선일보》, 2023.06.18.

3 "'구직 활동 하면 뭐해요? 안 뽑는데'…그냥 쉬는 2030대, 60만명", 《조선일보》, 2023.06.19.

4 『아, 보람 따위 됐으니 야근수당이나 주세요』, 히노 에이타로 지음, 양경수 그림, 이소담 옮김, 오우아, 2016, p.7.

5 "한국 노동시간 OECD 4위…'주당 3.8시간 줄여야 평균'", KBS 뉴스, 2023.04.23.

6 "임금체불 한해 1조3천억원…상습체불 사업주 신용대출 제한", 《연합뉴스》, 2023.05.04.

7 "'한없이 미안합니다' 소아청소년과 의사회 '폐과' 선언", 《의약뉴스》, 2023.03.29.

8 "국민 목숨이 왔다갔다하지만 공무원들은 '기피 1순위' 부서", 《NEWS 1》, 2023.08.07.

9 "'흉악범죄는 테러'…급박 상황 시 경고없이 실탄 사격", 《뉴시스》, 2023.08.04.

2장

10 『책 한번 써봅시다』, 장강명 지음, 한겨레출판, 2021, p.63

11 기상청 날씨누리(https://www.weather.go.kr/w/typhoon/basic/info1.do)

12 『총, 균, 쇠』, 재레드 다이아몬드 지음, 강주헌 옮김, 김영사, 2013, p.231~238

13 "신문 속에서 만난 X세대의 순간들", 《경향신문》, 2020.10.24.

14 "이전 세대들과 확 다른 신인류, 성숙한 어린이들인 '업에이저'에 주목하라", 강지남, 《DBR》, 355호(2022년 10월 Issue 2)

15 『세대 감각』, 바비 더피 지음, 이영래 옮김, 어크로스, 2022, p.30.

16 "[영상+] '제발 당기시오' 써놔도 사람들이 문을 미는 이유", 《한겨레》, 2019.05.01.

17 『어쩌다 한국인』, 허태균 지음, 중앙북스, 2015, p.66.
18 『각개약진 공화국』, 강준만 지음, 인물과사상사, 2008, p.4
19 "'아침마당' '90년생이 온다' 임홍택 작가 '20대, 회식 극혐이라고 생각…개인시간 중요.' 고명환·신은숙·이호선 의견은?",《탑스타뉴스》, 2019.12.05.

4장

20 "공익 신고 10년 새 13배 '껑충', 도로교통법 위반 최다", 국민권익위원회 보도자료, 2023.07.03.
21 "9만원 벌금딱지를 '9만원 상품권'이라 부른다… 신고가 취미인 그들",《조선일보》, 2022.06.23.
22 "'직진·우회전 차선' 뒷차에 양보하다 정지선 넘으면 벌금 뒷차도 앞차 몰아내지 말아야",《시빅뉴스》, 2019.09.19.

5장

23 "영화관, 세로읽기 한글 자막 사용해 관객 불편 강요", MBC 뉴스데스크, 1996.09.01.
24 "'한산'에도 한국어 자막…'현장감·대사전달력 모두 잡았다'",《연합뉴스》, 2022.08.27.
25 "지상파 드라마에 한국어 자막이? 67년 관행이 바뀌다",《한국일보》, 2023.02.16.
26 "'밀수'에는 있고 '콘크리트 유토피아'는 없는 한글 자막",《IT조선》, 2023.08.03.
27 "5년 새 소아과 13% 감소, 정신과는 77% 늘어",《데이터솜》, 2023.05.25.
28 "'상담심리사'와 '심리상담사'는 뭐가 다르지?…4,400여개 자격증 괜찮나",《서울경제》, 2019.07.05.
29 "'콜포비아'에 떠는 MZ세대… '학원서 대면 스피치 배워요'",《동아일보》, 2023.02.04.
30 "지금 MZ 고객님은 전화를 받을 수 없습니다.",《The Psychology Times》, 2022.12.25.
31 "음성 SNS 시대는 갔다? 침몰하는 플랫폼들",《테크플러스》, 2022.04.7.
32 "클럽하우스는 더 이상 살아남지 못할 수도 있다",《오마이뉴스》, 2021.02.16.
33 "'천재' 최남선에게 '요즘 젊은애들은 한자를 너무 몰라' 혀를 찬 '전설'",《경향신문》, 2023.09.26.

7장

34 조은일, 오승희. (2020). EAI 워킹페이퍼 한일관계 세대분석_안보 : 청년세대(MZ세

대)가 바라보는 한일 안보관계. 재단법인 동아시아연구원.

35 "스즈메' 보면 '예스 저팬'? '아니죠, 예스 신카이 마코토입니다'", 《경향신문》, 2023.03.22.

36 "카드 제작 썰로 엿듣는 MZ세대 소비 근황", 신한카드 블로그, 2023.05.16.

37 "OTT 성장해도 극장은 매출 절벽…영화업계 '무너진 기반 살려야'", 《한겨레》, 2022.04.19.

38 「2022년 한국 영화산업 결산 보고서」, 영화진흥위원회 연구본부 영화정책연구팀, 2023.02.20.

39 "영화값 10만원 훌쩍…관객과 '헤어질 결심' 영화관들?", 《노컷뉴스》, 2023.01.23.

40 "개봉작 반토막, 점유율 29%… 한국 영화 최악의 위기", 《조선일보》, 2023.04.15.

41 "한국 영화, 지금이 '골든 타임'…이대로는 미래 없다", 《부산일보》, 2023.04.11.

8장

42 Cook, P. J. (1988). A meta-analysis of studies on self-concept between the years of 1976 and 1986 (Doctoral dissertation, ProQuest Information & Learning) & Brinthaupt, T. M., & Erwin, L. J. (1992). Reporting about the self: Issues and implications. The self: Definitional and methodological issues, 137-171.

43 『선을 넘는 한국인, 선을 긋는 일본인』, 한민 지음, 부키, 2022, p.112.

44 『어쩌다 한국인』, 허태균 지음, 중앙북스, 2015, p.31.

45 "'흥민이 형한테 왜 그랬어?' 철기둥 김민재도 무너뜨린 '언팔' 후폭풍", 《조선일보》, 2023.04.08.

46 "반말 응대한 20대 편의점 알바에 욕설한 70대 노인 2심도 유죄", 《아시아경제》, 2022.08.28.

47 『커뮤니티 자본론』, 전정환 지음, 클라우드나인, 2023, p.58.

9장

48 한민, 이누미야 요시유키, 김소혜, 장웨이. (2009). 새로운 문화-자기관 이론의 국가 간 비교연구: 한국, 중국, 일본 대학생들의 자기관. 한국심리학회지:일반, 28(1), 49-66.

49 "주식거래계좌 수 경제활동인구 넘어서… 사상 첫 3000만개 돌파", 《한국경제》, 2020.03.11.

50 "2021년, 증권가 MZ세대 점령… 투자성향 공격적 '고위험 고수익'", 《뉴스투데

이》, 2022.01.01.

51 Moore, O. K. 1957. "Divination- A new persperctive" American Ambropologist 59:69074

52 Dove, M, 1993, "Uncertainty, humility and adaptation in the tropical forest: The agricultural augury of the kantu." Ethnology 32 (2): 145~167

53 "임금 안 깎고 '주4일제'…실험 참여한 영국기업 92%, 유지키로",《한겨레》, 2023.02.22.

54 "월화수목'일일일'…영국 주 4일제 파격 실험의 감춰진 진실",《중앙일보》, 2023.03.16.

55 "세브란스 간호사 주4일제 해보니 '임금 10% 깎아도 행복'",《한겨레》, 2023.10.12.

56 "선 넘네… 좌석 등받이, 어디까지 젖혀야 하나요?",《조선일보》, 2023.10.28.

10장

57 Delfosse, V., Dendele, B., Huet, T., Grimaldi, M., Boulahtouf, A., Gerbal-Chaloin, S., ... & Bourguet, W. (2015). Synergistic activation of human pregnane X receptor by binary cocktails of pharmaceutical and environmental compounds. Nature communications, 6(1), 8089.

58 "2분기 출산율 '역대 최저' 0.7명…상반기 출생아 6.3% 줄어",《중앙일보》, 2023.08.30.

59 Becker, S. O., & Woessmann, L. (2008). Luther and the girls: Religious denomination and the female education gap in nineteenth-century Prussia. The Scandinavian Journal of Economics, 110(4), 777-805. & Smith-Greenaway, E. (2013). Maternal reading skills and child mortality in Nigeria: a reassessment of why education matters. Demography, 50(5), 1551-1561 etc.,

60 "RANKED: The World's Best Countries For A Child To Be Born In, 2020",《CEOWORLD magazine》, 2020.02.20.

61 "濫生无辜' 指鼠为鸭' 川大女生地铁偷拍事件' 国企领导牵手门",《China digital times》, 2023.06.27.

11장

62 "'근태 좋은 시니어가 낫다'… 美기업들 중장년 채용 열풍",《조선일보》, 2023.04.08.

63 "'성실한 근무에 기술도 전수' 노인 뽑는 기업이 늘어난다",《매일경제》, 2016.09.06.

64 "직원 평균 나이 64.9세… '시니어계의 삼성'이라 불리는 회사", 《조선일보》, 2022.02.15.

65 "미묘하지만 만연한 직장 내 '먼지차별'", 《BBC News 코리아》, 2018.04.20.

66 "미세먼지만큼 해로운, 무심코 내뱉는 미세 차별", 《한겨레21》, 2020.10.03.

12장

67 "Sister of Korean 'Nut Rage' Heiress Accused of Throwing Her Own Tantrum", 《The New York Times》, 2018.04.13.

13장

68 "카카오, 인사평가제 어떻길래?…'악마이자 살인' vs '본인이 선택한 것'", 《시사오늘》, 2021.02.24.

69 "6시 넘었다고 집 가지말고 할일 하고 가'…신입사원에 보낸 선배의 '경고'", 《동아일보》, 2019.03.11.

70 [언론보도] "인간, 바둑 대결서 AI 꺾다…'변칙 전략으로 허점 공략'", 《ZDNET Korea》, 2023.02.20.

나가며_새천년 즈믄둥이가 성인이 된 날

71 『혐오사회』, 카롤린 엠케 지음, 정지인 옮김, 다산초당, 2017, p.18.

72 "2000년대생은 '늦게' 온다…20대 초반 취업자 알바하는 까닭", 《중앙일보》, 2023.10.17.

참고한 책

『00后』 李翔 저, 新星出版社, 2022
『新生代团队管理 ：用好"90后", 赋能"00后"』 盛巍 저, 人民邮电出版社, 2022
『#i세대』, 진 트웬지 저/김현정 역, 매일경제신문사, 2018
『18세상』, 김성윤 저, 북인더갭, 2014
『20대 남자, 그들이 몰려온다』, 박민영 저, 아마존북스, 2021
『20대 남자, 이대남은 지금 불편하다』, 정여근 저, 애플북스 , 2021
『20대 남자』, 천관율, 정한울 공저, 시사IN북, 2019
『20대 여자』, 국승민, 김다은, 김은지, 정한울 공저, 시사IN북, 2022
『2렇게나 2상한 2십대라니』, 소원 저, 모베리, 2022
『386 세대유감』, 김정훈, 심나리, 김항기 공저, 웅진지식하우스, 2019
『70년대생이 온다』, 박중근 저, EBS BOOKS, 2020
『80년생 김 팀장과 90년생 이 대리가 웃으며 일하는 법』, 김범준 저, 한빛비즈, 2020
『90년대』, 척 클로스터만 저/임경은 역, 온워드, 2023
『90년대생 경찰일기』, 늘새벽 저, 원앤원북스, 2021
『90년대생 소비 트렌드 2020』, 곽나래 저, 더퀘스트, 2019
『90년생 공무원이 왔다』, 정부혁신어벤져스 저, 경성 e-북스, 2020
『90년생과 일하는 방법』, 윤영철 저, 보랏빛소, 2019
『90년생은 이해 못하는 70년생 부장님의 "라떼는 말이야"』, 조기준 저, 활자공방, 2020
『90년생이 사무실에 들어오셨습니다』, 김현정 저, 자음과모음, 2020
『90년생이 온다』, 임홍택 저, 도서출판11%, 2023
『GEN Z』 로버타 카츠, 세라 오길비, 제인 쇼, 린다 우드헤드 공저/송예슬 역, 문학동네, 2023
『K를 생각한다』, 임명묵 저, 사이드웨이, 2021
『MZ 익스피리언스』, 김기진, 김종찬, 박호진, 김소리, 김금용 외 12명 저, 흔들의자, 2022
『MZ세대 트렌드 코드』, 고광열 저, 밀리언서재, 2021
『MZ세대가 쓴 MZ세대 사용설명서』, 김효정 저, 넥서스BIZ, 2022

『MZ세대라는 거짓말』, 박민영 저/문병길 기획, 미래세대, 2022
『MZ세대와 라떼 사장님이 함께 만드는 조직문화』, 이철원 저, 슬로디미디어, 2022
『The organization man』 Whyte, W. H 저, University of Pennsylvania Press, 2013
『Z세대 트렌드 2023』, 대학내일20대연구소 저, 위즈덤하우스, 2022
『Z세대는 그런 게 아니고』, 고승연 저, 스리체어스(threechairs), 2020
『가짜뉴스의 고고학』, 최은창 저, 동아시아, 2020
『개소리에 대하여』, 해리 G.프랭크퍼트 저, 필로소픽, 2016
『개인주의자 선언』, 문유석 저, 문학동네, 2022
『결국 Z세대가 세상을 지배한다』, 김용섭 저, 퍼블리온, 2021
『결혼하지 않아도 괜찮을까?』, 마스다 미리 글그림, 이봄, 2012
『공정 이후의 세계』, 김정희원 저, 창비, 2022
『공정하다는 착각』, 마이클 샌델 저/함규진 역, 와이즈베리, 2020
『공정하지 않다』, 박원익, 조윤호 공저, 지와인, 2019
『공정한 경쟁』, 이준석 저/강희진 편, 나무옆의자, 2019
『공정한 보상』, 신재용 저, 홍문사, 2021
『관심의 경제학』, 토머스 데이븐포트 저/이동현 역, 21세기북스, 2006
『관심종자』, 양수영 저, 더로드, 2018
『관종의 시대』, 김곡 저, 그린비, 2020
『관종의 조건』, 임홍택 저, 웨일북, 2020
『구글은 어떻게 일하는가』, 에릭 슈미트, 조너선 로젠버그, 앨런 이글 저, 김영사, 2014
『규칙 없음』, 리드 헤이스팅스, 에린 마이어 공저/이경남 역, 알에이치코리아(RHK), 2020
『그건 부당합니다』, 임홍택 저, 와이즈베리, 2022
『그런 세대는 없다』, 신진욱 저, 개마고원, 2022
『기브 앤 테이크』, 애덤 그랜트 저/윤태준 역, 생각연구소, 2013
『기술의 충격』, 케빈 켈리 저, 민음사, 2011
『김경일의 지혜로운 인간생활』, 김경일 저, 저녁달, 2022
『꼰대 정치의 위기, 90년대생의 정치질』, 황희두 저, 포르체, 2023
『꼰대의 발견』, 아거 저, 인물과사상사, 2017
『끌리는 채널의 비밀』, 이주현, 디바제시카 저, 멀리깊이, 2023
『나는 회사 다니면서 창업하기로 했다』, 아라이 하지메 저/김윤경 역, 와이즈맵, 2019
『나만 잘 되게 해주세요』, 강보라 저, 인문과사상사, 2019
『내 꿈은 놀면서 사는 것』, 와다 히데키 저/김현영 역, 센시오 2019

『내 인생, 압축 성장의 기술』, 김미희 저, 푸른숲, 2022

『내향인 개인주의자 그리고 회사원』, 조준호, 김경일 저, 저녁달, 2023

『네트워크의 부』, 요하이 벤클러 저, 커뮤니케이션북스, 2015

『넥스트 넷플릭스』, 임석봉 저, 한스미디어, 2020

『눈감지 마라』, 이기호 저, 마음산책, 2022

『뉴타입의 시대』, 야마구치 슈 저/김윤경 역, 인플루엔셜, 2020

『뉴파워: 새로운 권력의 탄생』, 제러미 하이먼즈, 헨리 팀스 저/홍지수 역, 비즈니스북스, 2019

『다르게 보는 눈』, 김상률 저, 쏭북스, 2020

『다양성 전략』, 이종구 저, 서울경제경영, 2016

『다크호스』, 토드 로즈, 오기 오가스 공저/정미나 역, 21세기북스, 2019

『당선, 합격, 계급』, 장강명 저, 민음사, 2018

『당신은 구글에서 일할 만큼 똑똑한가?』, 윌리엄 파운드스톤 저/유지연 역, 타임비즈, 2012

『도둑맞은 집중력』, 요한 하리 저/김하현 역, 어크로스, 2023

『디자인 씽킹을 넘어 프로그래밍 씽킹으로』, 고승원, 윤상혁 저, 비제이퍼블릭(BJ퍼블릭) 2021

『디퍼런트』, 문영미 저, 살림BIZ, 2011

『뚝배기를 닦아 뿌링클을 사다』, 이용규 저, 좁쌀한알, 2022

『루키 스마트』, 리즈 와이즈먼 저/김태훈 역, 한국경제신문사(한경비피), 2011

『린치핀』, 세스 고딘 저/윤영삼 역, 라이스메이커, 2019

『마카롱 사 먹는 데 이유 같은 게 어딨어요?』, 이목돌 저, 메가스터디북스, 2020

『많아지면 달라진다』, 클레이 서키 저/이충호 역, 갤리온, 2011

『말의 트렌드』, 정유라 저, 인플루엔셜, 2022

『매력 자본』, 캐서린 하킴 저/이현주 역, 민음사, 2013

『멈추지 못하는 사람들』, 애덤 알터 저/홍지수 역, 부키, 2019

『모두 거짓말을 한다』, 세스 스티븐스 다비도위츠 저/이영래 역, 더퀘스트, 2022

『모두가 인기를 원한다』, 미치 프린스틴 저/김아영 역, 위즈덤하우스, 2018

『모든 것의 가격』, 에두아르도 포터 저/손민중, 김홍래 역, 김영사, 2011

『문화사회학으로 바라본 한국의 세대 연대기』, 최샛별 저, 이화여자대학교출판문화원, 2018

『민주주의는 회사 문 앞에서 멈춘다』, 우석훈 저, 한겨레출판, 2018

『밀레니얼 실험실』, 밀실팀 저, 김영사, 2022

『밀레니얼과 함께 일하는 법』, 이은형 저, 앳워크, 2019

『밀레니얼은 왜 가난한가』, 헬렌 레이저 저/강은지 역, 아날로그(글담), 2020

『밀레니얼은 처음이라서』, 박소영, 이찬 공저, kmac, 2019

『밀레니얼의 마음』, 강덕구 저, 민음사, 2022

『밀레니얼의 반격』, 전정환 저, 더퀘스트, 2019

『밀레니얼의 일, 말, 삶』, 김미라 저, 좋은땅, 2020

『밀레니얼이 회사를 바꾸는 38가지 방법』, 홍승우 저, 위즈덤하우스, 2019

『번아웃 세대』, 곽연선 저, 스리체어스(threechairs), 2022

『복수의 심리학』, 스티븐 파인먼 저/이재경 역, 반니, 2018

『부유한 노예』, 로버트 B. 라이시 저, 김영사, 2001

『상징의 탄생』, 박성현 저, 심볼리쿠스, 2017.

『새로운 미래가 온다』, 다니엘 핑크 저/김명철 역, 한국경제신문사(한경비피), 2020

『생각 조종자들』, 리 프레이저 저/이현숙, 이정태 역, 알키, 2011

『서사의 위기』, 한병철 저, 다산초당, 2023

『선을 넘는 사람들』, 조상욱 저, 인북, 2023

『선을 넘는 한국인, 선을 긋는 일본인』, 한민 저, 부키, 2022

『선택할 자유』, 밀턴 프리드먼, 로즈 프리드먼 저/민병균, 서재명, 한홍순 역, 자유기업원, 2022

『세대 문제』, 카를 만하임 저/이남석 역, 책세상, 2013

『세상을 바꾼 길들임의 역사』, 앨리스 로버츠 저/김명주 역, 푸른숲, 2019

『세습 중산층 사회』, 조귀동 저, 생각의힘, 2020

『센 세대, 낀 세대, 신세대 3세대 전쟁과 평화』, 김성회 저, 쌤앤파커스, 2020

『셀러브리티』, 그레엄 터너 저/권오헌, 심성보, 정수남 역, 이매진, 2018

『셀러브리티』, 크리스 로젝 저/문미리, 이상록 공역, 한울아카데미, 2019

『셀러브리티의 시대』, 이수형 저, 미래의창, 2014

『소설가라는 이상한 직업』, 장강명 저, 유유히, 2023

『소소한 일상의 대단한 역사』, 그레그 제너 저/서정아 역, 와이즈베리, 2017

『스탠퍼드는 명함을 돌리지 않는다』, 라이언 다케시타 저/정은희 역, 인플루엔셜, 2019

『스틱!』, 칩 히스, 댄 히스 저/박슬라, 안진환 역, 웅진지식하우스, 2022

『스펙타클의 사회』, 기 드보르 저 / 유재홍 역, 울력, 2014

『시간을 잃어버린 사람들』, 테레사 뷔커 저/김현정 역, 원더박스, 2023

『실력의 배신』, 박남기 저, 쌤앤파커스, 2018
『실리콘밸리에선 어떻게 일하나요』, 크리스 채 저, 더퀘스트, 2022
『실어증입니다, 일하기싫어증』, 양경수 저, 오우아, 2016
『아름다움의 진화』, 리처드 프럼 저/양병찬 역, 동아시아, 2019
『안티프래질 Antifragile』, 나심 니콜라스 탈레브 저/안세민 역, 와이즈베리, 2013,
『어떻게 능력을 보여줄 것인가』, 잭 내셔 저/안인희 역, 갤리온, 2018
『어른의 시간』, 줄리 리스콧-헤임스 공저/박선영 역, 온워드, 2022
『어쩌다 한국인』, 허태균 저, 중앙북스(books), 2015
『언론과 진실, 이상한 동거』, 톰 골드스타인 저/김경호 역, 커뮤니케이션북스, 2008
『언리시』, 조용민 저, 위즈덤하우스, 2022
『언바운드 UNBOUND』, 조용민 저, 인플루엔셜, 2021
『언젠간 잘리고, 회사는 망하고, 우리는 죽는다!』, 이동수 저, 알에이치코리아(RHK), 2022
『오래가는 것들의 비밀』, 이랑주 저, 지와인, 2019.
『요즘 것들의 사생활 : 결혼생활탐구』, 백구부부, 이혜민 저, 구백킬로미터(900km), 2018
『요즘 것들의 사생활 : 먹고사니즘』 이혜민 저, 구백킬로미터(900km), 2021
『요즘 세대와 원 팀으로 일하는 법』, 키이스 페라지 저/황선영 역, 마일스톤, 2022
『요즘 아이들 마음고생의 비밀』, 김현수 저, 해냄, 2019
『요즘 애들, 요즘 어른들』, 김용섭 저, 21세기북스, 2019
『요즘 애들』, 앤 헬렌 피터슨 저/박다솜 역, 알에이치코리아(RHK), 2021
『우리 본성의 선한 천사』, 스티븐 핑커 저/김명남 역, 사이언스북스, 2014
『유감스러운 생물, 수컷』, 후지타 고이치로 저/혜원 역, 반니, 2020
『유튜버가 말하는 유튜버』, 런업 저, 부키, 2019.
『유튜버들』, 크리스 스토클-워커 저/엄창호 역, 미래의창, 2020
『유튜브 레볼루션』, 로버트 킨슬, 마니 페이반 저/신솔잎 역, 더퀘스트, 2018
『의미의 시대』, 세스 고딘 저/박세연 역, 알에이치코리아(RHK), 2023
『이기적 직원들이 만드는 최고의 회사』, 유호현 저, 스마트북스, 2019
『이미지와 환상』, 다니엘 부어스틴 저, 사계절, 2004.
『이상한 놈들이 온다』, 세스 고딘 저/김정한 역, 라이스메이커, 2020
『이제 막 출근했는데, 뭘 하라고요?』, 윤홍준 저, 이담북스(이담Books), 2020
『인간의 조건』, 한나 아렌트 저/이진우 역, 한길사, 2019
『인류는 어떻게 역사가 되었나』, 헤르만 파르칭거 저/나유신 역, 글항아리, 2020
『인류세의 모험』, 가이아 빈스 저/김명주 역, 곰출판, 2018

『인류의 기원』, 이상희, 윤신영 저, 사이언스북스, 2015.
『인비저블 INVISIBLES』, 데이비드 즈와이그 저/박슬라 역, 민음인, 2015
『인스타그램에는 절망이 없다』, 정지우 저, 한겨레출판, 2020
『인지편향사전』, 이남석 저, 옥당, 2016.
『인터넷의 철학』, 휴버트 드레이퍼스 저, 필로소픽, 2015.
『일을 리디자인하라』, 린다 그래튼 저/김희주 역, 클, 2023
『일의 역사』, 제임스 수즈먼 저/김병화 역/박한선 감수, 알에이치코리아(RHK), 2022
『일이란 무엇인가』, 고동진 저, 민음사, 2023
『일하는 마음』, 제현주 저, 어크로스, 2018
『자유의 법』, 로널드 드워킨 저/이민열 역, 미지북스, 2019
『절망의 나라의 행복한 젊은이들』, 후루이치 노리토시 저/오찬호 해제/이언숙 역, 민음사, 2014
『정치적 부족주의』, 에이미 추아 저/김승진 역, 부키, 2020
『조직의 재창조』, 프레데릭 라루 저/박래효 역, 생각사랑, 2016
『좋아 보이는 것들의 비밀』, 이랑주 저, 인플루엔셜, 2016.
『지상 최대의 경제 사기극, 세대전쟁』, 박종훈 저, 21세기북스, 2013
『진정성이라는 거짓말』, 앤드류 포터 저/노시내 역, 마티, 2016
『책 한번 써봅시다』, 장강명 저/이내 그림, 한겨레출판, 2020
『초격차』, 권오현 저/김상근 정리, 쌤앤파커스, 2018
『최강소비권력 Z세대가 온다』, 제프 프롬, 앤지 리드 공저/임가영 역, 홍익출판사, 2018
『출생을 넘어서』, 황경문 저/백광열 역, 너머북스, 2022
『침입종 인간』, 팻 시프먼 저/조은영 역/진주현 감수, 푸른숲, 2017
『커뮤니티 자본론』, 전정환 저, 클라우드나인, 2023
『코끼리와 벼룩』, 찰스 핸디 저/이종인 역, 모멘텀(momentum), 2016
『콰이어트』, 수전 케인 저/김우열 역, 알에이치코리아(RHK), 2021
『타인의 해석』, 말콤 글래드웰 저/유강은 역, 김영사, 2020
『트라이브즈 Tribes』, 세스 고딘 저/유하늘 역, 시목, 2020
『팀장, 바로 당신의 조건』, 양병채, 임홍택 공저, 스노우폭스북스, 2023
『파워풀』, 패티 맥코드 저/허란, 추가영 역, 한국경제신문사(한경비피), 2020
『팩트풀니스』, 한스 로슬링, 올라 로슬링, 안나 로슬링 뢴룬드 공저/이창신 역, 김영사, 2019
『평균의 종말』, 토드 로즈 저/정미나 역/이우일 감수, 21세기북스, 2021

『포노 사피엔스』, 최재붕 저, 쌤앤파커스, 2019
『프로필 사회』, 한스 게오르크 묄러, 폴 J. 담브로시오 공저/김한슬기 역, 생각이음, 2022
『피지올로구스』, 피지올로구스 저/노성두 역, 지와사랑, 2022
『핑크펭귄』, 빌 비숍 저/안진환 역, 스노우폭스북스, 2021
『하이프 머신』, 시난 아랄 저/엄성수 역, 쌤앤파커스, 2022
『학종유감』, 이천종 저, 카시오페아, 2019
『한국사람 만들기 1』, 함재봉 저, 에이치(H)프레스, 2020
『함께라서 : XYZ 세대 공감 프로젝트』, 최원설, 이재하, 고은비 공저, 플랜비디자인, 2021
『행복의 기원』, 서은국 저, 21세기북스, 2014.
『행복한 이기주의자』, 웨인 다이어 저/오현정 역, 21세기북스, 2019
『현재의 충격』, 더글러스 러시코프 저/박종성 역, 청림출판, 2014
『혐오 사회』, 카롤린 엠케 저/정지인 역, 다산초당, 2017
『호모 사피엔스, 그 성공의 비밀』, 조지프 헨릭 저/이병권 역, 뿌리와이파리, 2019
『확신의 덫』, 장 프랑수아 만초니, 장 루이 바르수 공저/이아린 역, 위즈덤하우스, 2014
『회사 가기 싫지만 돈은 벌고 싶어』, 묘한량 저, 코리아닷컴(Korea.com), 2020
『회사 밥맛』, 서굴 저, arte(아르테), 2020
『회사를 다닐 수도, 떠날 수도 없을 때』, 박태현 저/조자까 그림, 중앙북스(books), 2020
『회사말고 내 콘텐츠』, 서민규 저, 마인드빌딩, 2019
『회사의 잔상』, 진주리 저, 인디펍, 2023
『회사인간, 회사를 떠나다』, 김종률 저, 스리체어스(threechairs), 2017
『회사인간』, 장재용 저, 스노우폭스북스, 2022
『회사인간사회의 성』, 오사와 마리 저, 나남, 1995

※이 책을 쓰기 위해, 직/간접적으로 참고한 책을 나열했습니다. 직접 인용한 문구는 각주와 미주로 별도 표기했습니다. 소중한 인사이트를 제공해주신 모든 저자분께 진심으로 감사의 인사를 드립니다.
※직접 인용한 내용에 대해서는 사전에 저자와 출판사에게 허락받으려 노력했으나, 일부 미진한 부분이 있을 수 있습니다. 문제 시 연락 주시면 알맞은 조처를 취하겠습니다.

이 도서는 한국출판문화산업진흥원의
'2023년 우수출판콘텐츠 제작 지원 사업' 선정작입니다.

2000년생이 온다
초합리, 초개인, 초자율의 탈회사형 AI 인간

초판 1쇄 발행 2023년 11월 30일
초판 4쇄 발행 2025년 7월 7일(18, 162~20, 161번 스티커 부착본)

지은이 임홍택
펴낸이 최지혜

마케팅 최문선
디자인 THISCOVER

펴낸곳 도서출판 11%
출판등록 2023년 6월 19일 제2023-00016호
주소 서울특별시 마포구 월드컵북로400 서울경제진흥원 5층 출판지식창업보육센터 제12호
전화 070-8286-7911
팩스 02-6442-7911
이메일 11pro@11pro.kr
홈페이지 11pro.kr

ISBN 979-11-985205-0-0(03320)

책값은 뒤표지에 있습니다.
잘못된 책은 구입하신 곳에서 바꾸어 드립니다.